教育部人文社会科学研究规划基金项目（批准号：19YJA890017）

中英体育学院
足球课程共建案例

刘夫力　著

人民体育出版社

图书在版编目（CIP）数据

中英体育学院足球课程共建案例 / 刘夫力著. -- 北京：人民体育出版社，2023
ISBN 978-7-5009-6306-6

Ⅰ. ①中… Ⅱ. ①刘… Ⅲ. ①足球运动－教案（教育）－高等学校 Ⅳ. ①G843.2

中国国家版本馆 CIP 数据核字（2023）第 081826 号

*

人 民 体 育 出 版 社 出 版 发 行
北京中献拓方科技发展有限公司印刷
新 华 书 店 经 销

*

710×1000 16 开本 13.75 印张 244 千字
2023 年 10 月第 1 版 2023 年 10 月第 1 次印刷

*

ISBN 978-7-5009-6306-6
定价：66.00 元

社址：北京市东城区体育馆路 8 号（天坛公园东门）
电话：67151482（发行部） 邮编：100061
传真：67151483 邮购：67118491
网址：www.psphpress.com

PREFACE

自 序

本人于2017年下半年到英国几所大学做了访问和考察，一个多月的时间主要是考察体育院校专业足球教育方面的情况。考察期间与伯明翰城市大学体育学院的负责人和足球教师有过多次接触，相互讨论了“足球课程共建”的事宜，双方达成了合作目标及其可行性的共识。回国后我以“中英两国体育学院足球课程共建的设计方案与实证研究”的题目申报了教育部的社科项目，2019年3月收到教育部批复的立项函，随之又收到伯明翰城市大学的合作邀请函。两份函件敦促我必须全力以赴地投入工作，教育部课题立项是开展工作的源头动力，而拿出一份课程共建设计方案则是后续工作的重要依托。虽然我再次赴英的计划因为新冠疫情的突如其来而搁浅，但这部专著的写作并未因此搁置，一直在进行中。

在英国的考察虽然不够持久和深入，但接触面甚广，收获颇丰。通过观摩了解了他们的课程结构、授课形式、训练方法的运用和课堂气氛的营造等情况；通过深入交流看到了他们的课程规划、教学大纲、课程讲义和教案案例等文本。他们同样以专项技能训练为课程的主要内容，不同的是他们是以游戏性训练方法为主导；教师在授课过程中充满了宽松和快乐的气氛，学生自始至终处于玩耍和享受的状态；他们训练课的后半部分一定有一个比赛实战主题的训练内容，前边的训练都要围绕这个主题设计和安排。授课过程有很多生动的场景：教师会频频与学生击掌庆贺他们每一次小的成功；每一个学生会随时得到教师的表扬、鼓励和具体指导；学生会有均等的体验比赛及任何训练尝试的机会。教师这样的举措与欧洲各国及亚洲的日本和韩国指导青少年训练的教练员表现相似，可以说他们体育院校的足球训练与青少年训练是一脉相承的。贯彻这种先进的足球理念具有重要的传承意义——当学生毕业后到中小学或俱乐部担任教师或教练时，他们会把学到的理念与方法更大范围地运用于青少年的培养。

英国体育院校的足球训练尽管外观上充满了宽松和快乐的氛围，而实际上也在有条不紊地贯彻“以比赛实战为核心和以比赛争胜为目标”的基本理念，而且他们的课程不仅要保证专项技能训练的效果，同时要兼顾学生的状态调动、兴趣激发、人格教育和自信培养等多元的目标。他们体育院校的教学模式与青少年训练模式是统一的，这种模式融合了深层的课程理念和课程原则，也有着理性的课程目标和课程设计。我们的足球训练也强调重视比赛实战，但相比之下明显地偏重技术动作与战术方法的非实战练习，而在训练方法上则缺乏启发、引导和师生互动，所采用的方法仍然是传统和落后的，学生训练中很难更多地体验快乐和成功，也无法更多地接触和感受比赛实战。

我在对英国进行实地考查、翻阅大量文献资料、对比诸多国际培训机构后产生如下感悟。英国体育院校确实拥有先进的足球课程教学理念，教学与训练始终是以比赛实战为核心和以比赛争胜为目标。他们采用的比赛和对抗训练方法也是在练习技术，而且可以更好地掌握技术，而且其中包含着很多的“快乐元素”，这些元素是学生对足球产生兴趣的主要来源。我们的教师虽然也在不断地学习和进步，也意识到只有通过更多的比赛实战训练才能真正掌握技术，但必须承认，我们多数的足球教师仍然存在观念上的落后和认识上的偏差。

本人在体育学院担任足球教师三十余年，一直在积极努力地探索足球课程的改革方向，探索之中越来越感受到个人认知和研究能力的有限，也深知自己的著述一定存在各种各样的问题。本书是围绕体育院校足球课程设计的理念、原则、目标、内容、训练方法和教学模式等问题展开讨论，完成写作是借助教育部课题立项和中英两国体育学院合作的“两股东风”，但由于能力有限和课题结题任务的紧迫，专著的整体设计和具体观点阐述都会有不到之处，恳请各位读者和专家同行批评雅正。

刘夫力

2023年2月22日

CONTENTS

目 录

第一章 CHAPTER 01

绪 论

体育院校足球课程建设的历史很长而且过程复杂，我国与别国体育院校的足球课程建设有许多不同与差距，因此，我国的一些体育院校一直在积极与欧洲国家体育院校建立合作，希望通过合作打开眼界及获得更多先进的专业知识、经验和技术信息，以更好地学习和借鉴欧洲国家先进的足球理念和教育理念。

借助目前国际上各类高校都在积极探索横向合作办学的契机，我们先后与英国伯明翰城市大学和南威尔士大学体育学院建立了足球课程共建的合作关系。英方两所大学的体育学院在足球课程建设方面各具特色和优势，也在沟通过程中达成了相互信任和合作共赢的共识。广州体育学院也与很多欧美高校及其体育学院有较多的来往，在交往过程中发现，我们可以利用中英两国体育学院课程合作的平台，促进我们的足球课程建设上一个大的台阶。但到达预期目标的道路是坎坷的，我们需要迎着困难踏上征程。

第一节 选题依据与研究目的

英国体育院校的足球课程明显处于比较发达的状态。我国与西方发达国家有过文化交往上的壁垒，即便是今天我国经过数十年的改革开放，双边体育院校足球课程建设的交流并没有完全冲破阻碍，我们的足球课程仍然处于相对落后状态。中英两国体育学院足球课程共建的研究可以使我们扩大视野，不仅可以了解英国体育院校的足球课程建设情况，还可以通过英国了解世界诸多足球发达国家的情况，这样可以更充分地认识和分析我国足球的发展现状，也可以找到更多改革的方向。以下分两个部分阐述：其一是选题依据；其二是研究目的。

一、选题依据

长期以来世界各国对于足球的社会需求都在不断增加，出现了足球专业人才的多元化和足球专业人才分工细化的态势。英国体育院校为了适应发展的需要，开设了足球专业，并且不断加强其足球课程建设。随着网络资源越来越多元和丰富，体育院校足球课程的信息也得到更充分的共享。东西方不同国家在体育院校的足球课程设置上，尽管表面上存在着课程类别、课时分配和内容编排等差异，但整体上世界各国体育院校的足球课程构成呈现明显的趋同倾向。

英国的足球产业和高等教育都高度发达，体现在其足球文化底蕴深厚和竞技实力强大，而且体育院校足球课程建设也都拥有更科学的设计方案。我国由于足球竞技水平落后及体育院校课程改革的相对滞后，使得我们的课程体系及其理念、内容与方法都没能跟上发展的需要，造成了学生在足球相关知识结构、技能水平、认知基础和实践能力方面的不足。足球课程建设要达到与先进思想观念的统一，就必须要突破狭隘的格局和打破原有的课程架构，需要大量地学习和借鉴欧洲国家的先进理念与方法。与英国体育学院寻求足球课程共建的合作，可以扩大视野和获取更多的优质课程资源，利于我们建立先进且符合发展需要的足球课程体系。

随着经济社会和科教事业的发展及东西方文化与观念的不断融合，促成了国际教育合作的兴起及其强劲的发展态势，高校之间国际合作渠道的拓宽和成功案例的增多，也为体育院校的足球课程合作提供了借鉴。国际性的高校合作有着极大的共同利益和发展空间，只要双方的基本共识和长远目标一致，并形成统一的课程建设理念和原则，课程建设合作的路子就会越走越宽。近二十年，英国体育院校的足球课程经过了大幅度的调整和重组，课程建设在以专项技能训练为主体的同时，课程内容围绕社会需求及各自院校的优势在不断进行深度开发。

本书中中英两国体育学院足球课程共建的合作，是以两国体育学院拥有校际友好关系和发展共识为基础，是一种跨国界和跨文化及谋求共同发展和共赢的深度合作。通过这种与足球发达国家体育学院的足球课程合作，可以使我们洞察到他们课程建设的深层原理及动态，拓宽了解国际足球技术信息的渠道。但作为体育学院足球课程共建的国际合作，双方拥有相似的课程传统和优势是重要的前提，这利于课程建设的思想与观念及理念与方法的相互融合，也利于形成资源共享和优势互补的课程设计方案。

二、研究目的

任何足球训练的目标都是围绕改善和提高队员专项技能而设定，教练员培训是以掌握先进的训练理念与方法为目的，也是为专项技能训练服务的。体育院校的足球课程教学与训练是一样的，所有课程的安排都是为了更好地完成专项技能训练的任务，足球专项基础理论课和讲座虽然涉猎的知识很宽泛，但最终都是为了满足提高专项技能训练水平的需要。所以，专项技能训练一向是体育院校整个足球课程的核心和主体。本著的课程建设研究是以发展专项技能为导向，课程等级划分是为了使学生逐步达到预期的专项技能水平所设立的“上升阶梯”，足球专项基础理论课程和讲座课程是为了提高学生相应的认知水平，中英体育学院足球课程共建研究的最终目的是更好地发展学生的专项技能水平。

研究整体上把足球课程分为常规必修课和综合拓展课两大类，所有的常规必修课包括课内比赛、专项技能训练和专项基础理论三个方面的内容，综合拓展课包括选修课、社会实践和讲座或短训三个方面的内容，以上分类和内容板块的设定是课程目标体系构建及课程内容细分的依据。课程整体的类别划分借鉴了国内外足球课程建设的优秀思想成果，也吸取了欧洲多所体育院校课程建设的成功经验；并经过与共建单位英方体育学院的深度磋商而达成了意见的统一。所有常规必修课的设计完全是以发展专项技能为目的，其中的课内比赛是作为龙头发挥带动作用，专项基础理论学习是起到保障作用；综合拓展课的诸多内容都是直接或间接地为专项技能训练服务，是通过实践体验、扩充知识和针对性强化等对提高专项技能水平起到全面保障的作用。

足球普修课是以专项技能训练为主导的常规必修课之一，课程内容是其他各门常规必修课的基础部分，其专项技能训练部分是所有常规必修课所共有的内容，可以说足球普修课是最具代表性的足球课程。把足球普修课及其专项技能训练的设计作为整体课程方案实施的第一步，是双方课程共建方案从规划到落实的最佳切入点，既可以作为双方合作的起点，也可以作为典型实验用来观察设计方案的实施效果及获取各种反馈信息。

整体设计方案是中英体育学院课程共建的基本方略，以技能训练为主导的足球普修课是常规必修课之一，其教学实施方案是整体课程共建的组成部分。研究从整体方案设计到具体课程的实验实施，即标志着双方课程共建的国际合作进入了实质性阶段，其实施过程可以完成对课程共建方案的局部检验，也可以为双方拓展合作奠定基础。研究是要以足球普修课作为整体课程共建的突破口，进而建立起居于国际领先和双方资源共享的足球课程体系，促进双方体育学院足球人才培养的整体优化并符合社会需要。

第二节　体育院校足球课程发展综述

历史上体育院校的足球课程长期处于粗放和初级的发展阶段，直到近 20 年才形成复杂和发达的课程样态。我国和英国体育院校足球课程建设的发展历史虽然很多是同步的，但发展的进程和所达到的高度又有很大的差别。所以在开展中英两国体育学院足球课程共建的研究之前，需要分别对两国体育院校足球课程建设的发展有一个基本的了解和把握。以下分两个部分阐述：其一是英国体育院校足球课程发展；其二是我国体育院校足球课程发展。

一、英国体育院校足球课程发展

由于国家制度、历史传统、体育体制和人口构成等影响因素的不同，英国体育院校的数量相对较少，综合性大学设立体育学院的也不多，以足球作为特长的体育专业招生人数更是有限。足球课程开设一般是有针对性地适应社会需求，足球师资的主要任务是组织校园足球俱乐部活动和足球队训练。英国体育院校一直有开设专门的足球课程，如英国利物浦大学体育学院、南威尔士大学体育学院等，常年开设的课程有足球教练员培训、足球商务开发、足球俱乐部管理和足球损伤救护等，但课时总量都非常有限。按照他们的传统观念，足球从业人员的专项技能主要从青少年时期的训练中获得，而足球专业知识是通过教练员培训及其他课程学习中获得，足球人才培养较多依托于社会培训机构及相应的政策杠杆。

近年来，英国的体育院校和综合性大学体育院系也在发生着变化，为了适应社会和市场的需求，体育学院的数量在逐年增加。很多综合性大学体育学院和专业体育院校都在扩大招生，也有越来越多的大学设立了足球专业学院，因此目前是我国与英国体育院校建立足球课程合作的大好时机。一方面，他们需要全面开发课程资源和逐渐完善课程设计，而足球课程是他们重要的课程开发内容；另一方面，他们为了扩大生源和提高课程的国际知名度，需要与亚洲国家寻求合作。

英国体育院校的专业设置及课程设计有着不同于我国的传统，英国有些院校将体育类专业称为体育学科，有的称为体育运动与人体科学学科，一般包括运动生理、运动医学、运动心理或体育心理、运动生化和运动表现等多个子学科或专业。学科建立是侧重于体育和自然科学的结合，而体育人文学科的开发则相对薄弱。他们体育人文知识的学习更多是融合在社会学、法学、管理学、经济学和教育学等纯人文学科之中，但体育院校同样是以培养中小学体育师资为主要方向。体育课在英国的中小学是“王牌课程”，相应地体育专业教育都把大众普及性的体育项目作为开设的课程，而球类项目的技能教学尤其受到重视，我们通常所说的“术科”他们称为“运动表现学科”。他们各个运动项目的课程教学时数普遍较少，教学以简单和初级的技能与教法为主，课程多数是学生自主选修课。足球项目在中小学被称为“王中之王”，体育院校普遍重视足球课程的开设，足球课程的课时总量和科目都在逐渐增加，而且在课程构成上与我们有了很多趋同的部分。以专项技能训练为主的足球课程一般称为“足球技术训练与教法”，课程按照一定的难度梯度被划分成不同的等级。

英国体育院校的足球教材多数是非正式出版的讲义形式，主要是围绕专项技能训练的需要介绍最新和最前沿的内容与方法，同时布置课外阅读书目并要求写文献综述和小论文形式的作业。我们的教材是“足球大百科”，而他们的教材内容则非常简明扼要。他们的课程结业考核更为贴近未来工作的需要，是以专项技能训练的执行能力考核为主，平时表现和课业是重要的考核内容，而我们的考核则明显地脱离了实际工作的需要。他们专业足球教师和科研人员的数量很少，远不如我们足球师资队伍那样庞大，但教师的自主发挥空间很大。他们最大特点是教师队伍非常专业和专注，专项技能训练更重视与现实足球发展和比赛实战的结合，教师会主动和不断地为自己创造学习和参加培训的机会，并在大量的信息获取和学习交流中更新课程理念与教学方法。

二、我国体育院校足球课程发展

20 世纪 80 年代，随着足球运动在世界范围影响的扩大和我国改革开放政策的推行，大量国外足球图书、科研著述和教育信息等传入国内。在相关的文献资料阅读中，我国体育院校的足球教师打开了眼界，各地体育院校纷纷开始了足球课程改革的探索。全球化进程的加快和各种新媒体的出现，更促进了大家对足球课程认识的改变，大批教师积极尝试足球课程的重新设计及实施先进的理念与方法。相应地产生了很多融合先进理念和有质量的科研成果，使得足球课程在学生兴趣培养、专项技能发展和教学质量评估等方面都得到改善，也促进了广大教师思想观念和专业认知的进步。

但我们足球课程的定位与目标还是局限在原有知识体系与专项技能的范围，理论思维仍然没有突破原有课程内容与模式的框架，课程设计缺乏大格局的谋略及与国家足球发展相一致的远大目标的设定。总体看，我们的足球课程建设仍然处于落后的状态，还应当在认识高度和视野广度方面做出积极的改变，需要有大学课程为社会服务的宏观构思，需要重视足球课程教学对学生人格培养的育人功能，需要把足球课程作为推行素质教育的手段，还需要在教学中同步进行团队观念与合作意识的培养，等等。

我国相比欧美国家体育院校的足球课程建设尽管存在不足，但也有优势。例如在足球师资数量、素质及课程设计能力方面，我们有着传统优势及一定的认识深度。所以与欧美国家体育院校寻求合作并不是单方面地学习和借鉴他们，我们的课程建设成果也可以为他们提供帮助。整体看，随着社会发展和各个领域国际合作的增多，预示着体育院校足球课程建设需要走国际合作的道路，英国足球和教育的优势以及他们国际化办学的基本方向，决定我国与英国在课程建设合作方面有着巨大的发展空间。而在足球人才培养方面，虽然两个国家有着不同的人才培养战略，而且各自的足球专业教育都要适应本国的需要，但足球人才培养有着共性的规律及培养模式与方法，我国足球人才培养的课程建设需要先进足球理念和教育理念的支撑，也需要课程设计与教学方法的改革和创新。

第三节　研究对象与方法

研究对象与方法是整体课题研究的重要组成部分。研究对象是指足球普修课教学实施方案的实验对象，是从广州体育学院足球课程学习的学生群体中抽样选取具有代表性的部分群体，是完成课程设计方案检验与论证的重要依托；研究方法是完成研究任务的必要手段，采用的均是体育科研的常规方法。研究对象与研究方法的阐述是以简要说明的方式，其中研究方法的具体内容更多地体现在后文“足球课程共建整体设计方案”和“足球普修课教学实施方案”的阐述里。

一、研究对象与实验检验

研究对象是课题研究设计所施加的对象群体，每一个研究对象都是具有学习和上升潜力的学生个体。研究对象基本情况是对研究对象主要信息的说明，使大家了解实验组和对照组在实验前的身体素质、学习能力和足球基础处于无差别状态。

（一）研究对象

研究对象具体是指“足球普修课教学实施方案”授课的学生群体，研究对象就是教学实验所实施的对象。教学实验分为三轮，三轮实验的研究对象选择广州体育学院体育教育专业一年级足球普修班学生，第一轮研究对象为 2018 级男生，第二轮为 2019 级女生，第三轮为 2020 级男生，研究对象均分为实验组和对照组。教学实验是按照“足球课程共建整体设计方案”和“足球普修课教学实施方案”执行的，实验结果是用于课程设计方案的检验。研究对象同时也是调查对象的组成部分，论证的调查是针对审评专家和研究对象分别设计两种不同的调查问卷。以下是三轮实验研究对象实验前的基本情况。

1. 第一轮实验研究对象

第一轮实验的研究对象是从广州体育学院 2018 级体育教育专业一年级男生足球普修班随机抽取两个教学班，表 1-1 是第一轮实验研究对象基本情况。表中 6 项指标的数据反映的是研究对象入学文化成绩、术科成绩、身体形态和技术基础测试的情况，技术基础测试是用“5m×8”折返运球计时的方法，其他各项数据均可在学生入学档案中找到相应信息。数据计算结果说明实验组与对照组在实验前的学习基础、身体素质及足球专项技能均处于相同的水平，说明实验组和对照组的教学起点相同，实验后两组诸多有效性指标数据的差异性对比可以作为实验检验的依据。

表 1-1 第一轮实验中实验组与对照组在实验前的基本情况对比

组别	实验组	对照组	p
班别	2	1	
人数（人）	22	23	
年龄（岁）	19.07	19.51	>0.05
身高（厘米）	174.41	172.15	>0.05

续表

组别	实验组	对照组	p
入学文化（分）	338. 65	342. 17	>0. 05
入学素质（分）	241. 67	238. 33	>0. 05
足球基础（分）	5. 41	5. 67	>0. 05

注：表中数据为实验组与对照组学生实验前各项指标调查与测试的组内平均值。

2. 第二轮实验研究对象

第二轮实验的研究对象是从广州体育学院 2019 级体育教育专业一年级足球普修班随机抽取的两个女生教学班，选择女生为研究对象是为了同时证明课程设计方案也适用于女生，表 1-2 是第二轮实验研究对象的基本情况。表中数据是研究对象实验前与第一轮研究对象相同指标的调查与测试，数据反映实验组与对照组实验前的各项指标均处于相同水平，同样说明实验组和对照组实验后各项指标数据的差异性对比，可以作为实验检验的依据。

表 1-2　第二轮实验中实验组与对照组在实验前的基本情况对比

统计	实验组	对照组	p
班别	15	11	
人数（人）	25	24	
年龄（岁）	18. 53	18. 62	>0. 05
身高（厘米）	161. 50	164. 12	>0. 05
入学文化（分）	341. 50	347. 76	>0. 05
入学素质（分）	240. 08	243. 66	>0. 05
足球基础（分）	5. 72	5. 44	>0. 05

注：表中数据为实验组与对照组学生实验前各项指标调查与测试的组内平均值。

3. 第三轮实验研究对象

第三轮实验的研究对象是从广州体育学院 2020 级体育教育专业一年级足球普修班随机抽取的四个男生教学班，即把研究对象实验组和对照组的人数规模各扩大一倍，一方面可以证明课程方案在更大范围推行的可行性和有效性，另一方面可以证明课程方案实验检验在更大范围的客观性和可靠性，表 1-3 是第三轮研究对象的基本情况。表中数据是实验前获取的研究对象诸多指标的调查和测试情况，数据反映实验组与对照组的各项指标均处于相同的水平，同样说明两组实验后各项数据的差异性对比可以作为实验检验的依据。

表 1-3 第三轮实验中实验组与对照组在实验前的基本情况对比

组别	第一组			第二组		
	实验组 1	对照组 1	p	实验组 2	对照组 2	p
班别	2	3		6	5	
人数（人）	22	21		22	22	
年龄（岁）	19.70	19.57	>0.05	19.08	19.40	>0.05
身高（厘米）	176.41	176.78	>0.05	175.11	176.49	>0.05
入学文化（分）	373.68	371.94	>0.05	375.57	371.27	>0.05
入学素质（分）	256.91	258.09	>0.05	258.05	258.78	>0.05
足球基础（分）	5.33	5.61	>0.05	5.58	5.63	>0.05

注：表中数据为实验组与对照组学生实验前各项指标调查与测试的组内平均值。

（二）实验检验

实验检验是通过对三轮实验的实验组和对照组做实验后的差异对比，从实践运用的角度证明双方足球课程共建设计方案的实施成效。要保证实验检验的客观和有效，不仅要求实验组与对照组在实验前处于相同智力、身体素质和足球技能的水平，还必须保证实验过程中教学场地、设施及诸多教辅条件完全等同。

1. 教学实验客观条件的控制

①课程架构设计与编排的统一。各轮实验组和对照组的授课均是完全相同的架构，教学的整体课时、上课周数、次数、时间、课程内容结构均保证同样和同步，并保证课程的开课、结课和理论课安排一致。

②课程教学的场地、课室与设施条件的统一。各轮实验组和对照组的教学要在完全相同的气候、场地设施和课室设备等条件下进行，包括球门、标志、用球和分队服等器材和训练装备的一致，保证教学在相同的外部环境条件之下进行。

③课外自修和练习要求的统一。对实验组和对照组学生均提出课余积极参与足球阅读、练习和比赛的倡议，要求基础差的学生每周要适当加练，但均无任何

课外辅导和补充训练，要保证对实验组和对照组提出倡议和要求的一致性。

④实验检验条件与安排的统一。实验组和对照组的对比检验指标须提前设定，技术达标测试和理论考试统一提前告知，问卷调查和比赛技术统计均采用随机的方式，问卷调查在实验组和对照组最后一次理论课结束前统一填写问卷，比赛统计在课内比赛的班际比赛中完成，具体的测试、统计和比赛方法在后文“研究结果与分析”部分有说明。

2. 检验的内容与方法

研究结果检验的内容包括专家对实验组和对照组课程设计方案的审评、学生反馈意见调查、比赛技术统计和技能测试四个方面及其各自诸多具体指标。通过对各轮实验的实验组与对照组四个方面指标的数据对比，判定和检验课程设计方案的优劣及其教学效果的好坏。实验检验是采用实验组与对照组组间差异对比的方法，反映三轮实验中实验组和对照组的差异情况，用 SPSS 软件计算各组数据的平均数和标准差而得出差异结果，再根据组间差异程度而进行判断和多角度的分析，从而获得具有客观性、有效性和可靠性的分析结果，以证明课程设计方案的科学性和合理性。

二、研究方法

研究方法主要是介绍整体构思和具体方法运用，简要说明整体研究过程的来龙去脉及数据获取、整合资料和论证分析。研究的整体构思是完成课程设计方案及取得研究结果的必要前提，具体研究方法是完成研究任务的基本路径。课题研究的整体架构设计和具体研究拓展都是通过一定的研究方法实现的，在后文的课程设计方案部分会包含很多研究方法的阐述，而以下研究方法阐述则相对简约。

（一）研究的整体构思

研究的整体构思与顺序线路基本情况见图 1-1。研究是以马克思主义唯物辩证法作为基本的方法论指导，把体育院校的足球课程设计当作一个完整的系统，再综合采用其他具体的研究方法。选题以共建双方拥有友好校际关系和达成合作共识为基础，再经过双方商议确定研究题目。研究的整体内容架构在咨询过中外课程专家的基础上进行了多次修改，并且将国内和国外足球课程设计进行整合处理。研究运用辩证和系统的观点考察足球课程建设的问题，把体育院校足球课程当作一个完整的系统，注重系统整体与要素、整体与外部环境之间的相互制约和作用关系，以从中综合、准确地考证相关的问题，达到最优化地分析和处理。研究重视系统结构对于系统功能的作用，强调结构是功能的基础，功能是结构的表现形式，相同要素组合成的系统要追求其结构的合理，以充分发挥系统整体优化的功能和效用。

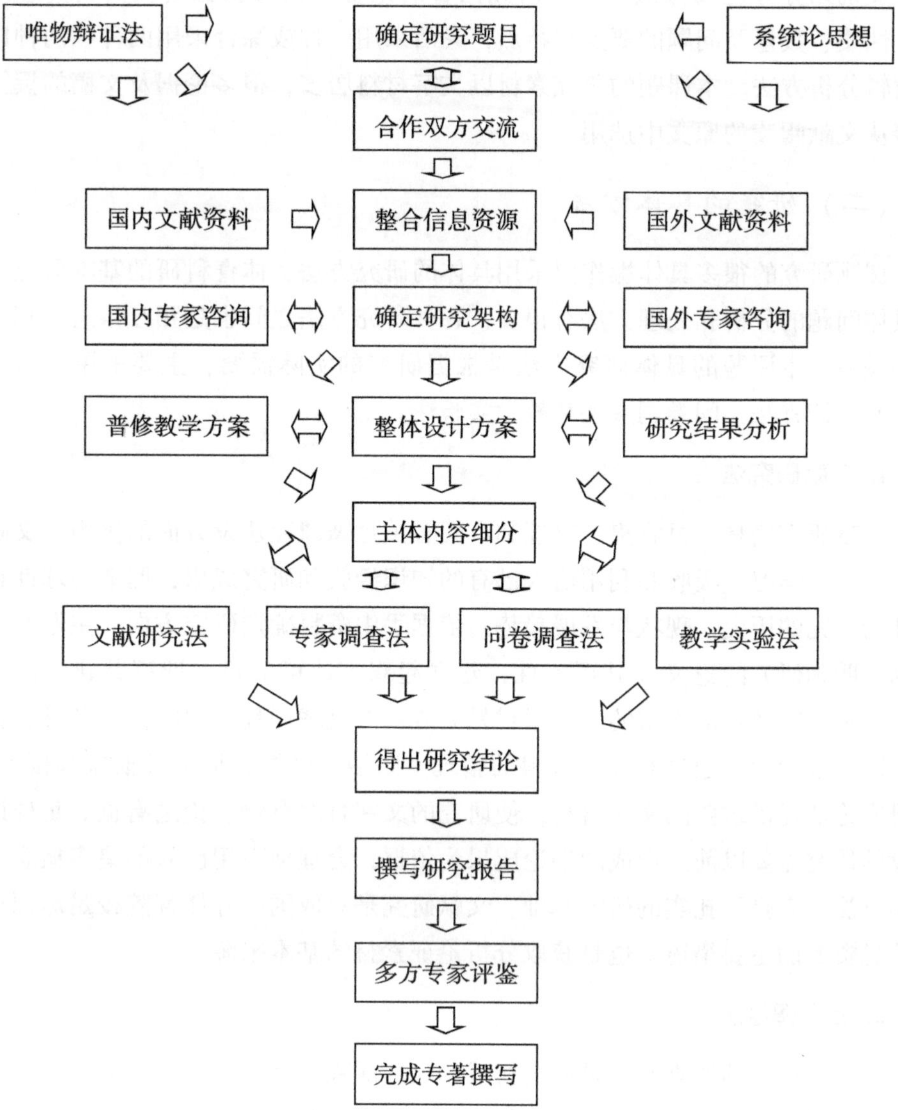

图 1-1 研究的整体构思与顺序路线基本情况

研究内容的主体构成包括足球课程共建整体设计方案、足球普修课教学实施方案及研究结果与分析三个部分。在以上系统方法的框架内，研究内容的细分及诸多问题的分析和论证主要采用文献研究法、问卷调查法、专家调查法和教学实验法，通过问题调查和实验数据的综合分析得出论证结果。对所获得资料信息、调查反馈和实验数据的处理，需要采用分析与综合、归纳与演绎、类比、数理统计及类别划分等逻辑方法，具体研究内容的论证则需要根据所获资料信息的来源、性质、数量及问题的要点和特点，灵活采用一种或综合采用两种和两种以上的逻辑分析方法。本课题的研究素材以文字材料居多，很多论据及文稿的撰写是直接从文献阅读的原文中选用。

（二）研究的具体方法

课题研究的很多具体操作要采用具体的研究方法，体育科研的基本研究方法及具体问题的分析和处理方法有很多，各种研究方法之间也是相互渗透和相互作用的关系。本课题的具体研究方法是根据研究的实际需要，主要采用文献研究法、专家调查法、问卷调查法和教学实验法。

1. 文献研究法

文献研究法是通过收集、整理和审阅有关足球课程建设方面的国内外文献和著述，广泛学习、吸收和利用前人已有的知识经验和研究成果，厘清足球课程建设理论研究的历史、现状与发展趋势；依据手中资料确定研究方向、主题及内容架构，明确研究的意义及其可行性，建立起双方认可的足球课程共建的内容体系。文献研究及获取丰富的研究素材是完成双方足球课程共建的前提条件，在具体的研究过程中，通过对文献资料的整理、归纳、分析、加工及抽象和概括等，为研究论证提供重要的文字材料，使研究的文字言之有物、论之有据。足球课程建设的研究需要以前人形成的理论成果为依据，合理地引用已有的诸多概念、理念和方法，来打下扎实的研究基础。文献研究是获取国内外体育院校足球课程相关信息资源的主要渠道，也是获取分析论证素材的基本来源。

2. 专家调查法

专家调查法的调查对象是业内权威的足球课程专家，通过专家对问卷中问题阐述的审评、判断和评分，获取有关课程设计方面权威性的反馈意见，再经过整合处理而形成课题论证的重要依据。专家调查内容包括足球课程整体构架设计，足球普修课内容构成设计，实验检验内容、指标与方法，以及课程相关的概念、理念、内容和方法等问题。调查采用特尔斐法，三轮实验均聘请 12 位专家，其中包括第三轮实验聘请的 2 位英方专家，专家需对每轮实验进行三次巡回审评和判别。专家对以上诸多问题的审评与观点阐述，就是课程设计方案、研究结果及其诸多具体问题的论证依据。每一次巡回调查都要在集体讨论的基础上对上一次审评结果重新做判断和修正，使专家形成统一意见，并且得出准确和可靠的调查结果。专家调查是证明课程设计方案具有科学性、研究具有周密性和严谨性的重要环节，受聘专家必须是长期从事足球教学与科研的一线教师，后文研究结果与分析部分还有受聘专家情况的具体介绍。

3. 问卷调查法

问卷调查法是在实验结束前对实验组和对照组同时进行问卷调查，按统一要求完成包括选择题和简答题的问卷。问卷内容包括对课程喜爱程度和认可程度两个方面，其中喜爱程度又包括上课愿望、学习兴趣和教学方法三类问题，认可程度包括知识传授、技能训练和执教培养三类问题，通过这些调查考证实验组和对照组学生对课程的兴趣与满意度的情况。研究对象是足球普修课的学生群体，他们对课程和教学的情感表达和认知判定的反馈，是对足球课程共建设计方案进行论证的第一手资料和重要依据。实验组和对照组学生对课程情感和认知态度的差异，反映的是学生上课过程心理状态的不同，调查所获得的反馈信息可以作为判断课题设计方案优劣的一个方面的依据。

4. 教学实验法

教学实验法是对全部三轮实验教学的实验组和对照组按照两种不同课程设计实施教学，再通过各种调查、测试和统计数据的差异性对比论证教学实验的效果。中英两国体育学院足球课程共建的整体设计方案是实验组教学实施的基本依据，实验组教学是在整体设计理念和原则及整体目标、内容构成和课程模式的框架内，按照双方共同设计的足球普修课教学实施方案一步一步地实施；对照组是按照以往常规的足球普修课方案实施教学。教学实验是把具有典型意义的足球普修课作为整体的代表，采用其他研究方法所取得的研究成果都集中体现在实验的过程，所以教学实验是课程设计论证的主要依托。教学实验所获数据可以直接作为实验组课程方案具有科学性和实效性的依据，两组的数据差异对比可以证明实验组的课程方案是否优于以往的课程方案。此外，足球普修课是双方足球课程共建整体设计方案的一部分，其实验教学完全是在整体方案的基本理念、基本原则及其教学模式的辐射范围，实验组足球普修课教学实施方案融合了整体设计方案的精神，同样可以作为检验双方足球课程共建整体设计方案的依据。

第二章 CHAPTER 02

足球课程共建整体设计方案

足球课程共建整体设计方案不仅要全面、宏观地展示两国体育学院足球课程共建的基本方略，也要从全局战略的角度阐述课程共建的思想、理念与方法，要在对课程诸多影响因素进行综合分析的基础上，勾画出课程的蓝图设计。此整体设计方案是足球课程大格局的构思，是所有具体课程设计方案及其教学实施的思想基础和依据。以下从足球课程共建的基本理念、基本原则、目标体系、内容构成、训练方法和教学模式六个方面进行阐述和分析。

第一节 基本理念

足球课程建设理念是遵循足球规律、教育规律和课程建设原理，以及经过实践探索所确立的指导课程建设的准则。课程建设理念有着内容广泛和包罗万象的特点，但基本理念是双方足球课程共建中居于领导和统治地位的理念，是经过双方研讨而确立的指导课程整体设计与实施的理念。基本理念问题由足球课程共建的核心理念、宏观理念和操行理念三个方面构成，三者均对双方的足球课程共建具有方向指引和战略指导意义。

一、核心理念

足球课程共建核心理念是反映足球本质及课程建设基本规律的理念，是双方所有课程设计与实施都必须遵循的根本准则。核心理念在整体足球课程中居于统领的地位，这一理念的确立对足球课程建设具有方向性和纲领性的指导作用。以下阐述两个部分内容：一是核心理念内容与解读，二是核心理念的意义。

（一）核心理念内容与解读

1. 核心理念内容

双方确定的足球课程共建核心理念是对课程本质、规律及其基本精神的概括，其基本内容需要从不同的角度和深度加以阐述，图 2-1 显示的是足球课程共建核心理念的内容构成及其内在关系。其中内核层面的内容如下：共建足球课程从整体到具体的所有构成设计、内容编排及教学实施都要以比赛实战为核心和以比赛争胜为目标；课程布局要以课内比赛为龙头和以专项技能训练为主体；专项技能训练要以反映足球本质为根本和体现足球要素为要旨。外围层面的内容如下：课内比赛和专项技能训练以外的课程是配套的辅助性课程，其中专项基础理论要以阐述与课程主体相匹配的思想和方法为前提；选修类课程要以提高学生综合素养和挖掘潜能为导向；社会实践课程要以提高学生适应社会和实际操作能力为基点。以上核心理念内容阐述及其外围课程的说明也是对整体足球课程及其内在关系的概要介绍，是足球课程设计与教学实施必须遵循的基本准则。

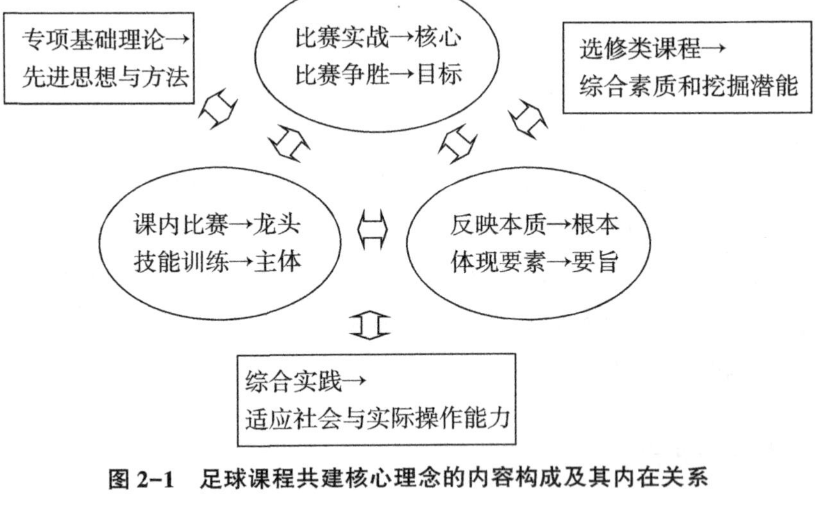

图 2-1　足球课程共建核心理念的内容构成及其内在关系

2. 核心理念解读

“以比赛实战为核心和以比赛争胜为目标”是对足球课程本质的高度概括性

阐述。足球课程从整体到具体的结构设计，需要大视野地考察足球本质、过程与形式，以及足球发达国家有关足球理念的阐述和比赛取胜的意义，也需要重新认识比赛实战的训练学意义及其与体育院校足球课程的关系，重新审视比赛实战对提高学生专项技能和足球素养的作用。概括地说，比赛实战是专项技能训练及其基础理论内容的本源，又是一切训练活动和理论学习的目标归处，比赛实战有重要的训练学意义，本身既是专项技能训练的内容，又是各种专项技能的综合和集中表现。比赛实战也有重要的教育意义，诸多典型比赛场景及其正反两方面的案例都可以作为教育素材。核心理念中将课内比赛居于首要的位置及发挥其龙头作用也是为了强调任何足球课程的内容编排都要以比赛实战为中心，“以比赛争胜为目标”是“以比赛实战为核心”的深入，反映的是足球比赛追求锦标的本质。但由于我们体育院校足球理论探索的滞后，使得足球课程设计和教学实施一直忽视比赛实战的作用，也没有把课内比赛当作正式的课程内容。

整体的课程布局是“以课内比赛为龙头和以专项技能训练为主体”，这既明确了课内比赛与专项技能训练的关系，使课内比赛占有一定的课时比例，也使整体的课程布局更趋于合理。专项技能训练一直是国内外足球课程的主要内容，“专项技能训练以反映足球本质为根本和以体现足球要素为要旨”是核心理念的实质和核心支点，是把握专项技能训练及课程建设正确方向的关键，足球课程建设一旦背离了足球本质也就违背了核心理念，而专项技能训练要反映足球本质就必须充分体现足球要素，即训练过程要尽可能地包含球、对手、队友、球门、场地范围和规则限制六个要素。足球本质“是一种比赛或游戏，是以脚支配球为主，两队围绕球进行攻守争夺，以将球攻入对方球门为目的的双方同场对抗竞技的比赛或游戏”。可以分解为“以脚支配球为主”“两队围绕球进行攻守争夺”“以将球攻入对方球门为目的”和“双方同场对抗竞技”四个要点。

关于核心理念的贯彻：常规必修课的课内比赛和专项技能训练要完全遵循“以比赛实战为核心和以比赛争胜为目标”及“以反映足球本质为根本和以体现足球要素为要旨”；专项基础理论是围绕课内比赛和专项技能训练的需要而设定其内容，也一定要与核心理念的精神一致。综合拓展课的选修课、社会实践和讲座或短训等课程，以及其他任何形式的足球理论学习、足球素养培养及先进足球思想灌输，同样要与核心理念的诸多阐述相统一和相融合。足球课程教学遵循的核心理念并不与教书育人相矛盾，专项技能训练的各种方法运用都可以达到育人的目的，贯彻核心理念并不弱化足球课程的教育功能。

（二）核心理念的意义

1. 核心理念是足球课程共建的根本准则

核心理念，顾名思义是整个足球课程中居于核心和统治地位的理念，是经过更为长期的实践和更加复杂的理性思考而形成的对足球本质及课程规律和原理的认识，进而确立的更为扎实而稳定的有关课程建设的根本准则。正因为如此，足球课程共建只有把握和贯彻核心理念“以比赛实战为核心和以比赛争胜为目标”的基本精神，落脚于训练实践“以反映足球本质为根本和以体现足球要素为要旨”的基本要点，才能保证课程建设不偏离正确的方向。也就是说以上的基本精神和基本要点是其他一切课程理念、原则与要求的依据，所有足球课程的设计与实施都必须始终不渝地贯彻这一根本准则。核心理念作为在足球课程实践中所要遵循根本准则，需要对其加以深刻理解和努力在实践中落实，但核心理念在课程实践中的贯彻是一个渐进的过程，其理念本身也需要在实践中不断总结和完善。

欧美国家提出的“以比赛实战为核心”“比赛是训练的导师”等理念其实就是他们足球训练的根本准则，而且同样运用于体育院校的足球课程设计及教学实施。欧美国家之所以成为世界足球先导，原因之一是他们重视理论建设及确立了先进的基本理念，他们的理论研究重视实际并深入足球本质和足球训练规律的层面，所形成的核心理念也是从大量实践及成败经验中总结出来的。由于我国对足球理论探索不足，对核心理念的认识处于混沌的状态，对足球训练原理和根本准则的认识存在很多的偏差，所以我们需要学习和借鉴世界各国的先进思想和经验，需要对他们的理论与方法加以深入理解。

事实上上文核心理念的精神与欧美国家是一致的，之所以做更为细致的阐述和说明，是因为这样可以使大家更为全面和清晰地认识双方足球课程共建的根本准则，并利于纠正我们以往对核心理念理解的偏差。体育院校的足球课程建设是一个更为宽泛和宏观的足球理论体系，其核心理念要辐射和影响全部常规必修课和综合拓展课的范围，要全面和有效地指导足球课程建设的实践。双方足球课程共建及其所有课程的设计和编排，只有遵循核心理念才能保证其基本方向的正确。

2. 核心理念贯穿足球课程建设的始终

核心理念作为双方足球课程共建的根本准则，不仅要领悟其精神实质和把握其基本的执行要点，还要贯彻和落实到所有课程设计和具体教学实施的始终，就是所有的足球教学活动及其每一个细节都不能偏离足球本质及核心理念。“贯穿始终”主要包含两层含义：其一，核心理念是后续宏观理念、操行理念及所有其他课程理念的核心和导向，所有的课程设计及其实施过程中的具体理念都是核心理念的拓展，都要遵循和体现核心理念的精神；其二，贯彻核心理念不仅是课程某个局部或某一时期的任务，而是对所有课程从整体设计到具体实施全过程的要求。课程反映足球本质有不同的阐述方式和表现形式，例如“一切训练活动都要围绕比赛的需要”“以比赛实战为核心”“把比赛作为训练的导师”等，具体的实施方法与表现形式更是千差万别，但真正把核心理念贯穿于所有课程的始终，还需要通过课程内容安排与教学方法的实施，要把反映足球本质的内容和方法与课程教学相对接，就是课程设计与实施的自始至终都要符合核心理念的精神。

无论是体育院校全面和综合的足球课程学习，还是以专项技能训练为主的各级各类足球队的训练，都需要把核心理念的精神贯穿其过程的始终。从根本上说，足球的体育属性及其教育属性都从属于足球的本质属性，就是足球所特有的比赛和游戏属性，常规必修课的课内比赛和专项技能训练所具有的趣味性和诸多功能，也是源于其比赛和游戏属性。所以，足球课程实践中的贯彻核心理念就是要始终注意反映和体现“以脚支配球为主”“围绕球争夺”“两队同场对抗”“进攻对方球门”等足球本质特征，而且这些特征一定要通过比赛和游戏的外在形式而展现。因此，贯彻核心理念最简捷的方法就是更多地采用比赛和游戏的训练形式。足球能够成为“世界第一运动”，成为一种世界主流文化，都是源于足球特有的“比赛和游戏”属性，我们对于大范围的青少年足球和校园足球的普及要特别注意核心理念的贯彻。

二、宏观理念

足球课程共建宏观理念是指带有全局性和长期性的课程建设基本理念，是有着广泛辐射范围及经过漫长实践探索而确立的全面推进双方足球课程发展必须遵循的基本准则。足球课程的教学过程由训练分组、比赛分队及人与人协作配合的活动形式构成，是一个教育资源多样并利于学生全面发展的团队环境，这些决定了宏观理念构成因素的丰富性。以下分两个部分阐述：其一是宏观理念内容与解读；其二是宏观理念的意义。

（一）宏观理念内容与解读

1. 宏观理念内容

双方确定的足球课程共建宏观理念需要长期和稳定地贯彻，其阐述的内容也比较宽泛，图 2-2 显示的是其内容构成。完整的内容阐述如下：把所有足球课程视为一种对学生成长与发展的教育过程，把课程内容及其各种教学方法运用视为教育形式和素质教育的手段，并与全面发展的教育及人文教育相统一；要与整体的学校教育、社会生活教育及家庭教育相互配合和互动，与对学生的德育和智育达成同步；要利用足球项目的特点及其特有的教育元素，促进学生身心均衡发展，形成健康体魄和良好品质；提倡在享受足球快乐和培养兴趣的基础上提高协作意识和团队精神，同时发现学生在足球方面的专项特长并促进其充分发展。

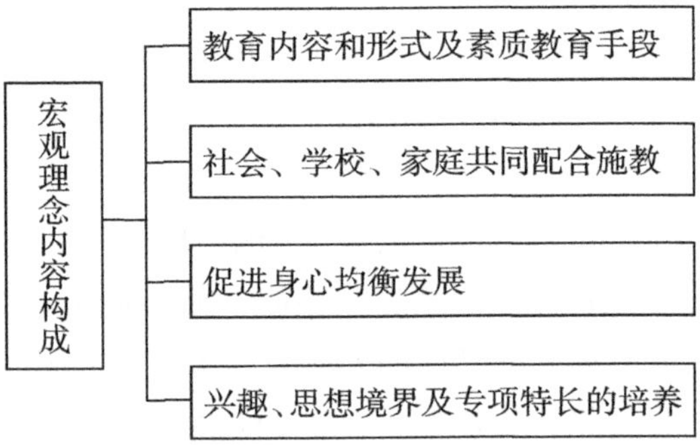

图 2-2　足球课程共建宏观理念的内容构成

2. 宏观理念解读

以上足球课程共建的宏观理念更多是从学生成长与发展的角度出发，是经过长期探索和实践考证而确立的整体足球课程教学都必须遵循的基本准则。宏观理念也要同时符合和遵循中国和英国两个国家整体的足球理念，要在双方合作单位共同探讨足球本质及足球发展基本规律的基础上，追求与国际先进足球理念和教育理念的一致。宏观理念显然与全面发展的教育、社会生活融入及人的个性成长等多个方面相关联，是把足球课程视为学生全面发展和个性发展教育的一部分，是从更大的视野考察和把握足球课程建设的问题。两国体育学院作为整体足球课程建设的共同主体，双方经过了充分的有关足球课程建设的研讨和共同论证，形成了全面的课程建设方面的共识，宏观理念是指导双方足球课程共建带有全局性的方针与策略。

（二）宏观理念的意义

1. 宏观理念是多元智慧凝聚的文化塑造

宏观理念是由多重因素构成的宽泛而复杂的有关课程建设的基本准则，把欧美先进的课程建设理念融入其中，其文字阐述经过了对诸多因素作用程度的排序和取舍，也对不同因素的作用大小加以考证，进而把多元的课程建设思想和智慧凝结成理念。宏观理念所包含的每一个因素都是课程建设的重要支撑，体现着对课程建设某一方面的作用和意义，足球课程建设的推进也正是由多重因素共同的作用而产生的综合效应。可以看到，宏观理念的构成因素是复杂和纵横交错的，是把多重影响因素依据一定的逻辑关系构成有序和合理的文字阐述，整体上侧重反映对人的成长与发展的教育指导，所以足球课程建设的宏观理念还需要与其他理念相互配合地发挥作用。

宏观理念是一种高度综合和凝聚智慧的课程文化塑造，其中蕴藏着文化内涵和体现着课程的外在精神风貌。文化塑造要形成一定的思想高度且升华为精神象征，既要凝聚和锻造出课程内在的精神魂魄，同时也要展现和塑造课程的外在形象。借助构建宏观理念而塑造足球课程的文化精神，这方面我们存在着严重的认识不足。我们需要把更多的课程建设方面的思想和智慧凝聚于宏观理念，使这一理念成为课程建设的精神依托和动力支撑，也使其对课程品牌树立及品牌宣传发挥重要的作用。当然，宏观理念不是虚拟的文字阐述，重要的是与课程实践的对接，也就是要通过各种形式和手段贯彻宏观理念，以致把理念的精神渗透和融入学生的思想和行动中。所以宏观理念的宣传和精神渗透需要课程教学的切实跟进，要把先进理念融入课程设计与教学实施的诸多环节。宏观理念是课程建设在大局观上的整体构思，其文字阐述必然要涵盖各方面的影响因素，这也是宏观理念寓意宽泛的特点决定的，宏观理念的阐述需要有可变性和不断优化的空间。

2. 宏观理念是足球课程共建的基本纲领

宏观理念是双方足球课程共建的大政方针，是规划和指导课程建设及诸多课程具体实施的基本纲领。宏观理念是双方共同在广泛和深入探讨的基础上所达成的共识，也是引导和保证课程建设正确前行的思想基础和航标。英国体育院校尤其重视课程设计遵循一定的基本纲领，而且基本纲领一般是融合在宏观理念的阐述之中。基本纲领在表达形式上也有“基本思路”或“指导思想”的提法，但这些都可以归于宏观理念的范畴，就是可以把“基本思路”或“指导思想”融于宏观理念的阐述中。宏观理念的提法代表着一种整体趋势，但不管是“指导思想”或“基本思路”还是“宏观理念”，重要的是其所具有的课程建设的纲领性意义。

足球课程共建的宏观理念有着基本纲领的作用，而要在课程建设实践中充分发挥宏观理念的纲领作用，需要遵循以下四个要点：其一，把足球课程作为全面发展教育的一部分；其二，把足球课程当作一种教育形式辅助于智育和德育；其三，把先进足球文化精神的宣传和普及作为课程共建的重要任务；其四，把具有各类足球特长的体育专业人才培养作为课程共建的核心和重点。此外，宏观理念还需要考察国际先进足球理念的实质和原理，要统筹和契合好各种宏观要素与微观要素的关系。宏观理念有着宽泛内涵和丰富寓意，是足球课程建设战略设计和可持续发展的方向指引，也是整体课程建设达成统一认识的纲领性要点的阐述。

三、操行理念

足球课程共建操行理念是专项技能训练过程中所要遵循的基本准则，是直接指导双方教师在有关训练操行方法方面的基本理念。专项技能训练是整个足球课程的主体和主要内容，更具体地说，操行理念是专项技能训练的设计及其实施操作的准则，是广大教师从长期工作实践中总结和提炼的纲领性训练要点，要达到理想的训练效果就必须遵循操行理念。以下从操行理念内容与解读和操行理念的实践应用两个方面阐述。

（一）操行理念内容与解读

1. 操行理念内容

双方足球课程共建操行理念的内容如下：所有专项技能训练的课程内容设计与具体方法实施都必须遵循四条基本准则，即以保证快乐为前提、以游戏方法为主导、以培养兴趣为基点和以比赛争胜为目的，也就是专项技能训练实践中每一个操作环节都要按照以上四条基本准则加以把握。足球课程共建操行理念的各种关系及准则见图 2-3。

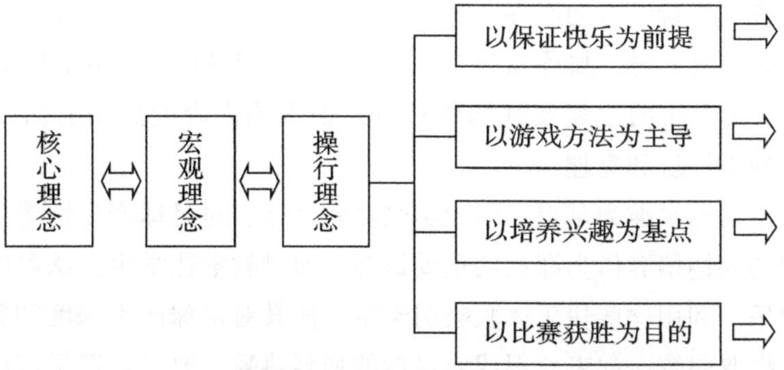

图 2–3　足球课程共建操行理念的各种关系及准则

操行理念是依据专项技能训练的规律和原理而总结和提炼出来的，每一条准则都不是孤立地贯彻，而是要把四条准则并行和统一地体现在课程实施的过程中。贯彻四条基本准则时根据不同的环境、对象和教学条件等，可以侧重体现其中的一条或两条及淡化一条或两条，但长期的实践过程必须四者兼顾地齐头并进。操行理念的原理和寓意似乎容易理解，但真正在课程实践中的贯彻则往往是知易行难。操行理念是从调动学生潜能和积极性及提高训练效果的角度出发，主要体现在各级专项技能训练的具体执行和操作过程中，是训练中教师操行方法与言行举止都要遵循的基本准则，是专项技能训练中各个操作环节的纲领性要点。

2. 操行理念解读

操行理念的四条基本准则是支撑核心理念的四个支点，也是宏观理念的拓展和延续，更是从足球课程实践中提炼出来的凝聚着智慧的经验。关键是要把每一条基本准则落实到每一节课及作用于每一个学生，这需要教学设计和实施操作逐一地与各条基本准则相对接。以下分别阐述操行理念准则的含义及要点。

第一，以保证快乐为前提。确保让每一个参加足球课程学习的学生在每一节课都能够有新鲜体验，并且感受到踢足球的乐趣。训练的组织与实施要尽可能让学生没有任何压力和约束，特别是在启蒙训练阶段更要让每一个学生尽情地玩球，利用足球本身的属性和特点，让学生在争抢中尽情地奔跑和挥洒汗水。要点：要营造宽松和愉快的氛围，让学生解除压力和约束，能够通过简单和有效的方法使学生掌握相应的专项技能。

第二，以游戏为主导。尽可能把所有的训练内容都设计成以游戏为主导的形式，要更多地采用多样和不断变化的有球、有对手、有同伴和球门的游戏方法。

利用学生普遍喜欢玩游戏的心理，把游戏作为专项技能训练的主要形式，同时注意游戏类型要丰富多样，操作难度适中，避免采用刻板和单调的技术重复练习。要点：了解游戏方法的要素及其构成特点，把训练内容变成带有游戏元素的形式，使训练变得好玩和有趣。

第三，以培养兴趣为基点。引导学生热爱足球、对足球产生情感依托，并把这种对足球的兴趣培养作为课程的重要目标。通过教学让学生在练习中更多地享受足球的快乐，利用这些快乐体验吸引学生，使其对足球产生深度的关注，把感受快乐与兴趣取向统一起来，促成对足球的强烈热爱。要点：把足球课本身的趣味性与对学生内在兴趣的启发相统一，更多地激发学生内在的兴致。

第四，以比赛争胜为目的。向学生渗透和灌输比赛战胜对手的荣誉感，并把比赛获胜作为任务和重要的课程目标。要通过表扬、奖励、考核等手段，提高学生对比赛取胜的重视程度，培养学生形成团队至上的协作意识。要点：遵循以比赛实战为核心的原则，更多地采用有球、有同伴、有对手、有球门和场区等足球要素的练习形式，训练也要有一定程度的难度和挑战性。

（二）操行理念的实践应用

操行理念综合归纳了国际足联和欧洲足联的相关阐述，这一理念既可以作为双方体育学院足球课程设计与实施的基本准则，也适用于对更广泛足球训练的指导。而且不管是青少年业余训练还是高水平的职业队训练，教练员都需要理解和遵循这些基本准则。欧洲足联曾经对多家著名俱乐部 U8 至 U18 年龄组球队做过训练评估，评估内容包括训练中快乐氛围营造与效果、游戏方法运用与效果、训练趣味性与持续吸引力、表扬与激励手势使用频率、队员比赛机会是否均等、训练实战性安排与效果等，通过“击掌庆祝次数与效果”“表扬和激励次数与效果”“比赛上场时间与效果”等频次与成效的统计来评价操行理念的执行情况，以上的评估内容和方法说明本课题操行理念的各项基本准则均是训练评价的重要指标。操行理念虽然是具有普遍指导意义的基本准则，但也会因为训练对象不同而有不同的贯彻重点，例如少儿训练要更侧重营造快乐的氛围，而职业队训练则要强调以比赛争胜为目的。

贯彻操行理念是一个复杂的认识与实践对接的问题，要达到课程设计与教学实施的知行统一，需要经过反反复复的认识与实践的磨合和检验。操行理念看似简单，但实践中往往容易出现错误和偏差。例如，“我们的技能训练常常会使学生感到枯燥无味”，这违背了“以保证快乐为前提”的准则；再如，“教师僵化地采用传统的练习方法”，这不符合“以游戏方法为主导”的主旨；又如，“学生参加了多次训练却没有获得比赛体验”，这不符合“以比赛实战为核心”的精神。凡此种种的训练都是违背操行理念的，也都无法收到优良的训练效果。还有如何理解“以培养兴趣为基点”的问题，兴趣培养有一个复杂的心理过程，学生的足球兴趣不是稳定的，兴趣培养中需要不断与学生交流，使学生得到更多的关心、引导和鼓励，教师的肯定和赞赏是培养足球兴趣的重要环节。所以操行理念在实践中的全面贯彻是一个复杂且艰难的过程。

第二节　基本原则

课程建设原则是根据一定的课程目标和任务，遵循课程建设规律而制定的关于课程建设的标准。足球课程共建基本原则是双方共同制定的关于课程建设的基本标准，是足球课程共建基本理念的拓展、延续和必要补充，可以更直接地与各门课程的设计和实施相对接。足球课程实践中要遵循的教学原则和训练原则有很多，以下是双方足球课程共建专门制定的四条基本原则，即反映足球本质原则、体现足球要素原则、落实教育同步原则和强化素质教育原则。其中前两条侧重于指导专项技能训练，是足球课程共建的根本原则；后两条侧重于指导教学过程中的育人环节，是兼顾对学生全面素质培养的需要。

一、反映足球本质原则

反映足球本质原则是指所有足球课程的设计和教学实施都要与足球本质相对接及展现具有足球本质属性的内容和形式，并以此作为双方足球课程共建始终遵守的基本标准。贯彻这一原则需要理解其内涵，这样才能在每一门课程的每一个教学环节融合和体现足球本质，所以我们需要对反映足球本质原则做出详细说明。以下分两个部分阐述：其一是反映足球本质原则解读；其二是反映足球本质原则贯彻。

（一）反映足球本质原则解读

反映足球本质原则是双方足球课程共建的首要原则，任何课程设计及其每一步教学实施都必须遵循这一原则。反映足球本质原则与足球课程共建核心理念是相对接的，是核心理念精神在教学实践中落实的基本准则，对足球课程建设有着方向指引的作用，可以避免课程设计与教学实施出现错误和偏差。反映足球本质原则是足球课程共建核心理念最根本的精神所在，与“以比赛实战为核心和以比赛争胜为目标”的宗旨相统一，其要点就是课程建设要表现的四个方面的足球本质特征，如图 2-4 所示。“比赛或游戏”是足球的基本形式，遵循以比赛实战为核心是通过比赛或游戏形式实现的。所以反映足球本质是足球课程共建核心理念的落脚点，足球课程实践一旦违背了反映足球本质原则，也就背离了核心理念而失去了正确的方向。英国之所以能够经久不衰地立身于足球强国的地位，是因为他们对足球本质有着深刻的认识和很好的把握，我国对足球本质的认识存在着明显的不足，也造成了体育院校及各级青少年训练长期存在方向性的偏离。

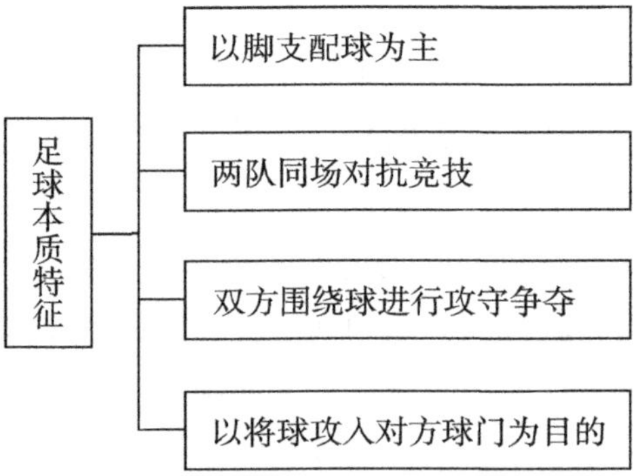

图 2-4　足球四个方面的本质特征构成

（二）反映足球本质原则贯彻

为了在课程实践中更好地贯彻反映足球本质原则，需要对足球本质展开分析。从前文阐述的足球本质定义可知：足球作为一个运动项目是以“比赛或游戏”方式展现的，其典型特征包括“以脚支配球为主”“两队同场对抗竞技”“双方围绕球进行攻守争夺”和“以将球攻入对方球门为目的”四个方面。可以由此推断，贯彻反映足球本质原则必须展现出以上四种特征，就是要把这四种特征通过“比赛或游戏”形式表现出来，在课程设计与教学实践中缺少这些特征就无法达到与足球本质相符，也就说明没有反映足球本质。贯彻反映足球本质原则不仅要认识和理解其精神实质，更重要的是把四个典型特征融入课程设计与教学实施的过程，而且要把握相应的操作方法与技巧，这样才能使制定的原则与课程实践相对接及达到认识与实践的统一。

我国很多体育院校的足球教学存在着较多偏离足球本质的做法，例如，无球练习占用大量上课时间；熟悉球性练习的比重过大；非对抗性的专门技术练习过多；等等。而且类似的做法不止在体育院校系统，例如，中小学校园里大行其道的“足球操”“足球舞”“足球保龄”；青少年训练过于偏重单纯的技术练习；职业队准备期训练持续半个月每天“万米跑”等，都是我国训练实践出现的偏离足球本质的错误。我们不是完全否定以上诸多练习的意义，但这些练习过多地用于足球训练就违背了反映足球本质原则，所以我们专项技能训练的主体部分一定要注意与足球本质的对接。

贯彻反映足球本质原则是保证课程设计不出现差错的关键所在，而对足球本质形成正确认识则是根本问题，转变认识和形成正确的观念是我们回归正确轨道的第一步，但更重要的是做到行动与观念的统一，也就是要解决如何以行动贯彻反映足球本质原则。而很多足球发达国家早已总结出科学的、能够反映足球本质原则的训练比例安排，遵循他们的先进方法是贯彻反映足球本质原则的常规做法，例如，训练课按照一定的比例安排热身准备、技术准备、战术准备、场景训练和实战训练五个部分的内容。一般战术准备、场景训练和实战训练是完全与足球本质相对接的对抗内容；技术准备可以采用非对抗的纯技术练习，也可以安排一定比例的反映足球本质的对抗练习；热身准备可以安排 5 分钟左右的对抗练习。类似这样的层层递进的五个部分训练课，都是以最后的实战训练为核心和目标，也就可以很好地贯彻反映足球本质原则。

二、体现足球要素原则

体现足球要素原则是指专项技能训练的设计与实施的自始至终都要全面而充分地展现足球的六个要素，是侧重指导训练实施过程的基本要求。在足球训练学上已经有比较统一的足球要素的概念，把体现足球要素作为专项技能训练过程中的基本原则是强调和突出足球要素对于训练的重要性。以下分两个部分阐述：其一是体现足球要素原则解读；其二是体现足球要素原则贯彻。

（一）体现足球要素原则解读

体现足球要素原则是双方体育学院足球课程共建的重要原则，是要求在专项技能训练的设计和实施中尽可能地把更多的足球要素融入其中。足球课程共建遵循的“以比赛实战为核心和以比赛争胜为目标”的理念，要在专项技能训练中得到具体落实就必须要充分体现足球要素，国际上一般认为足球由六个要素构成（图 2-5）。对教师来说，足球六个要素是组织专项技能训练时必须要考虑的作用因素，需要把每一个要素安排在训练中；对学生来说，足球六个要素是学生在训练和比赛过程中，每时每刻都需要同时关注和随机应急面对的问题，学生要有好的比赛表现就必须在场上合理分配注意，同时兼顾和洞察六个要素的变化及其对场上局势的影响，再做出合理的决策和行动。

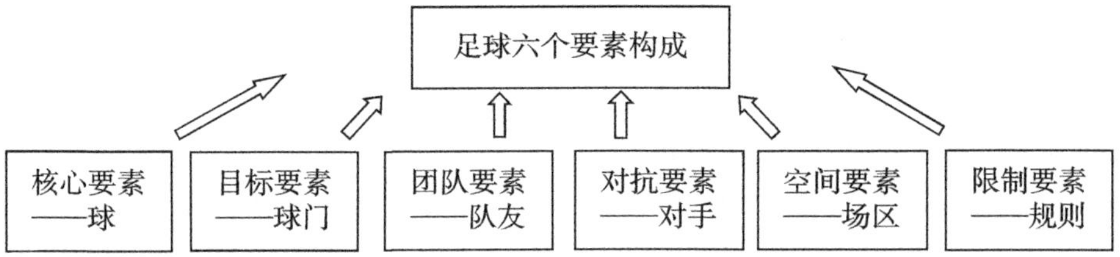

图 2-5　足球六个要素构成

足球六个要素的提法是从训练实践中总结出来的，为培养学生场上智力和能力及提高训练效率的需要。在训练中学生的眼睛观察、头脑思考、身体移动、完成技术等都聚焦在六个要素之上，可以说足球要素是影响场上洞察意识和决策思维的决定因素。这里我们需要重新强调足球课程的构成问题，专项技能训练是整个课程的主体，是所有常规必修课的主要内容，技能训练只有合理地做好六个要素的设计才可能收到预期的效果。体现足球要素原则是教师做好训练设计的需要，也对提高训练效率及学生技能都有重要作用。

（二）体现足球要素原则贯彻

体现足球要素原则的贯彻是足球课程共建核心理念得以落实更具体的步骤，是课程教学整体上沿着正确轨道推进的保证，也是反映足球本质原则在专项技能训练中的拓展。从课程设计到训练实施需要包含体现足球要素的环节，而训练中贯彻体现足球要素原则主要是如何安排足球要素的问题。足球六个要素是足球本质的具体体现，而学生训练和比赛中的表现是依据对六个要素的综合判断而做出决策和行动，任何主题及任何内容的技能训练都要兼顾到六个要素。

1. 核心要素——球。任何训练和比赛都是围绕球来进行的，球是训练的核心和第一要素。球是双方队员在场上进攻和防守行动的动态参照体，比赛中的球是流动的，是处在不停地滚动、飞行、连续折回的变化中，其运行的速度、高度、位置等处在无法预知的状态。只要在比赛中，场上队员必须时时刻刻观察球所处的位置、球的运行方向和落点，甚至要预判球的下一步及再下一步的发展。所以任何训练安排都是把核心要素——球放在第一位，尽可能把结合球的练习内容贯彻始终，把球作为完成训练任务所要关注的焦点。

2. 目标要素——球门。足球比赛的任何进攻行动都是为了有效地向对方球门推进及完成射门，防守则反之，训练如果没有球门，整体上就脱离了真实的比赛场景。比赛过程要求进攻方的每一个队员都要不停地协同移动和变化，目的就是创造向对方球门推进的机会，所以球门作为目标要素是训练设计必不可少的。当然，有时候出于某种特殊的训练目的会安排进攻两个或更多的球门，有时候突破训练可以把目标定为一条线段，但不管怎样，训练中必须强化学生时刻注意观察、快速辨明球门位置或进攻方向的能力。

3. 团队要素——队友。足球是由多名同队队员共同参与进攻和防守的团队协同作战的比赛，无论是进攻还是防守都需要同队队友之间的相互支援和配合，团队默契十分重要。而团队力量的形成一定要经过平日艰苦的训练，这就需要在训练中将队友及队友之间的配合作为训练要素，这样才能形成更好的团队配合，进而提高整体实力。训练需要通过具体的训练方法及团队协同的强化体现这一要素。

4. 对抗要素——对手。足球比赛是两队同处于一块比赛场地、围绕对球的争夺展开攻守对抗，而且与对手之间有着激烈的脚对脚、身体对身体及在高速运动中的拼争。比赛中队员的任何决策与行动都要根据对对手意图和行为的判断而随机应变，适应比赛对抗及其场上的千变万化，是队员必备的能力，所以，训练中合理安排和设置对手是使队员适应比赛实战不可缺少的因素。

5. 空间要素——场区。足球比赛都是在一定的场地空间进行的，而且规则又赋予不同场地区间以一定的意义或功用。随着足球运动的发展，比赛战术更加多变，而且不同场区又都有着战术打法和技术运用方面的不同要求。不同场区都越来越多地赋予了战术意义。训练中不同的场区设计可以助力或限制队员技战术的运用，促进队员某种意识或技能的改进，所以场区设计是足球训练的必要因素。

6. 限制要素——规则。足球比赛是在统一规则的严格限制之下进行的，训练中教练员需要在统一规则的基础上，根据训练的目的而制定临时的规则，使队员按照一定的意图和指向完成训练任务。训练中制定特殊的规则限制是训练队员的有效手段，教练员利用特殊规则的限制往往比鼓励、要求和命令队员更为有效，例如通过训练中一脚射门、两脚传球、三点包抄、五脚长传等“规则”的限定，可以有效地强化队员某种意识或技能的提高。

三、落实教育同步原则

落实教育同步原则是要把足球课程设计与教学实施的所有环节都当作教育的过程，对学生实施相应的教育影响，这是课程设计提出的对于育人方面的基本要求。这一原则是足球课程发展的必然要求和趋势，需要体育院校足球教师积极地尝试。以下分两个部分阐述：其一是落实教育同步原则解读；其二是落实教育同步原则贯彻。

（一）落实教育同步原则解读

足球教学过程包含着丰富而重要的教育元素，也正因为如此，一些欧美国家及亚洲的日本和韩国都有着通过足球教育孩子的传统，以致把足球列为中小学教学大纲的内容。体育院校的足球课程归于教育的范畴，应当在教学过程中同步落实对学生的教育。虽然在足球教学实践中有很多教师都积极地采取了同步教育的举措，但还没有作为一种理论上升到原则的高度，提出“落实教育同步原则”是给足球课程赋予了新的内涵。落实教育同步原则有广义和狭义之分，广义是指课程教学过程的方方面面都要渗透和施加对学生的教育影响，这是我们应当提倡的足球教育观。这里探讨的是狭义的落实教育同步原则，是指教学中按照社会要求和学生身心发展规律，有目的、有计划、有组织地培养学生的教育活动。

落实教育同步原则是在足球教学中同步对学生施与教育影响，是通过教育活动及足球的特殊教育功能完成对学生的教育任务。足球教学过程中的教育同样是使受教育者获得知识技能、发展智力和体力及陶冶情操的一种活动，其三个基本要素也是教育者、受教育者和教育内容（图 2-6）。教育内容是根据社会的要求和受教育者的身心发展规律，精选的人类优秀文化、艺术和科学知识，学校教育内容会随着社会发展而不断变化。落实教育同步原则是使受教育者在统一的足球课程理念之下接受有计划的教育影响。足球是人类优秀文化的内容之一，也是中小学教育的重要内容，体育院校作为国家培养中小学体育师资的基地，需要足球课程设计的理论创新，也需要把足球作为教育素材而大量地运用于课程实践。

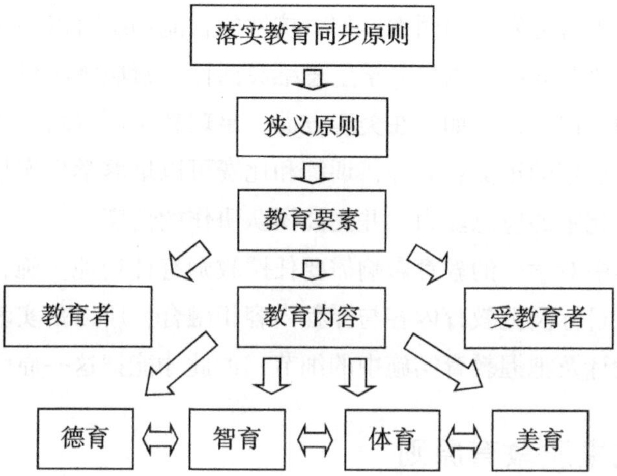

图 2-6 落实教育同步原则的内容构成

（二）落实教育同步原则贯彻

全面影响学生的教育应当包括德育、智育、体育、美育四个方面的内容，其中每一个方面又包括很多细分的内容。足球教学是有目的、有计划、有组织地对学生施加影响的教育活动，整体上需要把四个方面的内容有步骤地施教于教学过程。足球在诸多体育项目中拥有至高无上的地位，在体育院校的足球教学过程中包含着丰富的德育、智育和美育的内容，其教育意义需要引起我们的重视，足球课程共建把“落实教育同步”作为一项基本原则提出来，正是把对学生的教育放到了足球课程设计的重要位置。

体育院校足球课程要落实教育同步原则，其贯彻过程需要从其中的教育内容入手。在足球教育的教育者、受教育者和教育内容的三个要素中，教育内容同样是介于教育者和受教育者之间的中介要素，其中包含着很多德育、智育和美育的内容，把这些教育内容融入教学实施过程就是落实教育同步的方法。所以落实教育同步原则，需要在课程设计及各门课程教学大纲的理念与目标中体现教育的思想和内容，要把几个方面的教育合理地融入其中，以更好地发挥足球教学中的教育功能。例如，足球教学中会有尊重师长、互助互爱、守时、队伍集散、指挥调度和协同作战等环节，这些是素质教育和德育教育内容，教师可以在明确德育目标和原则的基础上，更多地从细节入手引导和要求学生，使学生达到相应的教学目标，促进基本素质和道德修养的提高；再如，足球教学及其技能训练和比赛过程有很多影响学生智力发展的因素，如对抗性的技能训练可以加快学生反应和决策速度、多变的比赛规则可以培养学生思维灵活性、素质练习可以教会学生运动方法和增长保健知识等；又如，在美育方面，足球教学可以培养学生欣赏比赛及对抗中足球技术运用的审美；此外，训练和比赛可以培养学生实战状态下沟通能力和场上快速变化中的应急能力，并提高团队协作的情商。

当然，教学中对学生的教育影响需要任课教师有计划地实施，要求教师确立教育理念、教育目标及把教育内容与课程内容相融合，所以落实教育同步原则需要专门的教学设计及把握教育实施中的细节，如此才能把这一原则贯彻下去。

四、强化素质教育原则

强化素质教育原则是在教学中把对学生的素质要求放在重要位置，通过各种具体教育手段和方法促进学生基本素质的提高，这是足球课程教学提出的对提高学生个人素养的基本要求。这一原则是要改变以往忽视对学生进行素质教育的状况，同时通过强化素质教育促进课程整体教学质量的提高。以下分两个部分阐述：其一是强化素质教育原则解读；其二是强化素质教育原则贯彻。

（一）强化素质教育原则解读

强化素质教育原则要把所有足球课程的教学过程当作素质教育的阵地，按照常规素质教育的要求而约束和培养学生，这也是落实教育同步原则的拓展和具体化。素质教育是指以提高受教育者各方面素质为目标的教育模式，更多体现在对学生个体行为的影响，促进其优良品质和行为习惯的形成。现代的教育观点认为，基础的素质教育一般要在幼儿园和中小学阶段完成。我国中小学的素质教育存在严重的缺失，而英方专家认为英国中小学的素质教育也存在不足，因此双方均认为足球课程共建提出“强化素质教育”是必要的。足球教学强化素质教育主要是通过训练和比赛培养学生形成健全的人格，以得到人生观和世界观的再次启蒙，主要落实在为人做事观念和行为规范方面的引导与再塑造。

强化素质教育主要体现在足球课的诸多细节和末端环节上，从规范举止和良好习惯开始培养。足球课的技术练习、对抗练习、身体练习、游戏、比赛、知识教学等内容，都包含素质教育的元素或素材，把诸多素质教育素材融入课程设计，再通过教学作用于学生就是落实素质教育。通过素质教育可以使学生了解运动知识、遵守行为规范、增强法律意识，获得良好习惯、健康体魄、心理健康、综合能力及坚强性格，形成团队意识和竞争意志等更高的素质。当然，素质教育的整体目标还是使学生形成健康心理和健全人格，如图 2-7 所示。

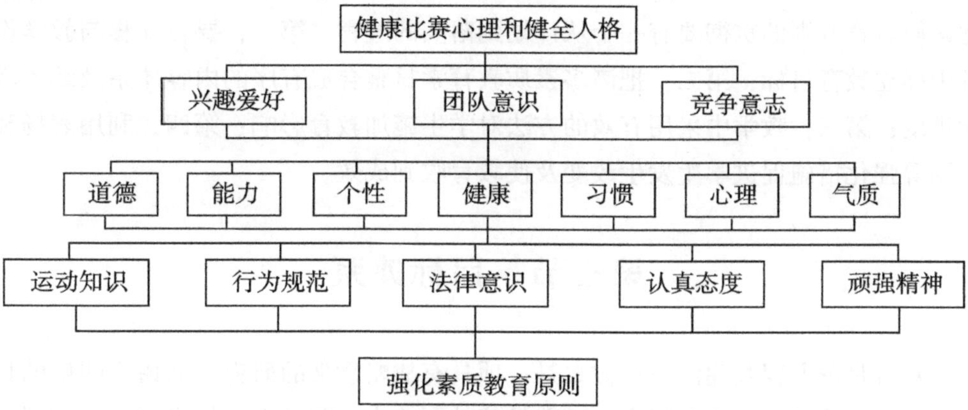

图 2-7　强化素质教育原则的内容层次

（二）强化素质教育原则贯彻

教育部提出“把足球作为中小学素质教育的手段”，这说明体育院校在足球教学中推行素质教育是必要的，素质教育也会作用于足球教学。实施素质教育要从具体的言行和事例开始，要利用直观、生动和典型的正面或反面的“原形”建立感知，再通过一定的教育手段强化学生形成正确的认知及日常行为规范，逐步建立整体的对素质教育的认知和理性观念。

足球教学中有大量直观和形象的素质教育素材，首先以“课内比赛”为例加以说明。课内比赛包括班内比赛和班际比赛及其不同赛制形式，比赛的礼仪环节可以直接培养学生遵礼节、懂礼貌的举止和习惯，可以遵照比赛行为规范培养学生尊重裁判、尊重观众、尊重教练、尊重对手的品行。比赛中可以根据局势变化培养学生挑战意识、职责担当、勇于拼搏、团队奉献等素养和观念，还可以使学生思维灵活、具有随机应变的能力。比赛的赛前动员、战术布置和赛后总结等环节可以通过陈述观点培养学生的语言表达能力。其次以“专项技能训练”为例加以说明。技能训练过程包括向学生传授知识与技能、培养团队意识与观念、要求学生端正态度与集中注意、相互之间沟通与互助、遵守规则与纪律等诸多环节，包含了丰富的素质教育素材。比如“培养团队意识与观念”是体现个人素养的重要因素，技能训练采用分组评比与竞争方式，可以通过组内互助培养发现问题、沟通和指导方面的能力，可以通过组间竞赛培养学生集体荣誉感、协作能力和团队至上的大局意识。

足球教学中的素质教育素材是丰富多样的，推行素质教育也是可行的，但强化素质教育原则的贯彻要有一个从计划到落实的过程。第一，要在课程与教学设计中确立教育目标；第二，把诸多素质教育素材整合成有序的内容体系及编入教学进度；第三，教学中采用有效的方法对学生施加教育影响；第四，利用表扬和激励等强化措施促进学生发生改变及使教育收到成效。

第三节　目标体系

双方足球课程共建的设计方案是一项具有战略意义的研究，而树立明确的目标是任何战略设计的重要因素。随着足球的影响力不断增大，体育院校足球课程的目标设定也在不断变化。足球课程共建整体目标及一系列具体目标的确立，也就构成了具有战略指导意义的课程目标体系，可以作为课程建设及其良性发展的方向指引。足球课程共建目标体系包括三个部分，即整体目标与重点目标、常规必修课目标体系和综合拓展课目标体系。

一、整体目标与重点目标

足球课程共建的整体目标与重点目标是关于课程全局、重点发展方向与归处的问题，需要有侧重地利用中英两国体育学院的课程资源，以重点带动整体地促进课程建设达到理想的境界。整体目标是经过双方对各自足球课程的发展历史、现有资源及未来发展需要的考察所设定的，是经过双方资源整合和共同努力可以达到的较高的境地；重点目标是在整体目标的基础上，经过对双方课程师资、原有基础及发展潜力和优势等进行深入和综合的分析后，确立的对整体课程建设具有引领和带动作用的需要优先达到的目标。

（一）整体目标

1. 整体目标确立

双方确立足球课程共建的整体目标是：搭建起基础扎实、实力雄厚、门类齐全及名师荟萃的足球课程根基与教学平台，构建国际高标准的足球课程体系，重点打造初级和中级专项技能训练的精品课程，保证人才培养的效率和质量以满足社会的需要。具体分几个方面：课程共建方针和策略要与先进足球理念和教育理念达成一致，保证课程建设的正确方向；课程设置要科目齐全、特色突出及符合社会需要，保证学生的专业技能和认知能力与社会需求紧密对接；师资队伍要专业基础扎实、素质过硬及各有专长，保证整体教学的高效及学生专项特长的培养；教学内外环境要舒适，配套设施要完备和先进，保证场地和设备等硬件及教材和课件等软件的配置精良。

2. 整体目标解读

体育院校开设足球课程是源于社会对足球人才的需求，所以足球课程建设始终要以人才培养为宗旨。所确立的整体目标是社会对人才规格与质量的基本标准，也是根据两国现实足球市场对各类人才所应当具备的技能与认知的要求；整体目标的多样化细分也是社会发展对课程建设目标多元化的要求；课程共建的整体设计方案及其局部教学实施方案都要围绕课程目标设计，课程设计方案检验就是使实验结果与预期目标达成一致。把中英双方的课程资源做梳理和优选，搭建起两国体育学院联合开发、资源共享的课程平台，这是跨国和跨文化的课程资源整合，利于形成优势互补和品牌效应，以促进课程建设的良性发展。课程共建的整体目标既要符合先进足球理念和教育理念的要求，又要结合两国体育学院的课程建设实际，而在合作共建中的中方，不仅要配合我国足球战略的顶层设计和整体校园足球工程的设计，还要充分利用我国体育院校足球课程建设的已有成果。

（二）重点目标

1. 重点目标确立

所谓重点目标即双方共同确定的重点课程所要达到的目标，依据对双方各方面条件的综合分析，确立重点目标如下：建立专项技能训练人才培养的多向发展模式，拓宽足球人才与社会需求相对接的渠道；在坚持具有足球特长中小学体育师资培养的基础上，把D级和C级教练员培养融入初级训练课程，把B级教练员培养融入中级训练课程；使初级训练和中级训练与国际统一的等级教练员培训体系相对接，把课程打造成具有国际知名度的精品课程；以重点课程建设带动整体课程品质的全面提升，更好地满足社会对于足球人才的需求。确立双方足球课程共建的重点及其课程目标，需要一些必要的前提和条件，就是双方要拥有相应的课程传统、优势和社会资源，都具备实现预定目标的基础和可能并有着相应的课程建设的理想。

2. 重点目标解读

重点目标的设定是足球课程共建的关键环节，一般而言重点目标就是所设定的重点投入和所要着重实现的课程目标，重点课程要选择有资源优势、有发展潜力和前景及符合社会与市场需求的课程。所以足球课程共建的重点目标需要有一个全面考察、综合分析和谨慎优选的过程。

无论是在现阶段还是未来，足球D级、C级和B级教练员都是处于中低层次的基层教练员，是未来社会大量需要的专业人才，也是一些体育院校可以承担的人才培养任务。课程建设重点是把足球D级、C级和B级教练员培训融入课程体系，而且是作为优质的品牌课程来打造。这一品牌课程可以在培养具有足球特长体育教师的同时，满足社会对足球业务细化的人才需要及对人才要求的提高。重点课程建设是整个课程建设的龙头，起示范作用，不仅需要将课程建设思想、理念与方法全面更新，还要增强师资配置、加大经费投入和完善场地设施建设与管理，这些也是保证课程质量的前提条件。重点课程的预定目标也包括足球师资队伍素质的提升，特别是受国际认可的足球教练员讲师人才的培养，也是课程建设及打造精品课程的重要一环。

足球教练员培训在国际上有着统一的课程体系，不同教练员等级都有各自不同的标准和要求，重点目标的实现就是将人才培养标准基本与国际标准接轨。这样双方的教练员人才培养既符合国际标准，也利于整体共建课程质量的提升。体育学院拥有国际认可的讲师人才及教练员培训课程，可以提高学校的声誉和社会影响，而且可以调动学生的学习积极性及激发其潜能。所以，重点目标的确立可以提高人才培养的专业标准，也可以更好地满足社会的人才需求。

二、常规必修课目标体系

常规必修课主要包括足球普修课、体育教育专选课、运动训练专选课、副项专选课、院校代表队训练等课程，这些课程都是由课内比赛、专项技能训练和专项基础理论三个方面内容构成。常规必修课是基础性的系列主干课程，有着一定的历史和传统。但由于足球运动与足球教育的快速发展，常规必修课也在不断地变化，其目标体系也逐渐变得复杂和庞大。常规必修课的目标体系是按照课内比赛、专项技能训练和专项基础理论的内容构成划分其目标等级的，各项内容的目标等级均按照启蒙、初级、中级和高级而划分，所有的常规必修课在其目标体系中都可以找到对应的课程目标。

（一）课内比赛目标体系

课内比赛目标是学生所要达到的比赛能力的预期水平，是以等级运动员标准综合评价其水平的高度。课内比赛及其目标是合作双方共同设定的新的课程内容构成，是足球课程共建核心理念的具体体现。以往足球课程的课内比赛是完全融合在专项技能训练之中的，在此把课内比赛作为一项独立的课程内容，也就更加与“以比赛实战为核心和以比赛争胜为目标”的理念相符合。课内比赛目标分为启蒙、初级、中级和高级四个目标等级，分别与等级运动员的标准相对应，即启蒙训练对应入门级运动员、初级训练对应三级运动员、中级训练对应二级运动员、高级训练对应一级运动员，在以上各级训练中比赛表现优秀的学生才可能通过相应的运动员等级。

1. 启蒙训练的课内比赛目标

让学生尝试和了解各种小型足球比赛的主要的竞赛规则和基本方法，学会在比赛中运用简单的技术及了解不同位置的技术特点和战术打法，达到足球比赛入门的等级，初步形成参与各种业余足球比赛的爱好。

2. 初级训练的课内比赛目标

使学生掌握五人制和八人制比赛所需的基本技术、位置技术和战术打法，初步具备参加各种业余足球比赛的技术基础和战术能力，使得全部专选学生和部分普修学生达到三级运动员的水平，对各种足球比赛产生兴趣。

3. 中级训练的课内比赛目标

使学生掌握十一人制比赛所需的基本技术、位置技能、体能水平和战术打法，具备参加高水平业余比赛和青少年梯队比赛的技术基础、位置特长和战术能力，多数专选学生达到二级运动员的水平，参加各种比赛时有求胜意识。

4. 高级训练的课内比赛目标

改善和提高学生十一人制比赛所需的技术和战术能力、位置技能，具备参加高水平比赛的技术基础和战术能力，表现突出的专选学生达到一级运动员的水平，具有强烈的比赛求胜心理。

（二）专项技能训练目标体系

体育院校的足球专项技能训练面对的是不同足球基础的学生群体，即便是相同专业和相同基础的学生也会有足球天赋、训练投入及发展潜质等方面的差异。所以，专项技能训练需要根据不同授课对象的情况而设定启蒙、初级、中级和高级的不同训练等级与目标，而且各个等级的训练都要制定不及格、及格、良好和优秀的成绩考核标准。学生只有在技能考核成绩优秀的基础上具备相应等级的比赛能力才可以获得相应的运动员等级资格。

1. 启蒙训练的专项技能目标

体育院校的足球启蒙训练一般包括 32 学时普修课或选修课、64 学时普修课的前半段课程及体育教育专选和运动训练专选开始阶段的课程，一年级足球专选研究生跟随导师见习和实习。启蒙训练的专项技能目标是使学生全面掌握个人技术方面简单而常用的专项技能和中小学足球课教学及校园足球各项常规活动的组织方法与技能，使学生感受足球的乐趣及初步产生对足球的兴趣。

2. 初级训练的专项技能目标

体育院校的足球初级训练一般包括 64 学时普修课、体育教育专选前两年和运动训练专选第一年的课程，课程又细分为初级Ⅰ的个人技术技能训练和初级Ⅱ的小组战术技能训练两部分，一年级足球专选研究生跟随导师见习和实习。初级训练的专项技能目标是使学生全面掌握个人攻守技术与小组攻守战术方面的专项技能；使体育教育专选二年级、运动训练专选一年级及部分普修学生的综合技能达到三级运动员标准；使学生掌握足球初级训练的组织方法与指导方面的技能；使学生对足球产生浓厚的兴趣。

3. 中级训练的专项技能目标

体育院校的足球中级训练一般包括体育教育专选第三年、运动训练专选第二年的课程（其中包括由副项专选课和普修课转入的学生），二年级足球专选研究生跟随导师见习和实习。中级训练的专项技能目标是使学生在达到初级训练目标的基础上，全面掌握局部进攻与防守战术的专项技能，以及在局部攻守中的个人攻守技术和小组攻守战术的灵活运用能力；使学生的综合技能达到二级运动员标准及形成足球特长；使学生掌握足球中级训练的组织方法与指导方面的技能；使学生在对足球产生浓厚兴趣的基础上，将足球作为未来的发展志向。

4. 高级训练的专项技能目标

体育院校的足球高级训练一般包括体育教育专选第四年和运动训练专选第三、四年的课程，二年级足球专选研究生跟随导师见习和实习。高级训练的专项技能目标是使学生在达到中级训练目标和巩固初级训练的基础上，初步掌握整体进攻和整体防守的专项技能；使学生各自拥有突出的特长及部分优秀学生的综合技能达到一级运动员标准；使学生初步掌握足球高级训练的组织方法与指导方面的技能；使学生把足球作为职业生涯的一部分而形成强烈的足球专项意识和进取精神。

5. 院校代表队训练的目标

院校代表队一般包括男足的精英代表队、体育教育专业代表队、五人制代表队及女足的各种代表队等，他们是各自相对独立的训练团队，训练内容均属于高级训练的范畴，是另外专门组织每周最少 3 次的强化训练课。学生入选代表队需要符合一定的标准，一般须达到或接近一级运动员的水平，要兼备良好天赋、强烈进取愿望及刻苦训练精神等必要条件，各个代表队均由各年级技术和比赛表现优秀的学生组成。目标是使学生在具备扎实的个人、小组和局部攻守专项技能基础上，全面掌握整体进攻与整体防守技能，能够达到相应的比赛技术、战术、体能和心理要求，进而形成整体素养优良和竞技实力强劲的比赛团队。训练在保证每个学生达到一级运动员标准的基础上，使部分学生达到适应职业队训练和比赛能力的要求。

以上各级训练专项技能目标的阐述中，启蒙训练的目标主要是刚开始学习足球的少年儿童，由于课程次数和课时总量很少，所以专项技能的内容相对比较简单、目标相对较低。启蒙训练的重点是把握好“以保证快乐为前提”的操行理念，教学尽可能让学生没有任何压力和约束，要让每一个学生都能感觉好玩、感受快乐和体验成功。把这样的启蒙训练理念、内容和方法教给学生，他们将来也会正确传递足球理念与方法，未来可以让更多孩子感受足球的快乐和美好。所以，理解启蒙训练的理念并且达到其目标是有着重要的战略意义的。同样初级训练、中级训练和高级训练的目标设定也都有各自不同的侧重点，各自课程的目标设定也有不同依据和原则，所以每个级别所设定的目标都需要我们深入地加以理解。

（三）专项基础理论课目标体系

专项基础理论课是常规必修课的组成部分，一般占课时的20%左右，课程是与课内比赛和专项技能训练相配套的内容，内容对应的是相应训练等级的原理、要点与方法问题。专项基础理论课的目的是辅助专项技能训练及提高学生的足球认知和素养，专项基础理论课也依据不同授课对象情况分为启蒙、初级、中级和高级四个目标等级。

1. 启蒙训练专项基础理论课目标

启蒙训练专项基础理论课是与启蒙训练相配套的常规必修课内容，是对应32学时普修课或选修课、64学时普修课的前半段课程及体育教育专选和运动训练专选开始阶段的课程，每学期都面向不同专业的学生开设，一年级足球专选研究生跟随导师见习和实习。目标是使学生全面学习和了解关于启蒙训练的专项基础理论知识；掌握校园足球各项活动组织的原理与方法；重点掌握关于启蒙阶段技术与战术训练的原理与方法。

2. 初级训练专项基础理论课目标

初级训练专项基础理论课是与初级训练相配套的常规必修课内容，是对应64学时足球普修课及体育教育专业、运动训练专业第一年的专选课，每学期面向不同对象多次开设不同的课程内容，一年级足球专选研究生跟随导师见习和实习。目标是使学生全面学习和掌握有关初级训练的专项基础理论知识；扎实掌握初级阶段的技术与战术训练原理与方法。其中体育教育专选和运动训练专选一年级学生的结业考核必须达到及格标准，第一轮考核不及格者必须补考通过。

3. 中级训练专项基础理论课目标

中级训练专项基础理论课是与中级训练相配套的常规必修课内容，对应体育教育专业和运动训练专业第二年的专选课及副项专选课和普修课表现优秀而转入的学生，每学年开设一轮，二年级足球专项研究生跟随导师见习和实习。目标是使学生全面和系统地掌握有关中级训练专项基础理论知识，扎实地掌握关于中级技术与战术训练原理与方法及足球竞赛规则与裁判法。其中体育教育专选和运动训练专选二年级学生的理论考核必须及格，理论考核不及格者必须重修及补考，直至达到及格标准。

4. 高级训练专项基础理论课目标

高级训练专项基础理论课是与高级训练相配套的常规必修课内容，对应体育教育专业和运动训练专业第三、四年的专选课及二年级足球专选研究生，每一或两年开设一轮。目标是使学生在全面学习和掌握初级和中级专项基础理论、专项技术与战术训练原理与方法的基础上，扎实地掌握足球训练基本概念与基本理念、足球比赛规律及其攻守原则，以及足球比赛阵型与战术打法的理论知识，重点掌握高级阶段技术与战术训练的原理与方法；使学生能够根据个人的专项特长和足球行业分工细化的要求，针对性地掌握某种高精和尖端的理论知识以备发展突出足球特长之需。

三、综合拓展课目标体系

综合拓展课整体上主要是为了辅助常规必修课及弥补其不足，包括选修课、社会实践和讲座或短训三种不同类型的课程。综合拓展课的选修课和讲座或短训的课程性质和形式是类似的，两者都是以传授实用性和前沿性的知识与技能为主，而且两者之间有时可以相互转换；区别是选修课相对稳定，而讲座和短训更具有灵活性。选修课和讲座或短训是以传授理论知识为主，由于与足球行业相联系的知识信息剧增，促使足球就业人才市场出现分工细化的趋势，从业者也需要掌握更多相关的其他专业学科的知识。因此为了满足学生需求和社会需要，课程建设需要增设一定数量的选修课及讲座或短训。社会实践是给学生提供实践机会而开设的以实习为主导的课程形式，是为了使学生的专业知识和技能学习与实践应用达成统一，是学生课程学习与社会实践相连接的桥梁。综合拓展课的目标相对分散，以下仅阐述选修类课程和社会实践的整体目标。

（一）选修类课程整体目标

前文已经阐述，讲座或短训在性质和形式上类似于选修课，所以这里的选修类课程的整体目标也涵盖了讲座和短训的目标。选修类课程的特点之一是每一门课程及每一期讲座或短训的内容都各自独立并比较灵活，相应的课程目标也是多样变化的，但整体而论，课程内容基本都是为了满足社会和市场的需求，以及满足学生常规必修课深入和拓展学习的需要。

1. 选修类课程整体目标确立

选修类课程的整体目标是相对稳定的，可以确立其整体目标如下：（1）使学生宽泛地掌握与足球行业密切相关的社会学方面的知识，提高学生从业所需要的专业素养；（2）使学生在足球专业方面的特长和优势得到更充分的发展，形成人才的个性化及整体优化。以上选修类课程的整体目标体现了两个方面特点：其一是侧重于拓宽认知的层面，主要是使学生掌握更广博的当下足球行业实际需要的其他学科的知识；其二是侧重于学生专业优势及其挖潜方面，需要在学生热爱专业和形成某种优势的前提下，根据当下人才市场的需求而拓展专项知识与技能学习，就是把常规必修课的内容细分为更具体的、能够与现实需求对接的知识和技能体系。

2. 选修类课程整体目标解读

由于选修类课程带有辅助和边缘性质，其课程设置及每一门课程的内容安排会有较大的灵活性，而且课程内容更具有适应社会发展需求的特点。选修类课程的性质和特点决定其必须适应社会需求的变化，课程设置需要高瞻远瞩，要有敢于尝试和开拓进取的精神。可以说，选修类课程是未来课程构成中需要重视的部分，课程开设需考虑与就业市场的对接。选修类课程作为综合拓展课的组成部分，其课程的整体定位和相应的两个方面的整体目标是相对稳定的。但选修类课程的内容及目标要满足具体的社会需求，因此需要具有开放性、灵活性和多元性的特点，要有较大的伸缩空间。选修课及讲座和短训课程的开设，为了提高课程质量及扩大影响力，在组织形式及内容与目标方面需要打开禁忌，需要更多地与社会机构横向联合。

体育院校在足球人才培养方面拥有师资和场地设施资源的优势，从足球课程的发展趋势看，选修类课程与社会机构开展横向合作是一种互利共赢的模式，不仅可以利用社会资源拓宽办学渠道，也利于提升课程质量及践行高校服务社会的办学要旨。国家足协、地方足协、知名足球俱乐部和大型赞助企业等，拥有高校不具备的足球技术资源、信息资源、财力资源及管理资源等，而且社会机构联合院校组织技术培训和学术研讨已经蔚然成风，体育院校需要建立与社会机构横向合作的观念和意识。例如，国家足协和地方足协拥有教练员培训资格的印证、审批及相应的技术资源，体育院校可以利用自身师资、场地设施优势及以开设选修课或短训的形式建立合作，足球教练员培训对于体育院校的人才培养、理论建设和提高社会声誉等都具有重要作用，而且利用这些社会资源可以节省开支、获取技术信息及促进课程知名度的提升。

（二）社会实践整体目标

社会实践是学生足球课程学习与社会实际工作相连接的桥梁，是使学生把掌握的专业知识和技能与社会需要相结合的环节。显而易见，足球社会实践是以参与社会实际工作及完成实践操作为主的课程，随着社会发展及高校人才培养适应社会的需要，体育院校足球社会实践的路径和内容变得越来越多元化。

1. 社会实践整体目标确立

与选修课类课程相同，社会实践的内容及其目标也具有多样性和灵活性特点，但整体目标也同样是相对稳定的，可以概括社会实践的整体目标如下：（1）使学生把学习和掌握的足球知识和技能转化成社会所需要的各种能力和职业素养；（2）使学生拥有更多样的足球社会实践机会，从而提高适应社会的能力，实现自我价值。从整体来说，社会实践要符合以下的特点和要求：第一，社会实践活动要与学校的课程学习内容高度相关，是学校课程学习的拓展和延伸；第二，要有真实的社会工作环境和条件，使学生有一个适应社会的过程；第三，要以解决实际问题为导向，重在培养学生适应社会实际工作的能力；第四，要使学生获得更多的社会实践知识，促进社会实践正确观念和意识的形成。足球课程学习的最终目的是服务社会，足球社会实践可以让学生直接面向社会，参与社会工作，是培养学生适应社会的一个重要教育环节。

2. 社会实践整体目标解读

我国体育院校传统的足球课程是围绕教科书的内容设计教学方案，只有少量的教育实习时间是围绕足球社会实践的内容，而且社会实践的目标也相对单一。如今随着学生在校学习足球课程科目和知识量的增加，足球社会实践被赋予了新的内涵，与社会实际接触面也明显增大。新的足球教育理念和理论研究形成了全新的观点，足球社会实践需要校方做出周密的设计与部署，而不是一个简单的参与实践的过程。例如，所有足球课程都需要通过课堂实习而让学生提早体验实践过程；再如，让参加各级专项技能训练的学生参加社会各类培训机构的实习；又如，社会实践要引导学生考察社会现状，重新审视自己的兴趣和优势，要求学生在实践时要有自己的想法和思考。现今足球课程重视社会实践的安排，是因为社会实践对学生成长有着重要的作用——不仅可以在专业知识和技能运用的过程中检验自己，还可以及时找到自己与社会需要的契合点。

我国体育院校一直没有对学生参加社会实践予以重视，其根本原因是在认识上存在局限和偏差，使得学生得到社会实践的机会不多，社会实践的涉足面狭窄。我们对社会实践认识的不足有着多重的表现：任课教师缺乏对学生进行社会实践的跟踪和指导；学生对社会实践的概念和意义含混不清；实习单位缺乏对培养学生的重视等。现在社会实践的途径和内容多样且复杂，不同社会实践也会有不同的目标，但我们体育院校对社会实践重要性的认识仅是浮于表面，对足球社会实践规划的系统性和科学性都远远不够，特别是在社会实践的实施步骤与方法上存在严重的不足。

足球社会实践是培养足球人才的重要环节，不仅是检验学生知识运用能力与人才培养效果的重要手段，也是学生对足球课程消化理解及自我发现和个性塑造的必要过程，对学生学习足球专项知识和技能有着画龙点睛的作用。英国体育院校都高度重视足球社会实践的环节，与我们的不同主要表现在他们对待社会实践的态度和投入度，无论是教师还是学生，都会把大量的时间和精力投放于社会实践，例如，他们的实践活动通过课堂实习随时随地地进行，重视在课堂上把学到的理论和技能在实践中巩固；再如，他们在观念上高度重视通过社会实践对学生施加教育影响，把社会实践当作一个系统和专门的过程，也有着更加丰富多样的内容和方法。足球社会实践的内容是丰富的，包括课堂实习、校园足球实习、足球俱乐部或社团活动、裁判实践、教育实习和见习、自主实践、比赛活动、比赛观察与分析、毕业论文结合社会实践等，此外还有很多更细致的划分。但我们目前的足球社会实践依然延续着过去呆板和形式化的操作，还没有形成与社会实际需求相适应的内容体系和规范，缺乏系统性、开放性、灵活性和自主性。

第四节　内容构成

足球课程共建目标体系的确立为整体课程及各门各类课程设定了努力的方向，但课程目标的实现不可能脱离课程内容而存在，而且课程的优化设计也需要首先圈定课程的内容范畴。依据对各国体育院校足球课程设置的考察，可以先对诸多课程的内在关系、难易程度及知识量等一一梳理，再根据课程共建的需要对诸多课程做分门别类的布局，这些是我们勾画理想化课程蓝图的必要条件。共建足球课程的内容构成由三部分组成：其一是课程分类与内容板块；其二是课程整体布局与内容；其三是课程内容细分。

一、课程分类与内容板块

要把足球课程的内容构成理顺清楚，最有效的方法就是对课程内容做分类处理，再根据课程类别归纳其内容板块及内容细分。依据对英国和我国体育院校课程建设的经验总结，足球课程内容板块可以按照重要程度、学习难度及社会需要等做内容的取舍、增补、合并和重组等处理。以下把问题分为两个部分：其一是课程分类；其二是课程内容板块。

（一）课程分类

共建足球课程的分类是依据国际惯例及我国体育院校普遍采用的方法，在符合课程分类基本逻辑的前提下，也要考虑课程优化设计及便于教学的需要，图 2-8 把足球课程分为常规必修课和综合拓展课两个类别。常规必修课是足球课程的基础和主体，是学生足球课程学习得以适应和满足社会需要的根本，所

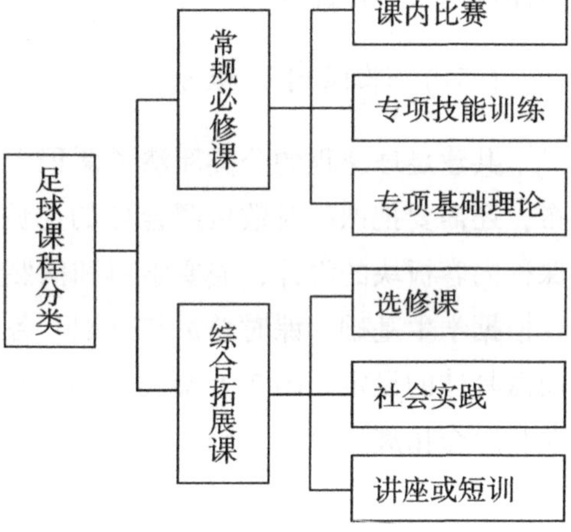

图 2-8　共建足球课程的分类

有常规必修课都包括课内比赛、专项技能训练和专项基础理论三个部分的内容，各个部分再按照课程的难易度进行级别高低的细分。综合拓展课是常规必修课的必要补充，是人才培养适应和满足社会需要的辅助性课程，也具有独立的意义，分为选修课、社会实践和讲座或短训三个部分，选修课是现实社会需要的相关知识和技能的补充学习，又是足球专业知识与技能细分的要求，以弥补常规必修课在知识和技能方面教学的漏洞和不足；社会实践是为了使学生把掌握的知识和技能与社会需要相对接，起到由课程学习到实践应用的过渡作用，我国体育院校目前的足球社会实践比较局限，主要是在教育实习环节得以实施；讲座或短训一般与选修课有着相同的性质和形式，当属于选修类的课程，但多数讲座或短训的知识体系还不够完善，也往往更具有随机性和应急性。以上足球课程分类与传统的课程架构基本相一致，这样的分类兼顾了基础课程学习与适应社会需求的结合，也利于足球课程方案的统筹设计。

以上课程内容的分类更侧重从课程内在构成上的区分，并不能直接对应学校课程计划中所开设的足球课程，而实际开设的具体常规必修课都包括课内比赛、专项技能训练和专项基础理论的内容。综合拓展课是根据人才培养的现实需要而开设，有时候也根据知识拓宽或技能深化的需要而专门安排的一些补充课程。共建足球课程的内容构成是在以上分类基础上进行各个课程板块的内容细分，是把足球课程所有的内容进行系统的归纳和整理，使足球课程内容不仅内涵丰富，覆盖面广，也具有细致度和系统性，这样学生可以在开设的课程范围有更多的选择。形成完整的课程内容构成又是建立足球课程目标体系的依据，也是足球课程整体规划及具体课程设计与实施的必要条件。

（二）课程内容板块

共建足球课程的分类厘清了课程大致的类别，但要使各类课程形成优化的分布，还需要把课程时数按照合理的比例分配给各类课程而形成内容板块的布局。课程内容板块的设计，需要学习和借鉴国际先进的课程建设经验，也需要每个院校根据学生基础、课时总量与分配、各门课程定位、课程目标及课程内容多少等而做具体的设定。图 2-9 显示的是共建足球课程的内容板块构成，是在常规必修课和综合拓展课分类基础上确定的。

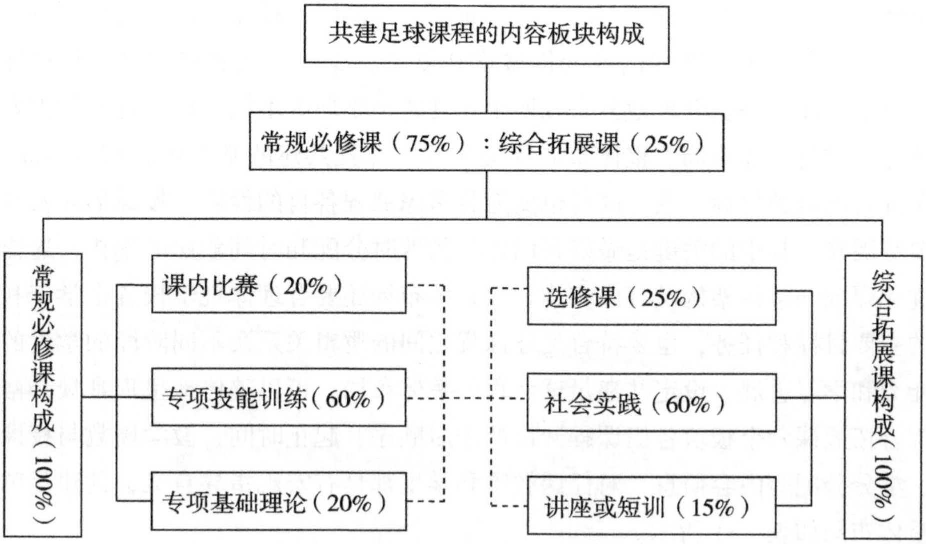

图 2-9　共建足球课程的内容板块构成

共建足球课程两大板块的课时比例是 3：1，常规必修课占 75%，综合拓展课占 25%，两类课程整体的权重和主次即由此确定。再把常规必修课和综合拓展课各自看作一个 100%的课程总时数，常规必修课细分的三个内容板块为课内比赛、专项技能训练和专项基础理论，分别占 20%、60%和 20%；综合拓展课的三个板块为选修课、社会实践和讲座或短训，分别占 25%、60%和 15%。如此即形成双方体育学院共建足球课程的内容板块布局。常规必修课大体上是传统课程的延续，是基础性的主要足球课程内容；综合拓展课是以适应社会需要为导向，或根据常规必修课深入学习和拓展学习的需要而设定课程内容。

二、课程整体布局、重点与内容

共建足球课程的分类及内容板块划分，虽然可以直观地了解足球课程的整体架构，但要全面和清晰地了解课程内容及更好地完成各门课程的教学实施，还需要对课程内容做更具体的布局与设定。以下分三个部分阐述：其一是课程整体布局；其二是课程重点；其三是课程内容构成。

（一）课程整体布局

课程整体布局是对学生四年周期所有足球课程学习的统一排布，包括按照年度时间纵轴及各学期课程学习的合理分布而编排的课程顺序。体育院校足球课程的科目在逐渐增多且课程内容变得多样和复杂，少数常规必修课是四年贯穿始终，但多数课程是要合理地分布在四个年度各个学期的不同时段，这样就需要对足球课程进行整体布局。整体布局要遵循双方课程共建的基本理念和基本原则，要保证与设定的目标一致，同时也要充分考虑课程各自的性质、授课形式及社会需要等因素，其中的关键是做好各门课程的课时分配和时间顺序的编排，这样才能优化课程的整体架构及其内容构成。整体布局还要合理体现学校各个学年和学期的主要目标和任务，也要符合足球课程之间的逻辑关系及不同阶段的学生的接受能力和学习进展。设定共建足球课程的整体布局，可以整体地呈现常规必修课和综合拓展课六个板块各门课程开设的先后顺序、起止时间、教学周数与授课时数、学分分配等内容信息，对任课教师和学生都具有宏观指导意义，共建足球课程整体布局如表 2-1 所示。

表 2-1　共建足球课程整体布局

学年	学期	课程六个板块按照教学周数在四个学年的布局									
		常规必修课			综合拓展课			机动（N=15）	假期（N=37）	合计	
		课内比赛（N=20）	专项技能训练（N=67）	专项基础理论（N=21）	选修课（N=9）	社会实践（N=22）	讲座或短训（N=6）			学期（N=197）	学年（N=197）
一	第 1 学期	3	10	3	1	2（2）	1	1	4	25	52
	第 2 学期	3	10	3	1	（2）	1	2	7	27	
二	第 3 学期	3	10	3	1	1（3）	1	2	4	25	53
	第 4 学期	3	10	3	2	（3）	1	2	7	28	
三	第 5 学期	2	8	2	1	4（2）	（1）	2	4	23	51
	第 6 学期	3	10	3	2	（3）	1	2	7	28	

续表

学年	学期	课程六个板块按照教学周数在四个学年的布局									
		常规必修课			综合拓展课			机动（N=15）	假期（N=37）	合计	
		课内比赛（N=20）	专项技能训练（N=67）	专项基础理论（N=21）	选修课（N=9）	社会实践（N=22）	讲座或短训（N=6）			学期（N=197）	学年（N=197）
四	第7学期	1	3	2	1	8	1	2	4	22	41
	第8学期	2	6	2	（2）	7	（1）	2	/	19	

注：1. 表中阿拉伯数字代表教学周数，综合拓展课带括号的数字为课外或融入课程的实施内容；2. 表中常规必修课的数字是教学周数最多的周数，也可少于表中的课程周数。

（二）课程重点

足球课程共建以常规必修课的专项技能训练为主干，课程建设的重点设定寓于其中。表 2-2 是共建足球课程常规必修课各级专项技能训练的布局与重点设定：专项技能训练的初级训练为整体课程共建的重点，中级训练为次重点。课程重点是整体课程的根基、支柱和品牌亮点，重点的开发大体分两个方面：一方面是对原有课程的改革与重构，是关于双方课程共建思想、理念与方法的整体设计；另一方面是把国际标准的 D 级、C 级和 B 级教练员培训课程融入课程设计，把课程建设与教练员培训课程相统一。

表 2-2 常规必修课各级专项技能训练的布局与重点设定

编号	专项技能训练的课程内容	培养目标	师资条件
1	专项技能启蒙训练 ***	E 级教练员	E 级教练员讲师
2	专项技能初级训练 I *****	D 级教练员	D 级教练员讲师
3	专项技能初级训练 II *****	C 级教练员	C 级教练员讲师
4	专项技能中级训练 ****	B 级教练员	B 级教练员讲师
5	专项技能高级训练 ***	A 级教练员	A 级教练员讲师

注：表中标注 ***** 为课程布局中的重点，标注 **** 为次重点，标注 *** 为一般内容。

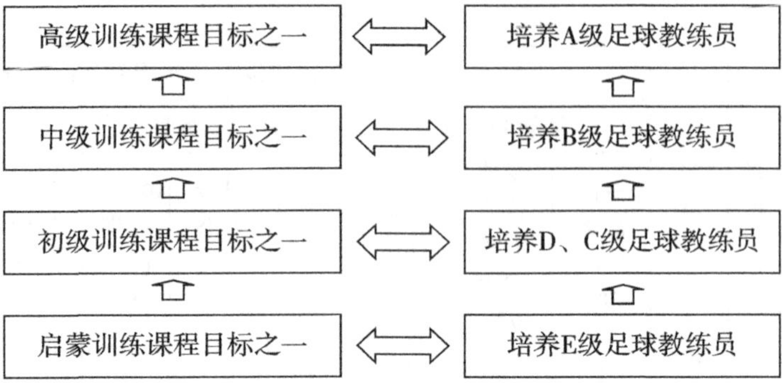

图 2-10　专项技能训练与等级教练员培训课程的对接关系

体育院校的足球课程与国际统一的教练员培训一直存在脱节现象，我国的情况尤其严重。课程重点的确立是综合考察共建双方足球课程的历史传统、资源优势、社会认可及发展需要等多方面因素，其中双方各自与中国足协和英国足总共同培养教练员人才的合作是必要的前提。事实上足球教练员培训有着巨大的社会需求和高度的社会认可，而两方面的人才培养目标与标准有着很大的一致性，完全可以达成课程的合理对接和统一，如图 2-10 所示。

初级训练作为双方足球课程共建的重点，是足球课程教学周期最长的，也是同时融入 D 级和 C 级两个级别教练员培养的内容，这是因为 D 级和 C 级教练员面对的是处于“技术快速成长期”的 U10 和 U12 年龄组队员，而初级训练的内容繁多、业务密集，但这也是各国训练体制和国际惯例的要求。中级训练对应并融入 B 级教练员培训的课程内容，是现阶段双方课程共建的次重点。重点课程建设兼容 D 级、C 级和 B 级教练员的培养，在满足社会体育教师人才需求的同时，也能够满足基层教练员人才的需求，此外还可以更好地促进和强化学生足球特长的养成，以致人才培养在技术层面上与国际标准统一。

专项技能训练融入 D 级、C 级和 B 级教练员培养的内容，要求双方体育学院具有相应的传统根基与优势，也要拥有相应教练员培养的讲师和培训经验，这样既可以促进足球课程建设和教学质量提高，也可以促进体育院校足球课程品质的提升。抓好足球课程共建的重点，可以以重点带动启蒙训练融入 E 级教练员的培养，高级训练融入 A 级教练员的培养，逐步达成课程建设与国际教练员培训体制的全面对接，以致形成一个更加优化的足球课程设计。

（三）课程内容构成

共建足球课程的内容构成是以课程分类和板块划分为基础，把足球课程包含的所有内容按照一定的逻辑关系和顺序罗列在一起。课程内容构成整体分为常规必修课和综合拓展课两个大类；常规必修课分为课内比赛、专项技能训练和专项基础理论三个课程板块，拓展综合课分为选修课、社会实践和讲座或短训三个课程板块；每一个课程板块再进行内容类别划分即构成共建足球课程的全部内容，如表 2-3 所示。

表 2-3　共建足球课程的内容构成及其课时比例关系

<table>
<tr><th colspan="4">课程内容构成</th><th>等级内部比例</th><th>板块内部比例</th><th>备注</th></tr>
<tr><td rowspan="20">常规必修课类（100%）</td><td rowspan="20">课内比赛板块（20%）</td><td rowspan="4">三人制</td><td>班内联赛</td><td>40%</td><td rowspan="4">10%</td><td rowspan="20">1. 此课内比赛的课时比例关系主要是体育教育专业和运动训练专业的专选课设计；
2. 足球普修课没有十一人制比赛的安排，其他赛制的比例关系基本相同</td></tr>
<tr><td>班内淘汰赛</td><td>20%</td></tr>
<tr><td>班际联赛</td><td>20%</td></tr>
<tr><td>班际淘汰赛</td><td>20%</td></tr>
<tr><td rowspan="4">四人制</td><td>班内联赛</td><td>40%</td><td rowspan="4">10%</td></tr>
<tr><td>班内淘汰赛</td><td>10%</td></tr>
<tr><td>班际联赛</td><td>30%</td></tr>
<tr><td>班际淘汰赛</td><td>20%</td></tr>
<tr><td rowspan="4">五人制</td><td>班内联赛</td><td>30%</td><td rowspan="4">30%</td></tr>
<tr><td>班内淘汰赛</td><td>20%</td></tr>
<tr><td>班际联赛</td><td>40%</td></tr>
<tr><td>班际淘汰赛</td><td>10%</td></tr>
<tr><td rowspan="4">八人制</td><td>班内联赛</td><td>20%</td><td rowspan="4">30%</td></tr>
<tr><td>班内淘汰赛</td><td>10%</td></tr>
<tr><td>班际联赛</td><td>50%</td></tr>
<tr><td>班际淘汰赛</td><td>20%</td></tr>
<tr><td rowspan="4">十一人制</td><td>班内联赛</td><td>10%</td><td rowspan="4">20%</td></tr>
<tr><td>班内淘汰赛</td><td>10%</td></tr>
<tr><td>班际联赛</td><td>60%</td></tr>
<tr><td>班际淘汰赛</td><td>20%</td></tr>
</table>

续表

课程内容构成				等级内部比例	板块内部比例	备注
常规必修课类（100%）	专项技能训练板块（60%）	启蒙训练	一对一至四对四实战对抗	40%	10%	1. 专项技能训练每个板块的各项内容比例基本一致； 2. 各个板块的比例安排是以初级训练为重点，中级训练为次重点； 3. 各个板块所占的课时比例要根据学生基础和训练进程情况做调整
			单一和简单的攻守技术	20%		
			简单的个人攻守战术	20%		
			简单的柔韧、协调和速度练习	15%		
			常规心理训练与比赛知识介绍	5%		
		初级训练	二对二至六对六实战对抗	40%	50%	
			全面和组合的攻守技术	20%		
			个人和小组攻守战术	20%		
			协调、灵敏和速度练习	15%		
			比赛心理训练与个性心理培养	5%		
		中级训练	四对四至九对九实战对抗	40%	30%	
			攻守组合技术和位置技术	20%		
			小组和局部攻守战术	20%		
			有氧耐力、速度与力量练习	15%		
			个性心理与全面心理训练	5%		
		高级训练	六对六至十对十实战对抗	40%	10%	
			攻守位置技术与个人技巧	20%		
			局部和全队攻守战术	20%		
			耐力、速度耐力与力量练习	15%		
			足球队员的品质、责任与担当	5%		
	专项基础理论板块（20%）	启蒙理论课	校园足球及其活动组织	20%	10%	
			比赛阵型与战术打法Ⅰ	10%		
			技术训练原理与方法Ⅰ	20%		
			战术训练原理与方法Ⅰ	20%		
			足球训练基本概念与基本理念Ⅰ	20%		
			校园足球与足球教育Ⅰ	10%		

续表

课程内容构成				等级内部比例	板块内部比例	备注
常规必修课类（100%）	专项基础理论板块（20%）	初级理论课	足球训练基本概念与基本理念Ⅱ	10%	40%	1. 专项基础理论板块的内容比例主要是指体育教育专选和运动训练专选的课程安排； 2. 普修课中占64学时的理论课，启蒙理论课占50%，还有50%的内容从初级理论课中选出； 3. 普修课中占32学时的理论课即是全部启蒙理论课的内容
			比赛阵型与战术打法Ⅱ	5%		
			技术训练原理与方法Ⅱ	20%		
			战术训练原理与方法Ⅱ	15%		
			校园足球与足球教育Ⅱ	5%		
			体能与心理训练原理与方法Ⅰ	5%		
			足球竞赛规则与裁判法Ⅰ	15%		
			足球比赛规律及其攻守原则Ⅰ	10%		
			现代足球发展趋势及其前沿动态Ⅰ	5%		
			球队组队及训练设计与组织Ⅰ	10%		
		中级理论课	现代足球发展趋势及其前沿动态Ⅱ	10%	30%	
			比赛阵型与战术打法Ⅲ	15%		
			技术训练原理与方法Ⅲ	15%		
			战术训练原理与方法Ⅲ	20%		
			体能与心理训练原理与方法Ⅱ	10%		
			足球竞赛规则与裁判法Ⅱ	10%		
			足球比赛规律及其攻守原则Ⅱ	10%		
			球队组队及训练设计与组织Ⅱ	5%		
			足球运动历史演进与产业化	5%		
			足球训练规律、原则与原理	10%		
		高级理论课	比赛阵型与战术打法Ⅳ	20%	20%	
			技术训练原理与方法Ⅳ	15%		
			战术训练原理与方法Ⅳ	20%		
			体能与心理训练原理与方法Ⅲ	10%		
			足球竞赛规则与裁判法Ⅲ	10%		
			足球训练体制、内容与方法	10%		
			足球竞赛及其编排与组织	5%		

续表

课程内容构成				等级内部比例	板块内部比例	备注
综合拓展课类（100%）	选修课板块（25%）	横向拓展	足球体能训练理论与方法	20%	35%	1. 横向拓展选修课主要是为了掌握适应社会需要的知识和技能； 2. 纵深拓展选修课主要是满足常规必修课深入学习及社会分工细化的需要
			足球队员的营养与训练恢复	20%		
			校园足球理论与课程设计	20%		
			足球行政与人力资源管理	20%		
			足球产业经营与开发	20%		
		纵深拓展	A、B 级足球教练员理论与方法预备培训	20%	65%	
			高素质体育师资的素养与教育理论培训	20%		
			一级裁判员理论与素养预备培训	20%		
			足球体能训练的生理和生化理论	20%		
			专项课题研究与论文设计的理论与方法	10%		
			研究生考试基础理论科目与学习方法	5%		
	社会实践板块（60%）	实习	校园足球实习	20%	50%	1. 拓宽和增加社会实践内容是使学生更快适应社会的需要，社会实践也是欧美各国体育院校重视的教育环节； 2. 把科研列为社会实践是提倡社会实践与科研相结合
			课堂实习	20%		
			教育实习（见习）	60%		
		实践	比赛实践	30%	30%	
			裁判实践	20%		
			俱乐部或社团实践	25%		
			行政管理或产业实践	25%		
		科研	毕业论文研究	60%	20%	
			比赛调查研究	20%		
			社会调查研究	20%		

续表

课程内容构成				等级内部比例	板块内部比例	备注
综合拓展课类（100%）	讲座或短训板块（15%）	讲座	足球历史与社会文化	20%	35%	1. 讲座主要是为了扩大学生知识面、掌握实用技能及应对考试和未来工作的需要；2. 短训主要是结合社会人才需要及联合社会机构开展培训活动
			足球竞赛的编排与管理	20%		
			足球队员的损伤与康复	20%		
			足球训练文件、课件与软件制作	20%		
			研究生考试理论辅导	20%		
		短训	足球科研与比赛技术分析培训	10%	65%	
			D、C 级足球教练员培训	40%		
			三、二级足球裁判员培训	30%		
			足球经纪与球探培训	20%		

表中横向分四栏，左侧“课程内容构成”一栏分课程类别、内容板块、等级细分和内容细分的母子项四级；中间“等级内部比例”和“板块内部比例”两栏是用百分比表示各项内容的课时比例关系；右侧“备注”一栏是对前面内容的补充说明。显然，“课程内容构成”的各个母项都是一个独立的课程内容体系，其课程时数是后边各个子项的总和，各自为一个 100%的课时总数。总共两个大类六个板块，每一个板块都是一个独立的内容体系，即常规必修课的课内比赛内容体系、专项技能训练内容体系和专项基础理论内容体系，以及综合拓展课的选修课内容体系、社会实践内容体系和讲座或短训内容体系。

通过共建足球课程内容构成的展示，可以整体地了解双方体育院校四年所要学习的全部足球课程内容，并且可以了解各个板块及其各项具体内容的教学时间跨度和教学时数情况，这样不仅利于教师做好对课程的统筹规划，也利于学生了解足球课程学习所面对的主题和任务。所学足球课程的全面展示还有一个重要的作用，就是学生可以更具体地了解所学各门课程的概貌、知识量、技能要求及难易度等，利于学生做适当的课前练习或阅读。共建足球课程的内容构成整体上是一个粗线条的课程内容纲目，可以引导学生自行阅读资料和做技术方面的准备；于教师而言，具体的课程教学还需要把课程内容做细分和编排处理，也需要根据各门课程的授课时间跨度、每周课时数及内容多少和难度高低，选择课程内容及安排重复教学次数和训练方法等。出色地完成课程教学需要大批优秀教师组成的师资队伍，也需要每一个教师做出积极的努力，而了解整体课程内容构成则是教师做出合理的课程规划和优化课程设计的前提。

三、课程内容细分

共建足球课程的内容细分是按照分类的原理把六个板块的内容进行细分处理，这是由课程理论设计到教学实施的重要一步，只有把课程内容做细分处理才能够使教学得以落实。共建足球课程的内容细分可以全面和细致地展示学生所要掌握的知识、技能、方法和实践操作等内容，任何一门课程的教学大纲、教学进度及每一次授课都需要从中提取素材。共建足球课程的内容细分包括两部分内容，其一是常规必修课内容细分，其二是综合拓展课内容细分。

（一）常规必修课内容细分

常规必修课是整个足球课程的主干和主体，足球课程的核心、重点和主要内容尽在于此，对其内容构成做全面和细致的梳理显然是必要的。常规必修课分为课内比赛、专项技能训练和专项基础理论三个方面的内容，明确三个方面内容的相互关系是做内容细分处理及梳理课程构成的重要一环。双方足球课程共建核心理念提出“以比赛实战为核心和以比赛争胜为目标”，是要求把课内比赛的内容居于核心和统帅的地位，常规必修课三个方面内容的关系：课内比赛是专项技能训练和专项基础理论的核心和目标，也是专项技能训练的延续；但系统的专项技能训练又包含课内比赛的内容，专项基础理论则是围绕课内比赛和专项技能训练的需要而设定其内容。常规必修课的内容细分就是分别把课内比赛、专项技能训练和专项基础理论的课程内容再做细分。

1. 课内比赛的赛制细分与阵型演绎

课内比赛是所有常规必修课在其教学中所安排的一定比例的以比赛为主题和以夺得锦标为目的的课程内容。目前国际上无论是职业队还是青少年队的训练和比赛安排，都是采用周末联赛赛制的模式，训练都是围绕周末的比赛而计划和实施。这种以比赛实战为核心的训练模式被公认为是科学的，体育院校的课内比赛无法采用周末赛制的形式，但可以借鉴其模式的原理把课内比赛合理地安排到课程设计之中。所以，把课内比赛作为常规必修课的核心和目标，以及在教学中发挥龙头作用是有依据的。课内比赛赛制是按照比赛上场人数多少划分的，分为三人制、四人制、五人制、八人制和十一人制五种。此外，按照比赛不同的编排方法还可以分为循环赛赛制、淘汰赛赛制和混合赛赛制，以及按照参赛单位可以划分为班内比赛、班际比赛和校际比赛。课内比赛都是以夺锦标为目的，要求以比赛为主题贯穿一次课的全过程，要按照比赛的需要进行热身准备、赛前布置、比赛指导及赛后放松与总结等。双方足球课程共建的课内比赛赛制的细分与专项技能训练的启蒙训练、初级训练、中级训练和高级训练中所设置的赛制对应（图 2-11）。

各级训练赛制搭配
- 启蒙训练：三人制、四人制和五人制
- 初级训练：五人制、八人制和十一人制
- 中级训练：八人制和十一人制
- 高级训练：十一人制

图 2-11　各级训练的课内比赛赛制搭配

课内比赛一般占常规必修课全部课程时数的 20%，各门常规必修课的课时总数和三个板块的比例是固定的，相应的课内比赛的赛制和比赛场数也是固定的。课内比赛的各种赛制都要采用相应的比赛阵型，每一种阵型在比赛中都是呈现有规律的变化，这种不同阵型有规律的变化也是一种演绎——比赛阵型演绎。以下按照启蒙训练、初级训练、中级训练和高级训练的顺序对其各自采用的赛制和比赛阵型演绎方法做简要说明。

（1）启蒙训练的课内比赛与阵型演绎

课内比赛赛制说明：启蒙训练是面向体育院校参加 32 学时足球普修课、64 学时足球普修课的前半段及体育教育专业和运动训练专业的专选课开始阶段的学生，课内比赛采用的赛制包括三人制、四人制和五人制。普修课启蒙训练的学生多数没有足球基础，比赛阵型观念和团队整体意识相对较弱，下面简要说明上述比赛赛制的阵型演绎。

三人制比赛的阵型演绎：进攻阵型呈“12”倒三角形站位，防守阵型变为“21”三角形站位，进攻和防守阵型在各种不同比赛场景下需要保持三角形站位及随机变化角度，其中防守阵型在后场门前会较多地呈一字排列的平行站位。

四人制和五人制比赛的阵型演绎：进攻阵型后场呈“121”菱形站位，中场变成“22”方形站位，前场变成“121”或“13”站位；防守阵型门前和后场呈

"31"站位，中场呈"121"或"31"站位，在前场呈"22"或"13"站位。五人制比赛另外有守门员。

（2）初级训练的课内比赛与阵型演绎

课内比赛赛制说明：初级训练是面向体育院校参加64学时足球普修课全过程、体育教育专业的专选课前两年和运动训练专业的专选课第一年的学生，课内比赛采用的赛制是以五人制和八人制为主。初级训练已经具备一定的团队和整体意识，是技术快速成长和全面打基础阶段，学生比赛阵型概念在逐渐加强，需要全面、系统地灌输各种阵型变化的演绎方法。

八人制比赛的阵型演绎：进攻时后场守门员发球阵型呈"2131"或"331"站位，推进到中后场呈"232"阵型的站位，前场呈"223"站位，在对方门前变为"1231"或"1213"的阵型；防守阵型在后场门前呈"52"或"421"站位，中后场呈"331"或"3121"站位，前场呈"232"或"133"的阵型。

（3）中级和高级训练的课内比赛与阵型演绎

课内比赛赛制说明：中级和高级训练是面向体育院校体育教育专业的专选课第三、四年和运动训练专业的专选课第二、三、四年的学生，采用的比赛赛制是以八人制和十一人制为主。参加中级和高级训练的学生已经具备全面、扎实的训练基础，拥有较强的团队意识和胜负观念，技术特长和位置技能已经形成，需要熟悉各种比赛阵型与战术打法，要在全面、系统、深入理解阵型概念的基础上适应各种阵型变化的演绎。

十一人制比赛的阵型演绎：进攻阵型在后场守门员发球时阵型呈"2431"或"3331"站位，进攻到中后场变为"2323"站位，进攻到前场阵型变为"2431"的站位，在对方门前变成"2242"或"1234"的阵型；防守阵型在后场门前呈"631"或"541"站位，中后场呈"532""451""442"站位，在前场由攻转守的时候呈"244"或"253"的阵型。

2. 专项技能训练内容细分

专项技能是为了适应比赛实战而需要具备的技术、战术、体能和心理方面的能力和品质。专项技能训练是围绕提高以上各方面能力而组织的对学生施加各种影响的过程。一般认为足球专项技能是由技术技能、战术技能、体能和心理品质四个方面构成，此外还有以上四个方面能力在比赛中综合表现的实战能力。专项技能训练的内容构成与专项技能相对应，包括技术训练、战术训练、体能训练和心理训练四个方面，以及综合以上四个方面内容的实战对抗训练，专项技能的训练内容构成与专项技能要素的对应关系如图 2-12 所示。

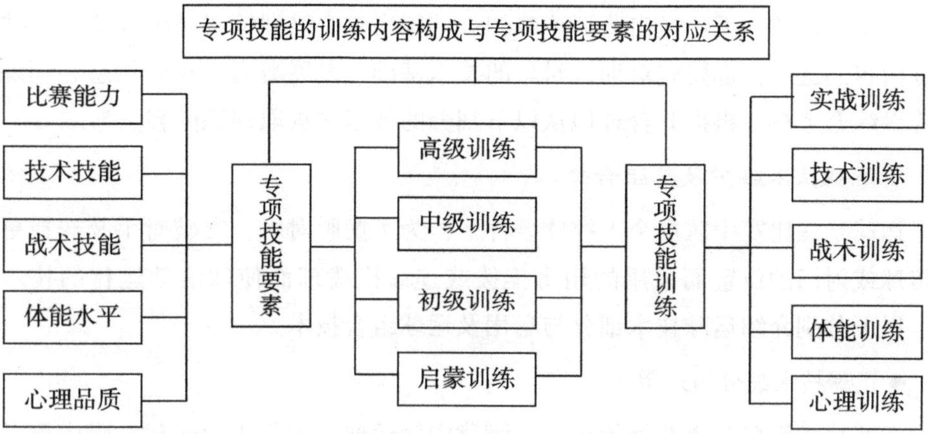

图 2-12　专项技能的训练内容构成与专项技能要素的对应关系

专项技能训练是以全面提高学生比赛实战能力为主旨的主干课程，是占常规必修课整体课时数 60%的主要课程内容。体育院校专项技能训练对学生的要求，除了具备五个方面的能力之外，还需要掌握专项技能训练的原理与方法及组织训练的实际操作能力，所以，专项技能训练还要同步进行课堂实习，从而掌握专项技能训练的操作和指导技能，课堂实习与专项技能训练的内容和进度是一致的。专项技能训练内容的编排要由浅入深和循序渐进，专项技能训练除了分为启蒙、初级、中级和高级的四个训练等级之外，还要按照训练等级设定各自不同的培养目标和选取相应的训练内容。比赛能力的训练内容与细分在后文“训练方法”部分有专门的介绍，这里只介绍技术训练、战术训练、体能训练和心理训练的内容及其细分。专项技能训练四个方面的内容按照启蒙、初级、中级和高级而编排，由低到高呈阶梯式升级，各级训练内容的安排遵守循序渐进和适度重复并逐渐复杂和增加难度的原则，但各级专项技能训练要根据学生不同的基础、接受能力和培养目标而有区别地选择不同进度和难度的训练内容。

（1）技术训练内容细分

技术训练内容细分是要全面展示足球技术训练的所有内容，是在整体的技术分类基础上再进行技术内容的细致划分。技术分类与细分是依据技术动作结构及其作用效果，技术训练是从细分的技术中选择部分内容，把学生需要掌握的技术统合在一起。技术训练内容细分及其组合技术按照运球、控球、假动作、踢球、接球、头顶球、抢球、守门员技术和掷界外球的顺序，但各级训练的技术训练内容都不是固定的，无论是启蒙训练或初级训练还是中级训练或高级训练，其技术训练内容的选择，都要先对训练对象的技术基础、发展潜力、身体状态和训练条件等做综合考察，再据此合理地从以下细分的技术中选取训练内容。

①运球技术细分及其组合技术

运球是在比赛中队员个人控球条件下，为了摆脱对手、突破对手及选择更利于传球或射门的位置而采用的用脚推拨或连续推拨球而使球滚动运行的技术动作。以下分别介绍运球技术细分与运用及运球组合技术。

● 运球技术细分与运用

运球技术细分为脚背外侧运球、脚背内侧运球、脚背正面运球、脚内侧运球和前脚掌拖或拖滚运球等。运球是比赛中个人摆脱、突破及传球和射门之前频繁运用的技术。例如，控球摆脱之后需要快速连接运球才能形成突破；射门时常通过运球逼近对方球门等。

● 运球组合技术

运球有非常多的组合技术，例如，利用脚的各个不同部位运球的组合技术；运球与各种控球、假动作、接球等技术及其各自不同部位和处理球方法的组合技术。运球技术组合有二元组合、三元组合和多元组合等多种类别。

②控球技术细分及其组合技术

控球是比赛中队员在接到或抢到球的情况下，为了摆脱对手、突破对手及连接运球、传球和射门等而采用的以脚为主的、使球处于自己控制范围的、驾驭球的各种技术动作。以下分别介绍控球技术细分与运用及控球组合技术。

● 控球技术（括号内为简称）细分与运用

控球技术细分为前脚掌提拖球之拖球置身前（前拖）、拖球置身后（后拖）；扣球之脚背外侧扣球（外扣）、脚背内侧扣球置身前（内扣）和置身后（内后扣）；前脚掌踩拉球之拉球外展转身（外拉）和拉球内收转身（内拉）；拨球之脚背外侧拨球（外拨）、脚背内侧和脚内侧拨球置身前（内拨）和置身后（内后拨）；脚背内侧、脚内侧挡球置身前（内挡）和挡球置身后（内后挡或称 C 罗技术）；颠球之脚背正面颠球、大腿颠球、脚内侧颠球、脚背外侧颠球、肩颠球、头颠球。控球是比赛中摆脱对手、突破对手及完成传球和射门之前频繁使用的技术。例如，控球变向摆脱对手；控球摆脱与快速运球连接形成突破；传球或射门前控球摆脱对手等。

● 控球组合技术

控球有非常多的组合技术，例如，各种控球技术的连续组合与技术之间的组合，各种控球技术与各种运球、假动作、接球、踢球等技术及各自不同方式方法的组合。控球技术也有很多的二元组合、三元组合和多元的组合。比赛中还有很多常用控球组合技术，比如，单脚外扣和内扣组合、单脚内扣和内后扣组合、单脚前拖和后拖组合、双脚交替内扣组合、双脚交替拖球与拉球组合（齐达内的“马赛回旋”）、双脚内扣与外拉组合等。

③假动作技术细分及其组合技术

假动作是在比赛中队员控球、运球和接球之前，以及在无球、抢球等各种情况下，为了摆脱对手、突破对手、抢断对手及创造传球或射门机会等采用的各种迷惑对手的动作。以下分别介绍假动作技术细分与运用及假动作组合技术。

● 假动作技术细分与运用

假动作技术细分为跨绕球动作之内跨和外跨（剪刀式技术）假动作；假踢动作；假控之各种假拖、假扣动作；假抢动作；上体晃骗结合假运之脚背内侧假运拨（马修斯技术）、脚背外侧假运拨（罗纳尔多技术）；顶球假动作、接球假动作等。假动作技术对比赛中完成突破、控球摆脱、摆脱传球、射门等具有无法替代的重要作用。

● 动作组合技术

假动作有很多的组合技术，例如，各种假动作技术的连续组合、双脚交替组合及与各种拨球、运球、接球、踢球等技术及其各自不同方式方法的组合。假动作技术组合有二元组合、三元组合和多元组合等多种类别。

④踢球技术细分及其组合技术

踢球是比赛中队员在控球或直接面对来球的情况下，为了把球传给同伴、射门或抢前点时而采用的各种用脚击球的技术动作。以下分别介绍踢球技术细分与运用及踢球组合技术。

● 踢球技术细分与运用

踢球技术细分为脚内侧踢之踢地滚球、直接踢、蹭踢不同方向的来球；脚内侧踢正面和各种不同方向来的空中球和反弹球及经支撑脚后向异侧方或侧前方的出球；脚背外侧踢地滚球，直接踢、蹭踢不同方向来球，踢弧线球；脚背外侧踢过顶球及直接踢各种不同方向来的空中球和反弹球；脚背正面踢之正面踢低平球、过顶球；脚背正面踢空中球之倒钩球和侧身凌空球；脚背内侧踢低平球、过顶球、弧线球及蹭踢；脚尖捅踢和脚跟踢等。现今各种一脚直接出球的踢球技术越来越受到重视，包括各个部位直接踢不同角度和高度的来球完成一脚传球或射门。踢球技术在比赛中主要用于传球和射门，有时候也用于解围。

● 踢球组合技术

踢球组合技术非常多，例如，各种踢球技术与各种控球、运球、假动作、抢球及接球等技术形成二元组合、三元组合和多元组合技术；各种专门的接球与传球或射门技术的组合；踢球一般是比赛场上队员控球时的最后一次触球，训练和比赛中的传球或射门常与运控摆脱、突破、接球等技术组合；射门技术中脚的各个部位及各种方法的使用变化也非常多。

⑤接球技术细分及其组合技术

接球是比赛中队员接应同伴、摆脱跑位、前插跑动及断截对方传球等无球的情况下，为了把运行中的球控制下来所采用的身体合理部位的各种停挡球技术动作。以下分别介绍接球技术细分与运用及接球组合技术。

● 接球技术细分与运用

接球技术细分为脚内侧接地滚球之正面接球置身前或侧转身护球、接球经支撑脚后置另侧、脚内侧接反弹球和接空中球置身前或身后及侧身护接；转身让球护球接置身前或身后；脚背外侧接地滚球之正面接球置身前或身侧、转身让球扣接、转身让球跨球扣接及脚背外侧接反弹球和空中球；脚底接地滚球、转身让球护球拖接及接反弹球；脚背正面、大腿接高空球、平高球；脚背内侧接地滚球置身前、让球扣接、接球经支撑脚后置另侧、转身让球护球接置身前或身后；胸部的挺胸式和收胸式接球、腹部接球和头部接球等。接球多数是比赛中连接运控球、突破、传球、射门等的中间环节，高水平队员常常在接球的同时完成各种转身摆脱、推拨摆脱及推接蹚带突破等。

● 接球组合技术

接球有非常多的组合技术，例如，各种接球技术与接球前与各种跨球、假踢、假运和假接等假动作组合及接球后与各种控球、运球、假动作和踢球等组合，接球技术可以形成很多的二元组合、三元组合和多元组合技术。

⑥头顶球技术细分及其组合技术

头顶球是比赛中面对高空来球、平高球或反弹球的情况下，为了争取第一时间在高点或前点触球而用头部完成传球、争顶或射门的击球技术动作。以下分别介绍各种头顶球技术名称和头顶球组合技术。

● 头顶球技术细分与运用

头顶球技术细分为原地前额正面顶、前额侧面顶；跑动前冲、后退和单脚跳起、双脚跳起前额正面顶和前额侧面顶；原地、跑动前冲倒地头顶球和鱼跃头顶球。头顶球技术一般是直接一次触球处理球，包括传球、射门、争顶和解围几种情况。

● 头顶球组合技术

个人完成的头顶球组合技术不多，可以与无球技术或战术行动相互组合，训练中一般需要设定特定的比赛场景。当空中来球或落地反弹来球时，在身前有较大利用空间的条件下，可以用头顶球向空当顶球及连接运球、控球、传球和射门等技术动作。

⑦抢球技术细分及其组合技术

抢球是队员在比赛中处于防守位置时去接近对方控球队员的情况下，为了能够把对方控制的球抢下、截获、破坏掉及直接传给同伴或射门而采用的用脚及其他合理部位的抢、断、拦截等技术动作。以下分别介绍各种抢球技术动作名称和抢球组合技术。

● 抢球技术细分与运用

抢球技术细分为正面脚内侧、脚背外侧堵抢和断抢；合理冲撞抢球；正面铲抢之单脚盘腿脚底铲球；侧面铲抢之异侧脚脚内侧或前脚掌铲抢、同侧脚脚背外侧铲抢等。防守的断球和拦截多用踢球、接球、头顶球和运控等技术完成。抢球是比赛中对方控制球时己方由守转攻、争取比赛主动权的重要手段，是获得球权的最有效的方法。

● 抢球组合技术

抢球的组合技术非常多，例如，各种抢球技术与各种控球、运球、假动作及踢球的组合等，还有快速和对抗中的各种抢球后应急的随机组合技术。

⑧守门员技术细分及其组合技术

守门员技术是一种特殊技术，是比赛中守门员保证球门不失、接应同伴、组织进攻及抢球和断截对方传球等所采用的各种技术动作，其中的主要技术是用手或脚完成的各种接球和挡球技术。以下分别介绍守门员技术细分与运用及守门员组合技术。

● 守门员技术细分与运用

守门员技术细分为无球技术的准备姿势、前后移动、左右滑步移动、交叉步移动等；用手接球技术的正身接平直球、正身接高球、正身接低平球、直立接地滚球、单腿跪接地滚球、单脚跳起接高球、双脚跳起接高球、侧身接平直球和低平球；双手正身挡高球、平直球和地滚球技术、挡击的双手正身和侧身挡击、单手正身和侧身挡击；单脚脚内侧和外侧挡击、脚内侧和外侧铲挡；单手击球、双手击球、单手托球、双手托球；扑接球技术的前扑前伸接和收抱接、侧扑接地滚球、鱼跃侧扑地滚球和平高球、鱼跃拖球和击球；组织进攻技术的单手下手抛球、单手肩上抛球、单手甩抛球、抛踢反弹球、正身抛踢球、侧身抛踢球等。守门员技术主要用于接挡对方的射门，但现在的守门员需要更多地练习场上队员的脚内侧传接球技术、脚背内侧长传球技术等，能够在本队后场组织进攻时，作为最后的接应人，给全队以支点作用，起到指挥和调度全局的作用。

● 守门员组合技术

守门员的组合技术包括各种无球的准备姿势和移动与各种接球技术的组合；各种即兴和应急的连续接球组合；各种接球、接球后移动及各种手抛和脚踢发球的组合；还有进攻时守门员接应回传的接球、运球、控球和传球的组合技术。所以守门员要真正发挥支点作用，就必须具备很强的场上队员的组合技术运用能力。守门员除了要求训练全面的接球技术之外，练习即兴和应急的组合技术也是必不可少的内容。

● 掷界外球技术细分与运用

掷界外球技术细分为原地双脚左右开立、前后开立掷界外球、助跑掷界外球。主要用于对方将球踢出边线时以掷界外球恢复比赛。

(2) 战术训练内容细分

战术训练内容细分是要全面展现足球战术训练的所有内容。战术训练内容是按照进攻和防守两个体系的分类，进攻和防守都是按照个人战术、小组战术、局部战术、整体战术和定位球战术的分类及再细分，细分是依据战术配合或个人行动的形式及其行动顺序进行划分。细分的目的也是为了把战术训练内容归纳成序，即把比赛中球队能够表现的所有战术配合和个人战术行动统合在一起。以下战术训练内容构成包括一些对具体战术内容的解释，这是为了弥补我国以往足球训练教材战术部分内容的缺漏和不足。

①进攻战术训练内容细分

进攻战术是球队比赛进攻时为了克敌制胜而采用的各种进攻的策略性方式方法。进攻战术分类的主要依据是看参与战术行动人数的多少和范围大小，还有一种死球状态下的定位球进攻战术。所以，进攻战术训练的内容构成一般包括个人进攻战术、小组进攻战术、局部进攻战术、整体进攻战术和定位球进攻战术，以下依次对以上进攻战术训练内容分别进行概念解读和内容细分处理。

● 个人进攻战术概念解读与内容细分

个人进攻战术概念解读

个人进攻战术：比赛中进攻队员为了取得进攻主动权或达到某种进攻目的而采取的带有策略性的个人技术运用或行动。一般包括通过个人运球、控球、突破、传球、接球、射门、头顶球、守门员、无球行动等形式完成个人进攻战术。

以上每一种个人进攻战术的运用都可以采用不同技术方法及改变速度和距离，如“个人运球战术”中的“空当运球”一项内容，包括向前直运、横向运及向后回运，慢速运、快速运和变速运，短距离运、中距离运和长距离运等情况，每一个细节变化都具有不同的意义及产生不同的战术效果，而且每一种个人战术又都可以相互组合或多元组合，由此可以推断个人进攻战术的内容肯定是极其多样、丰富和变化无穷的，以下的诸多个人战术内容只是笼统罗列。个人战术具有多样性和多变性，作为教练员需要了解和掌握其中的原理，了解个人战术的内容及其组合形式是无穷无尽的。但实际的训练过程并不复杂，前提是教练员对队员训练和比赛中的技术运用与无球行动有正确的认知，能够结合比赛场景和利用直观方式指导队员采用正确的个人战术方法。队员个人战术能力的提高需要训练强化和长期训练的积累，这不仅需要教练员有耐心，还要有指导技术。教练员需要注意技术训练要与个人战术训练同步，避免割裂和脱节。

个人进攻战术内容细分

个人运球战术：空当运球、对人运球、运球吸引防守、运球推进、运球变速、运球变向、运球摆脱等及与突破、传球、射门等个人战术的组合运用。

个人控球战术：控球变向、控球急停、控球假动作、控球摆脱、连续控球摆脱及与突破、传球、射门等个人战术的组合运用。

个人突破战术：突破超越对手、快运突破、利用空当强行突破、连续突破、突破打乱对方防线及与传球、射门、运控等个人战术的组合运用。

个人传球战术：对脚下传球、空当传球、快速抢传、逼近对手传球、转移传球、渗透传球、隐蔽传球、回传横传及传球后连接各种无球个人战术行动。

个人接球战术：接球推进、接球停稳、假踢接球、接球转身变向、推接直接摆脱、推接突破及接球与传球、突破、运控、射门等个人战术的组合运用。

个人射门战术：远距离射门、快速抢射、假射再射、假射真传、推进射门、强行射门、假射突破或摆脱、一脚射门、一接一射及射门与突破、传球、运控等个人战术的组合运用。

头顶球战术：高点前点顶传、高点前点顶射及头顶球后与无球个人战术行动的连接。

守门员进攻战术：现今的守门员在具备防守接、挡射门技术的同时，必须具备各种运控、传球、接球、头顶球等技术及无球接应的能力，守门员个人战术是全队战术的重要环节。

个人无球进攻战术：站位、接应、摆脱、前插。这是四种主要的无球个人战术行为，有时候两种或三种无球行动结合运用，各种无球行动需要随时随地与传球、接球、射门和头顶球等有球个人战术相结合运用。站位是按照整体的需要而占据有利位置，包括基本站位、移动站位、卡位站位、抢身站位；接应是为了给持球队友创造传球线路而起到声援和支持作用的站位或移动，包括角度接应、靠近接应、反拉接应、拉开接应等；无球摆脱是为了脱开对手盯防而可以从容接球并获得进攻机会或声援控球队友，包括要球摆脱、牵制摆脱、抢位摆脱和连续摆脱等；前插是为了创造向前推动进攻及突破对方防线和威胁对方的机会而向前的快速插跑，需要利用对方防守疏漏而出现的短瞬的防守空当，包括反击前插、控传中前插、配合前插和二空当前插等，前插线路包括直线、斜线及外线向里线横插。

● 小组进攻战术概念解读与内容细分

小组进攻战术概念解读

小组进攻战术：比赛中攻方由2~3名队员组成临时行动小组，持球队员利用合理技术及无球队友的支持，策略性地取得进攻主动权或达到某种进攻目的的配合行动。小组进攻战术一般包括2~3人之间的控传、插传、传插、墙式、后套、交叉、间接传球、轮转、三人配合和第三或第四人加入等形式。

以上每一种小组进攻战术都是进攻队员之间相互连接及形成配合的纽带，而且每一种配合方式都适用于任何场区且各有多种不同的方式方法，每一种配合又都可以连续使用，任何两种、三种配合都可以结合使用。当然，每一种小组进攻战术又都可以随时随机地变为个人进攻战术，而且有无数的变化可能。可见，比赛过程中任何一个小组进攻战术都是以队员个人技术和个人进攻能力为基础的，小组配合是一种有效的进攻方式，但也需要随时随机做出改变，或者由小组配合变为个人战术行动，或者反之，总之小组进攻战术运用的形式和方法肯定是更为丰富和多样的。

小组进攻战术内容细分

小组控传战术：攻方2~3名队员之间通过传接球控制球权和比赛节奏，以确保不失去球权的战术配合行动。小组控传战术的目的是稳妥地向前推进，也可以向左右或向后不同方向迂回移动，小组控传战术重在保证球权的控制，可以在任何场区展开。

插传战术：攻方两名队员之间利用一插一传的方式突破对方防线的一种进攻配合行动。插传战术是以插上带动传球，插上包括直插、斜插、横插及少量的回插。插传战术显然可以在任何场区展开，而且两人的方位、距离和空当大小不受限制，是最简捷的突破对方防线的配合。

传插战术：攻方两名队员之间利用一传一插的方式突破对方防线的一种进攻配合行动。传插战术是以传球带动插上，传球包括直传、斜传、横传和回传等各种传球线路，传插配合的两人同样不受所在方位、距离和空间大小的限制。插传和传插两种配合都多有渗透传球运用的情况，两者形式相近，可以把两者相结合或同步地进行训练。

墙式配合战术：攻方两名或三名队员之间，在持球队员传球给做墙队员之后即刻前插或有另外一名队员前插超越对方，做墙队员一脚回球给前插的队员而完成突破对方防线的配合行动。墙式配合战术的前插包括向前的直插、斜插及由边路向中路的横插，传球和做墙回球都包括直传、斜传和横传的情况，比赛实战中有时候也利用回传反切的墙式配合，有时候墙式配合仅仅是为了摆脱防守，墙式配合是在对方门前区域的重要突破方法。

后套配合战术：攻方一名队员运球推进或原地持球面向对手时，另一名进攻队员从一侧经持球队员身后向另一侧绕跑并伺机前插，是一种利用跑位变化和插上突破对方防线的配合行动。后套配合也称套边配合，原本多在边路进攻时使用，是由场地内侧队员向边路队员身后绕跑的配合。现今已经基本不分边路与中路，进攻一方随时随处可以采用，所以统称为后套配合。后套配合的关键是把握和利用好绕跑后前插的时机，持球队员为了使前插同伴更具威胁，需要适当延缓传球，可以等插上同伴超越对手之前的瞬间传球，还可以根据场上需要随机地变传球为个人运球突破。

交叉配合战术：攻方相邻位置的两个或三个队员之间，利用相互换位的跑动或一个跑动另一个运带球的交叉走位，使对手产生迟疑而创造一插一传或运球突破对方防线，或者摆脱对手的配合行动。交叉配合战术又有多种不同的分类，例如，按照交叉队员有球与无球划分，可分为无球交叉和有球交叉；按照跑动移动方向划分，可分为左右交叉和前后交叉；按照交换与不交换控球划分，可分为交换控球交叉和掩护交叉；按照交叉移动的线路划分，可分为直线对接交叉、十字交叉和 X 形交叉；其中的 X 形交叉按照向前移动和向后移动划分，又分向前移动 X 形交叉和向后移动 X 形交叉。交叉配合在比赛实战中需要两个交叉跑动队员配合默契，也有三人共同完成配合的情况。值得一提的是，有球的直线对接交叉是 C 级教练员培训的一个训练主题，也是比赛实战中持球队员在防守紧逼时常用的配合手段（就是持球队员在对手逼压下护球向队友运球及呼应，二人交叉时需要根据场上情况随机决定是否交换控球）。

间接传球战术：攻方控球队员发现传球目标而传球路线受阻时，把球传给另外一个有传球线路的同伴，利用间接快传把球传给目标队员的配合行动。比赛场上会有很多这种传球线路受阻的情况，此时也常常会出现另外一个适合做间接传球的同伴，间接传球是一种重要的配合战术。这种间接传球的目标会有很多的不同，可以是得分手或前场的重点队员，也可以是中场的组织核心队员或后场负责长传组织反击的队员等。

轮转配合战术：攻方相邻的两个或三个队员之间，利用顺时针或逆时针同方向的轮转跑动或其中一人带球的协同跑动，扰乱对方防守而创造控球或突破对方防线机会的配合行动。轮转配合可分为运球带动的轮转和无球跑动的轮转，也可分为二人轮转、三人轮转和四人轮转，轮转配合往往可以创造出多个进攻机会和传球线路。交叉配合和轮转配合跑动中常常出现由第一人跑向空当而创造出第二空当、第二人跑动而创造出第三空当的情况，由此可以打出进攻的“二空当传球”和“三空当传球”的配合。

三人配合战术：攻方在中前场区域相邻的三个队员之间，综合利用各种个人战术、二人战术在不同队员之间的变化和转换，造成对方防守漏洞而形成突破且对对方造成威胁的三人之间的配合行动。三人配合要以三人之间熟练的控传配合为基础，以具备各种个人进攻和二人配合进攻能力为前提，在三人控传过程中随机寻找插传、传插、墙式、后套、交叉及个人突破、渗透直传等机会，如“插插套”“套套插”“插套插”“交叉后套”等三人配合模式。

第三或第四人加入战术：攻方在中前场形成任何一种二人或三人小组战术配合的态势时，第三或第四人利用其中的机会加入配合并形成对对方的威胁。比赛中二人或三人进攻配合时第三或第四人的突然加入，往往会产生良好的进攻效果或转机而使场上局势发生变化，这是很多高水平球队经常采用的小组进攻战术配合方式。这种配合有时候也会出现在后场或边路，也都有改变场上局势的效用，但更多是在中前场采用第三或第四人前插、套插和摆脱战术，多数的“二空当”“三空当”插上配合就是第三或第四人加入创造的。

● 局部进攻战术概念解读与内容细分

局部进攻战术概念解读

局部进攻战术：比赛中攻方在局部场区范围内为了取得进攻主动权或达到某种进攻目的而采取的带有策略性的团队协同配合行动，一般由 4~8 名进攻队员共同参与。局部进攻战术大体包括后场控传、中场组织、区域突破、区域快攻、中路区域进攻、边路区域进攻、局部转移进攻等形式。

以上各种局部进攻战术形式是介于小组进攻与整体进攻之间的重要团队进攻形式，局部进攻战术已经体现出一定的整体进攻特点，而且每一种局部配合进攻方式都是整体进攻的重要基础和组成部分。局部进攻战术有着明显的场地区域特征，但同时各个区域的局部进攻也有着密切的关联和转换关系。比赛局部进攻战术需要以小组进攻及个人进攻为基础，局部进攻战术一定是通过个人战术或小组配合完成的。每个球队都需要有自己局部进攻的套路和特点，但完成一次局部进攻战术采用何种小组配合或个人战术需要随机变化。

局部进攻战术内容细分

后场控传战术：攻方在本方后场区域采用稳妥的控传进攻方式，在保证控球权的前提下寻找机会向前推进的局部区域配合行动。后场控传是当今所有高水平球队必须具备的局部进攻战术能力，在守门员发球、球门球、后场掷界外球和后场抢球成功之后，都要先做到在后场稳妥地控传，而避免无谓失误和盲目开大脚。后场控传进攻战术需要两个中卫拉开站位、两个边后卫拉边及适当前压、两个后腰大范围有序接应，守门员必须担当回传的接应，有时候边前卫或前腰也要参与接应。这样足可以应对对方 3~5 名队员的前压抢堵，如果对方压上的投入人数增多，则必然会造成后防的空虚和防守力量的削弱。后场控传战术要有专门的在后场各个区域的训练，训练需要队员利用宽度拉开、大角度接应、深度接应、灵活跑位接应和摆脱、个人运带球、合理控球变向、二人倒脚及守门员接应等多种手段和方法。事实上现今足球比赛的稳妥控传战术并不局限于后场，更多优秀球队的中场组织和前场推进都是以保证控球权为原则的，即便是在对方门前密集防守的区域仍然追求稳妥控球而不盲目失误。

中场组织战术：攻方经过后场控传把球推进到中场，在中场区域保持控球权和有序的状态中而有组织地向对方门前及其两侧推进的区域配合行动。中场组织是球队进攻的重要环节，强有力的中场组织能够更准确、高效和快速地完成向对方门前推进的过渡。中场组织需要有头脑聪明、视野开阔、善于应变和脚法细腻的队员担任核心，现今的控制球打法要求队员避免盲目向前，中场组织在继续保持控球权的同时，要求前场的前锋队员跑位要球或卡位要球，也需要前卫和边后卫队员参与前场的接应和前插。中场组织需要经过专门的强化训练过程及采取各种个人战术和小组配合的针对性训练。

区域突破战术：攻方在通向对方门前的某个局部区域范围，有针对性地采用某些个人战术或小组战术手段突破对方防线而向球门逼近的局部配合进攻行动。区域突破战术包括通过中场之后的中路、两个肋线及两个边路共五个场区，任何一支球队中各个位置的队员的能力和特点都是不同的，所以一个球队需要根据本队和对手的具体情况而确定局部区域突破的战术。区域突破的成功需要个人和小组战术的灵活运用，区域突破战术会根据球队风格特点及队员技术特点的不同而不同。区域突破的线路也有不同：有的球队主要在中路，有的则主要在边路或某一边；有的球队可能主要依靠个人突破，有的则更多依靠小组配合突破。局部区域突破进攻需要经过长期、系统的训练，任何强队都需要具备全面和多点的突破能力。

区域快攻战术：攻方在某一局部范围采用突然、简捷和快速的方式向对方球门逼近，无论是个人突破还是直线插传、传插及其他小组配合方法，都要坚决、快速及带有一定的冒险性，是一种以快速为特征的区域进攻行动。区域快攻可以在本方后场、中场的任何地点为发起点，主要是要抓住对方防线的漏洞或防守空当较大的短瞬时机。区域快攻会有很大冒险性和较高失误率，但一旦成功就会对对方形成很大的威胁。区域快攻最重要的还是要有速度快、具备突击能力且可以冲锋陷阵的队员，也需要培养头脑聪颖、技术优秀的发动快攻的组织核心。区域快攻需要队员在全面练习技战术的基础上，进行更加具有针对性和更多的强化训练。

中路区域进攻战术：攻方多人参与的、在通向对方球门中路的场区范围采用各种个人和小组方式突破对方中路防线的区域配合进攻行动。中路进攻是通向对方球门最直接的路径，但往往对方防守投入人数多且防线人员密集，进攻难度相对较大。一般只有在防守反击时会出现短时的以多攻少或人数相等的情况，也只有此时可以采用简捷、快速的突破或简单配合的进攻方法。多数情况需要在组织进攻过程中寻找机会，并随机地采用个人或小组进攻战术，所以中路进攻不仅需要球队经过长期训练且形成一定的素养，还需要具备整体实力及各种配合突破的能力，参与进攻的每个人都要具备个人进攻能力及与队友形成小组配合的进攻能力。

边路区域进攻战术：攻方在对方两侧边路区域以边路队员参与为主，采用各种个人和小组进攻战术突破对方防线，形成向对方球门推进的配合进攻行动。边路区域一般防守人数相对较少，防守力量相对薄弱，相比之下边路进攻的难度不大，但边路进攻成功之后还需要有传中或继续由边路向中路推进，才能对对方球门构成威胁。边路进攻作为球队整体进攻的组成部分，无论是防守反击还是控传推进都不可或缺，任何球队都必须重视。边路进攻一般空间较大，宜采用速度突破和边前卫或边后卫插上进攻的方式，当然其他各种个人和小组进攻战术都适用于边路进攻，特别是后套进攻配合更多用于边路进攻。

局部转移进攻：攻方在中前场某一区域进攻受阻或无法打开局面时，有意识地避开对方防守稳固的地带，通过传球把球转移到对方防守相对薄弱区域的局部配合行动。转移进攻是局部进攻战术的重要内容，也是一种巧妙的进攻策略，在足球场上的局部范围内有避实就虚、声东击西的战术配合套路，转移进攻就是达到这种战术目的的有效途径。转移进攻有各自不同的情况，包括主动转移、被动转移，随机转移、控传转移等。转移进攻需要一定的专门练习过程，更有效的转移进攻需要深度吸引防守向一处集中，之后突然采用转移进攻及快速推进的方法。

● 整体进攻战术概念解读与内容细分

整体进攻战术概念解读

整体进攻战术：比赛中攻方在整个比赛场地范围，全体场上队员共同参与的为取得进攻主动权和达到进攻目的所采取的策略性的整体协同配合行动。整体进攻战术包括控传进攻、阵地进攻、长传进攻、快速反击、快速进攻、中路进攻、边路进攻、转移进攻等形式。出色的整体进攻战术需要经过周密设计和长期训练。

以上各种整体进攻战术形式只是大体的罗列，任何训练有素的球队都不可能单一地采用某一种整体进攻战术，而是要尽可能综合地采取各种方法，并且在各种战术之间灵活变化。高水平球队一定有自己的整体进攻特点和风格，体现为某一种或某些进攻战术具有特殊优势和更具有攻击力。球队要达到世界强队的水平及具有整体进攻战术能力，一定是以系统的青少年训练为根基，以队员全面和扎实的个人技术、个人战术及小组配合进攻能力为基础。整体进攻特点及形成强大的攻击力需要扎扎实实的积累，而且整体进攻往往起决定性作用的是个人完成关键性的突破、摆脱、助传及射门等能力。

整体进攻战术内容细分

控传进攻战术：攻方整体上采用稳妥的控传进攻方式，在保证控球权和有条不紊的前提下有组织地向对方门前推进的球队整体性的进攻配合行动。包括后场控传阶段、中场组织阶段及通过中场后各个局部区域的进攻战术配合行动。整体控传进攻对球队的技术要求较高，队员要经过长期系统的训练，具备细腻的脚法和整体协同配合的能力，以全面扎实的个人进攻战术和小组进攻战术为基础。高水平球队有时在对方门前密集防守的区域仍然采用稳妥控传的战术，队员在稳妥中即兴和创造性地运用个人能力或小组配合完成攻门。这种控传进攻战术是所有高水平强队必须具备的基本能力，是一种发展趋势。

阵地进攻战术：攻方整体上采用以短传配合向前推进的进攻方式，是一种讲求技术和追求控制权而避免大脚长传进攻，以控制比赛及在稳妥中寻找突破机会的整体性的进攻战术配合行动。阵地进攻战术需要从后场开始稳妥传递和组织推进，整体上要求队员技术细腻、脚法灵活、速度和节奏多变，相对地对队员基本技术的全面掌握和小组配合的默契程度要求高，要有整体协同性和团队默契，要善于利用狭小空间和反抢快速。阵地进攻战术需要扎实的控传基础，一般技术型强队较多采用此战术。

长传进攻战术：攻方整体上采用以长传向前推进为主的进攻方式，是一种不追求控制球而是尽可能把球打到对方半场，在对方半场展开拼抢及寻找破门机会的进攻战术配合行动。长传进攻战术也需要一定的后场传递和组织进攻能力，但整体上是体现粗犷、力量和速度的打法，对队员的基本技术和小组配合要求不高，但需要前锋队员拥有挺拔身姿和强壮体魄，也要具备爆发力、防守抢球等方面的能力，在大型比赛中弱队遇到强队、对方速度和高度不足或强队出于某种战术需要时，有很多球队会采用长传进攻的战术。

快速反击战术：球队整体上以稳固后场防守为前提，进攻强调在获得球权的时候以最快速度发起进攻，是一种以防守不失球和抢球成功后的快速进攻为主导的整体进攻战术。快速反击战术已经不是传统意义的龟缩在本方半场或门前的防守，而是包括高位和中场高位的防守反击。快速反击进攻特别强调的是反击时要抓住对方进攻时阵线拉开的空隙和空当，在短时间内形成对对方薄弱点的攻击，一般快速反击投入进攻的人数不多，主要是以速度取胜，反击不成要迅速形成防守阵型。快速反击也是一种比赛进攻和取胜的策略，有时候强队对弱队也采用防守反击战术。运用快速反击战术需要有适当的进攻人选，参与反击人员要配合默契，也需要对团队进行专门的训练。

快攻战术：攻方所有的进攻都要以最快速度向对方门前推进的进攻方式，一旦进入进攻状态都是追求和保证以最快速度为前提，是一种以速度为核心和带有冒险性的整体进攻战术配合行动。快攻战术方法包括个人快运和突破、小组配合突破、长传进攻等，要求球队有速度快的队员，队员要以灵巧见长、处理球简捷迅速，快攻战术需要队员具备良好的个人技术和配合能力，向前推进和直传要坚决和果断。当然，高效地完成快攻战术有一定的难度，不仅需要球队长期的训练，还需要有一定的传统根基。

中路进攻战术：攻方主要通过中路向对方门前推进的战术，是围绕从中路展开各种个人和小组进攻的方法而完成的整体进攻的战术。前文中路区域进攻战术的阐述已经为此做了很好的铺垫，整体的中路进攻战术是从更宏观的战略需要选择进攻路径问题，是根据本队的优势、队员特点、传统及教练员的喜好等方面而确定的进攻线路。不过中路进攻战术并不代表全部的进攻都一定是通过中路，也会有很多通过边路而完成的进攻。中路进攻与中路区域进攻的方式方法和套路是一样的，但中路进攻战术是球队比赛战略的问题，而中路区域进攻战术是球队进攻的路径与方法问题。

边路进攻战术：攻方主要通过边路向对方球门推进的战术，是围绕边路展开各种个人和小组进攻配合而完成的整体进攻的战术。整体进攻无非是通过从中路或两个边路而向对方门前推进，边路进攻是任何级别球队整体进攻必不可少的组成部分，但一个球队也要根据本队的传统、队员特点、整体实力及对手特点等而进行边路进攻的设计。选择中路进攻为主还是边路进攻为主，需要教练员根据主客观的具体条件而定，在国际大赛上很多球队就采用以边路进攻为主的战术。

转移进攻战术：攻方在局部受到防守逼压及进攻受阻而无法打破局面的时候，通过组织调度有意识地避开对方防守稳固的区域，把球转移到对方防守相对薄弱区域的整体性配合行动。转移进攻战术是整体进攻战术的组成部分，是一种重要的进攻策略，是克敌制胜的有效途径。转移进攻战术包括大范围的从一边向另一边的长传转移及中转边、边转中的中距离转移，转移进攻既可以采用一脚完成中、长传转移的方法，也可以采用快速的连续短传转移的方法。转移进攻是根据比赛需要改变推进线路的进攻方法，需要通过一定强化训练不断提高此战术的运用能力。

● 定位球进攻战术内容细分

定位球进攻战术是比赛中进攻方在比赛开始或比赛成死球之后，由非比赛状态进入或重新进入比赛状态时而采取的带有策略性的协同配合战术行动。由于定位球进攻战术往往具有很大的威胁性和很高的得分率，所以也越来越受到重视。定位球进攻战术包括任意球、角球、掷界外球、中圈开球、球门球和罚球点球等进攻战术。其中任意球、角球和掷界外球具有更丰富的战术内容。

②防守战术训练内容细分

防守战术是球队在比赛防守时为了限制和削弱对方进攻而采用的各种带有策

略性的方式方法。防守战术同样是依据参与战术行动人数多少和范围大小而分类的，还有一种在死球状态下的定位球防守战术。由此防守战术内容构成可做如下分类，即个人防守战术、小组防守战术、局部防守战术、整体防守战术和定位球防守战术共五大类。以下分别探讨每一类防守战术的概念和内容细分。

● 个人防守战术概念与内容细分

个人防守战术概念

个人防守战术：比赛中防守队员为了取得防守主动权或达到某种防守目的而采取的带有策略性的个人防守行动。一般包括通过个人选位、盯人、保护、逼压、延缓、抢断、反抢等行动完成个人防守战术。

个人防守战术内容细分

防守选位战术：包括对人盯防选位和对位保护选位。对人的盯防选位包括对有球对手盯防选位和对无球对手盯防选位，对位保护选位包括小组协防保护选位与整体防守保护选位。防守选位还有很多的细分及具体情况，如果是对有球对手的选位还涉及有无队友保护、队友位置、边路还是中路、离球门远近、对手特点等问题。防守选位常常与盯人、保护、逼压、延缓、抢断等个人防守战术组合变换运用。

防守盯人战术：包括区域防守盯人和专门盯人。区域防守盯人包括对有球对手盯人和对无球对手盯人，专门盯人包括紧逼盯人和松动盯人及对手有球时盯人和无球时盯人。其中区域防守对有球对手的盯人又包括紧逼盯人和松动盯人及各种盯人时的队友位置、边路还是中路、离球门远近等，防守盯人战术常常与选位、保护、逼压、延缓、抢断等个人战术行动组合或变换运用。

防守保护战术：包括对人保护和对位保护。对人保护又包括无球时对相邻队友的保护和队友抢球或逼压时对队友的保护，对位保护又包括小组防守时的对位保护和整体防守时的对位保护。每一种个人防守保护同样可以有很多细分的情况，而且防守保护常常与选位、盯人、逼压、延缓、抢断等是有关联的，也可以组合或变换地运用。

个人逼压战术：包括对有球对手逼压和对无球对手逼压。对有球对手逼压和无球对手逼压又都分为紧迫逼压和一般逼压，每一种逼压又都可以细分，而且个人逼压常常与选位、盯人、延缓、抢断等个人战术结合运用。

个人延缓战术：包括一对一延缓、一防二延缓和一防多延缓。个人延缓战术主要是在以一防多不利的情况下，占据里线合理位置，以适当后撤移动缓冲对方进攻速度而等待队友回防。个人延缓战术要以选位、盯人、逼压为前提，等待时机变被动为主动。

防守抢断战术：包括伺机抢断和主动抢断。伺机抢断又包括在对手失误瞬间、防守人数占优时和比分落后时抢断等情况，一般发生在后场或门前；主动抢断一般是指在对方半场、离球门较远的边路及有队友保护的情况下所采用的积极主动的抢断方法。个人抢断必须与选位、盯人、逼压等个人战术结合运用。

反抢战术：在自己或邻近队员进攻失误或失去控球权的瞬间所采用的积极、主动和快速的抢球行动。反抢不仅有较高的成功率，而且更具威胁性。反抢是个人战术行动，很多时候也是整体战术的组成部分。

②小组防守战术概念与内容细分

小组防守战术概念

小组防守战术：比赛中守方由 2~3 名队员组成临时行动小组，利用队员之间协同的防守行动和相互支持，策略地取得防守主动权或达到某种防守目的的配合行动。小组防守战术包括 2~3 人之间的二人协防、补位换位、三人协防、二人夹抢、三人围抢。

小组防守战术内容细分

二人协防战术：守方两个相邻队员一人逼近或上抢对方持球队员时，另一人呈适度的拖后斜线站位，二人一前一后起到保护作用而利于队友被突破时补位。二人协防的典型场景是在本方后场及门前的防守时，当防线前压防区扩大时，在中前场也采用二人协防。

补位换位战术：守方两个队友相邻协防占位时，靠近对方持球队员的队友被对手突破，协防保护队友补上继续防守对方持球的对手，被突破队员撤回协防保护。补位换位也多在本方半场及门前采用，现代高水平比赛各个场区都有频繁的补位和换位。

三人协防战术：守方三个相邻队友之间的相互配合防守，一般是靠近对方有球队员的两个防守队员协防站位，另一个防守队员适当拖后对局部或对全队防线起到保护作用。三人协防多指球队最后一道防线处于三人防守时，三人协防相对更加复杂和多变，需要经过长期训练的强化。

二人夹抢战术：守方两个相邻队员相互配合的防守战术行动，行动中二人同时对对方持球队员从不同方向实施抢断或夹堵。以往夹抢多在本方半场及靠近边线和底线的区域，随着足球比赛越来越激烈，二人夹抢行动已经成为随时随地被运用的战术配合行动。

三人围抢战术：守方三个相邻队友共同配合完成的防守行动，是三人同时对对方持球队员从不同方向实施堵抢的配合行动。高水平比赛中二人夹抢和三人围抢的小组防守战术行动会频频被采用，而且已经成为球队争取主动权、控制局面及获取球权的重要手段。

③局部防守战术概念与内容细分

局部防守战术概念

局部防守战术：比赛中守方在局部场区范围为了取得防守主动权或达到某种防守目的而采取的带有策略性的防守协同配合行动，一般由 3~8 名防守队员共同参与。局部防守战术包括 3~5 人后卫线协防、4~8 人局部区域防守、前场围夹、中场围夹等内容。

局部防守战术内容细分

后卫线协防战术：守方 3~5 名后卫队员处于最后一道防线时的防守配合形式，是根据对方进攻线路、投入人数、球的位置等队员采取的个人与小组防守战术行动，共同形成平行并相互协防与保护的防守链条。后卫线的站位与移动是整个球队防守阵型站位与移动的坐标，整体防守阵型的移动变化要以后卫线的站位和移动为参照。后卫线平行站位的间距是根据距离球门的远近而定，由近及远是按照“放射线原理”，根据对方进攻所在区域的变化而整体地左右移动并以放射线式“前张后缩”地移动变化，每个队员都要兼顾防守区域及与相邻队友之间的方位和距离变化，使得整体后防线在移动变化中始终可以保持合理密集和相互保护的防守态势。每个防守队员都采用区域盯人防守，对手变化位置或交换位置时则采用“交换盯人”的方法，这样的防守方式不仅节省体力，也利于创造二人夹抢和三人围抢战术。

局部区域防守战术：守方靠近本方球门一侧的 4~8 名队员在局部区域所采用的区域防守配合行动。局部区域防守战术是以后卫线协防为基础，所有参与防守的队员都不采用传统的盯人战术，而是采用区域盯人战术。所在防守区域的队员都以后卫线的间距和移动为坐标进行局部的整体移动，对方队员进入谁的防守区域，就由谁来负责盯防。区域防守战术包括三或四后卫加一个或两个后腰的

4~6 人配合、五后卫加一个或两个后腰的 6~7 人配合，也可以再加一个或两个前腰和边前卫的 8 人或更多人配合。

前场围夹战术：由守方 4~8 名队员共同参与，以主动、积极的夹抢或围抢及封堵对方传球线路和实施断截的前场区域防守配合行动。前场围夹战术也称高位局部围夹防守战术，是一种积极的防守，是高水平球队需要具备的团队战术配合能力，战术实施需要多人参与及默契配合，特别需要行动步骤的一致，比如，6~8 人的前场围夹，需要 2~3 人参与围夹的抢球行动，2~3 人参与不同距离封堵和断截传球的行动，2 人参与对方长传的断截行动。前场围夹战术是局部的团队配合行动，需要高度的协同统一，这要通过长期训练才得以形成。前场围夹时在前端的前锋要切断对方回传线路，要在前场高位实施围夹，关键是要形成局部区域的防守人数优势，此时并不强调阵型的排列。

中场围夹战术：由守方 4~8 名队员共同参与，以积极、主动夹抢和围抢及封堵对方传球线路和实施断截的中场区域局部防守配合行动。中场围夹战术的实施也需要切断对方的回传线路，但由于距离本方球门较近，后卫线需要在保持良好的防守阵型基础上，再向中场施压及封堵传球线路和采取断截行动。

● 整体防守战术概念与内容细分

整体防守战术概念

整体防守战术：比赛中守方在整个比赛场地范围内，全体场上队员共同参与的为取得防守主动权和达到防守目的所采取的策略性的防守协同配合行动。整体防守战术包括收缩区域防守、前压区域防守、混合防守、压迫式防守和全线逼压防守。

整体防守战术内容细分

收缩区域防守战术：守方全体队员回到本方半场或更靠近球门的区域，采用人员密集的区域防守形式。收缩区域防守战术也是以 3~5 名的后卫协防为基础，所有队员都不采用盯人的个人战术，而是采用区域盯人方法，整个参与区域防守的队员都以后卫线的间距和移动为坐标进行整体移动，对方队员进入谁的防守区域，就由谁来负责盯防。

前压区域防守战术：守方把整个防线向前推压到中场或前场，但仍然采用区域防守的战术。前压的区域防守是一种积极的、争取主动的防守战术打法。一方面，区域防守容易形成严密的整体防线，从而利于形成夹抢和围抢，而且相对节省体力。另一方面，由于现代足球比赛的攻守争夺越来越激烈和复杂，要想在比赛中取得主动权和赢得先机，就需要防守阵线的主动前压，这样也就出现更多的整体阵型向前逼压的区域防守战术打法。正是因为有以上的优点，区域防守才被越来越多的球队所采纳。

混合防守战术：守方全队以区域防守为主，只有个别队员采用盯人防守的战术。混合防守战术是20世纪80年代和90年代普遍采用的防守战术，但进入21世纪之后完全的区域防守战术逐渐普及，近10年采用混合防守的球队已经不多，但作为一种整体的防守战术打法仍然被个别球队所采用。

压迫式防守战术：守方既要分工协作又要整体统一地采取积极的防守行动，通过主动向对方施压及积极争取抢获控球权的整体战术配合行动。压迫式防守特别重视分工协作，分工一般随机分为抢球组、近距离封堵组、远距离断截组和保护组共四个小组。压迫式防守战术又包括高位压迫、中场高位压迫、中场低位压迫和后场压迫四个不同场区的压迫防守方法。

全线逼压防守战术：守方采用全场紧逼和积极抢断的整体防守战术打法。由于全体场上队员都采用主动逼出抢断的积极防守方式，后防对球门的保护相对容易出现漏洞，也更容易被对手抓到反击的机会，所以全线逼压防守战术有较大的冒险性，一般在比分落后和比赛所剩时间不多的时候采用。

● 定位球防守战术内容细分

定位球防守战术是比赛中守方在比赛开始或比赛成死球后对方发球时，即由非比赛状态进入或重新进入比赛状态时，为了降低对本方球门的威胁而采取的带有策略性的防守协同战术配合行动。定位球进攻战术与防守战术有着相互促进的关系，由于定位球进攻具有很大的威胁性和很高的得分率，相应的定位球防守也受到重视。定位球防守战术同样包括任意球、角球、掷界外球、中圈开球、球门球、罚球点球的防守配合。其中任意球、角球和掷界外球防守战术尤其需要受到重视。

（3）体能训练内容细分

体能训练内容分为运动素质、身体机能、身体形态和心理素质四类，足球场上的体能水平主要表现在运动素质和身体机能两个方面，但身体形态和心理素质也是体能的重要保障因素，是体能训练不可缺少的内容。足球训练不仅有专职的体能教练，还有专门的力量训练、心理训练、营养调配等教练或技师，可见，体能训练已经成为一个高度专业化的训练内容。体能训练四个方面的内容都有各自的细分，体育院校的足球课程需要系统地融入体能训练的内容。

①运动素质训练内容细分

运动素质训练内容细分要在简要地介绍各项运动素质及其各种关系的基础上，再全面地介绍运动素质细致的内容构成，从而了解运动素质训练的整体概貌。以下从运动素质概要和运动素质训练内容细分两个方面分别阐述。

● 运动素质概要

足球的运动素质内容和其他运动项目一样，包括速度、力量、耐力、灵敏和柔韧五个方面，每个方面又都有各自的细分内容。运动素质内容构成的原理在全国体育院校通用教材《运动训练学》书中有详细的阐述，这里主要介绍具有足球专项性特点及与比赛实战需要相一致的运动素质内容与方法。足球的运动素质训练很多是与专项技能和比赛训练统一进行的，需要在一般运动素质训练的基础上，更多地采用那些体现足球项目特点及与比赛实战形式相一致的内容和方法。

● 运动素质训练内容细分

耐力素质

足球比赛中的耐力表现包括有氧耐力和速度耐力两种情况，比赛中绝大多数情况是依靠有氧耐力支撑，但速度耐力往往在比赛关键时刻发挥重要的作用。世界著名教练穆里尼奥曾经说“足球队员的体能训练必须在足球场上完成”，他所说的体能训练指的就是耐力训练。高水平球队的耐力训练需要以小型比赛的形式进行，包括有氧耐力、无氧低强度、无氧中强度和无氧高强度的训练，间歇训练方法也是采用比赛对抗的形式，通过调整场地大小、时间长短、人数、练习次数（密度）和间歇时间长短等来控制训练强度，这种比赛形式的体能训练已经成为世界一致认可的方法。当然，准备期的体能训练偶尔采用一次 12 分钟跑的有氧耐力测试、UU 无氧耐力测试、100 米速度测试等，都属于正常的辅助性训练和监控手段。但耐力训练主要是在足球场上完成，以上所说的小型比赛形式的间歇训练还有很多具体的方法、标准和要求。一场高水平比赛中队员的跑动距离在 12000 米以上，冲刺快跑次数超过 70 次。所以耐力素质往往被认为是足球队员体能中最重要的基础素质。

速度素质

足球队员的速度表现是一种高度综合的形式，包括三个方面：其一是接受信息的反应速度及其之后的思维和决策速度；其二是反应后的动作应答及完成动作的速度；其三是绝对速度即快速运球、追球和抢位等移动速度。三种速度只有在足球场上和比赛中才能直观、生动地表现出来，每一种速度都有细致的表现和随机变化，所以足球队员的速度训练不能脱离足球场地和比赛场景，训练可以适当地采用一般性速度训练方法，但整体上要体现足球特征。例如，要在比赛场景中结合技术动作和比赛对抗因素，要体现足球项目的反应速度、动作速度及位移速度，其中的位移速度训练要以 10~20 米的快速运球和冲刺快跑为主。以比赛形式和对抗形式的速度训练有很多的内容与方法，比赛形式包括等人数三对三至六对六的攻门、定向进攻和没有进攻方向的控传等，比赛形式的速度训练要有足够的空间，还要制定强化队员插跑和摆脱跑动的规则，比如插跑一次得一分、插上射门进球得两分等。设计比赛场景结合技术训练的内容和方法也非常多，例如，非对抗形式的计时或限时运球射门训练、边路前插追球传中训练；对抗形式的一人传球二人追抢的争抢训练、助传进攻插上与防守追抢的训练等。速度训练完全可以在比赛中或在比赛场景下结合球完成。

力量素质

足球比赛是同场竞技，会出现大量两队队员之间的身体接触和冲撞的情况，所以不仅需要队员具备良好的速度素质和耐力素质，还需要队员具备强壮的体魄、强大的力量和快速起动、起跳的爆发力，这些是比赛中为快速摆脱防守和争夺空中优势所需要具备的要素。力量素质的训练内容按照身体部位划分，包括下肢力量、腰腹核心力量、上肢力量及小肌肉群力量或平衡核心力量；按照比赛中的作用效果分，可分为绝对力量、爆发力和力量耐力。每一个部位和每一种力量都需要专门的训练内容与方法，而且力量素质训练需要利用专门的力量训练器材和场地，一般是在力量训练房或训练馆进行。这些训练需要有力量训练教练的组织和指导。有很多足球场地和比赛场景下的力量训练内容与方法，例如，等人数或不等人数的单脚着地跳行比赛、等人数或不等人数的背人比赛、负重（绑沙袋）比赛、“四腿”比赛等，这些是克服自身体重、加入比赛和对抗形式的训练内容。非对抗形式训练内容有蛙跳练习、纵跳练习、背人练习、叠罗汉蹲起、单腿跳、俯卧撑、仰卧起坐、仰卧、俯卧、侧卧的两头起等，这些训练可以在技术训练或比赛间隙进行。

灵敏素质

足球比赛中的队员要根据球的位置、队友和对手位置、空间大小、距离球门远近等情况而灵活地采取随机行动，比赛中队员的移动方式不仅有结合球和徒手的不同，而且场上移动有快慢不同、难度不同、节奏变化和方向变化等各种不同的变向变速的要求，移动的方法也有各种滑步或跑动及其他不断的变化。可见，足球队员的灵敏素质的培养与其他项目存在差异，这些根据比赛需要所完成的各种移动变化，是队员必须具备的灵敏素质。足球比赛中所表现出来的无球条件下的灵敏素质，包括各种静止或慢速移动和快速移动中的突然转身变向，各种跳起落地后的平衡及快速移动、起动和转身，各种身体倒地姿势的起身或顺势起身及起身后的各种快速移动、起动和转身等，这些都可以在足球场地及在特定的比赛场景下完成训练。其实，所有的快速完成各种组合技术的练习，既是技术练习和动作速度练习，也是一种重要的灵敏素质训练。还有铲球后的起身、争顶后的平衡及之后的连接起动、转身和连接其他技术练习等都是灵敏素质训练。足球比赛过程本身要求队员快速移动、转身、起动及完成技术动作，控球快速变向变速等都是很好的灵敏素质训练。灵敏素质训练一般安排在训练的热身部分效果更好，热身部分的灵敏练习可以利用一些辅助器材，比如，栏架、绳梯、跳绳、胶带、藤圈、方格等，还可以利用摆放不同图形和间距的锥盘、锥桶、标志杆等做快速的跳跃、移动、穿越、翻滚等动作，还有不同身姿和面向的小步跑、高抬腿、急停急起、绕障跑等练习。

柔韧素质

足球比赛和训练中教练常常会要求队员的技术动作幅度更大一些、动作更柔和一些，脚抬得更高一些，伸得更远一些、关节灵活一些等，还有很多时候队员受伤是因为肌肉的柔韧性不够，所以足球队员具备良好的柔韧素质是非常必要的。当然，足球队员的柔韧素质训练尤其要以腰腹、腿脚、脊椎颈椎部位为重点，柔韧素质是体能训练不可忽视的重要素质。热身部分的柔韧素质训练主要依靠拉伸、踢摆、绕转等动作来完成，很多加大幅度的技术练习，例如，控球技术加大幅度练习在增加技术难度的同时也起到了柔韧训练的作用；加大踢球摆腿幅度也一样能起到训练的作用。柔韧素质练习一般分为动态拉伸和静态拉伸，结合完成技术的柔韧素质练习、原地或移动中的节拍操、移动中的踢摆和扭转练习等属于动态柔韧性练习，这些被安排在热身部分，利于调动队员的兴奋性，也符合训练由准备部分到主题部分的生理和心理适应过程。原地静态拉伸一般被安排在训练后的放松整理部分，静态拉伸可以刺激肌肉神经而促进乳酸等疲劳物质的代谢，利于消除训练后的疲劳而使身体得到恢复。

● 身体机能训练内容细分

足球队员的身体机能水平主要看场上耐力和赛后恢复能力，其中耐力包括有氧耐力和无氧耐力，相应的供氧能力和抗乳酸能力是反映队员耐力水平的主要生理指标，最大摄氧量可以反映供氧能力及影响到耐力和速度耐力水平，抗乳酸能力则直接影响到队员的无氧耐力水平。血清睾酮和皮质醇两个生化指标可以反映队员的恢复能力和身体状态，当然生理上的代谢能力和抵抗能力也会影响到身体机能的恢复。这里我们主要阐述的是身体机能对体能的影响和如何通过训练得到改善的问题，身体机能水平肯定会直接影响到队员的体能状态，尤其是对队员耐力水平的影响更加明显，而耐力又是所有其他运动素质的基础和根本。队员良好身体机能状态的形成要经过一个科学训练的过程，其中最重要的是耐力素质的训练。耐力素质训练包括有氧耐力训练、无氧低强度训练、无氧中强度训练和无氧高强度训练。足球体能教练需要根据每一个队员不同的运动素质水平、生理机能水平和身体恢复能力等，在整个赛季做统筹的各项训练内容的比例安排，并做好运动量与运动强度的调控，还要做好各项生理生化指标的测试与跟踪监控，也特别要注意每一个队员的营养和恢复措施的跟进。

● 身体形态训练内容细分

足球队员的身体形态与比赛有着密切的关系，也与队员的体能水平相关联。从小的方面讲，队员合理地改变和塑造自己的身体形态对于改善体能状态、提高技术水平和保持身体健康都具有重要的意义。从大的方面讲，球队不仅需要队员拥有优良的技术能力和战术素养，也需要每一个队员都拥有健康和良好身体形态，比赛场上的一些位置更是需要身体强壮和身形高大的队员。所以无论从哪一个角度讲，足球队员的身体形态都是一个重要的体能评价指标。事实上，足球队员的身体形态已经成为体能训练的重要内容，通过训练可以使队员的体型更加健美，可以控制体重及改善个人身体形态的不足。身体形态训练最主要的内容是通过肌肉力量训练改变身体成分，增强体质和改善体型。身体形态训练有很多的体质监控指标，如脂肪率可以反映身体脂肪水平、克托莱指数可以反映身体的形态发育水平和匀称度的复合指标等，身体形态训练也趋于系统化和科学化。

● 心理素质训练内容细分

心理素质对足球队员的体能发挥有着重要的影响，这一点已经在理论与实践中得到科学的证明。后文还有专门把心理作为比赛基本要素的阐述，这里只谈心理素质对体能的影响。足球队员的体能水平是运动素质、身体机能和身体形态直接作用的，心理素质是衍生的因素，间接地对队员的体能水平发挥作用。例如，比赛中心理过度紧张会造成肌肉紧张、内循环系统失调和能量提前消耗或能量的浪费等，而肌肉紧张不仅影响比赛时运动员的技术发挥，也会出现疲劳提前和肌肉痉挛的状况。再如，比赛与生活的关系处理不好，就会出现比赛时注意力分散、竞技状态消失或无法调动等情况，所以心理调解是足球体能训练的重要内容，包括心态放松调解、集中注意力训练、自信心培养、沟通与交流意识培养、心理状态调解等，很多高水平俱乐部球队和国家队都配备专门的心理教练或心理医生。心理状态形成有一定的规律性，也有一定的特殊性，心理训练需要根据每一个队员的具体情况而对症下药地施加心理干预。

（4）心理训练内容细分

心理训练内容构成是介绍足球心理训练所涵盖的基本内容。心理训练按照训练与比赛动力、队员心理过程和队员个性心理划分成三类，队员的心理训练非常重要，但非常复杂且难以把控。足球队员全面的心理训练越来越受到重视，每一个队员又都表现出各自不同的心理现象和问题，所以心理训练既要全面又要结合个人情况，这样才能更好地保证队员训练和比赛的正常发挥。

①训练与比赛动力内容

队员参加足球训练与比赛的动力激发储备，是心理训练首先要思考的问题。动力不可能是单纯外力的维持，必须依靠其自身的主动性和积极性。这种主动性和积极性可以产生活跃的认知、振奋的情感和坚强的意志。这些是队员高效和高质量完成训练和比赛的保证，是促进队员个性心理和谐发展的条件。训练和比赛动力的来源是本能需要和生存需求，从心理学角度分析动力的能量来源是复杂的，按照队员动力调节系统的划分，队员动力大致可分为动机激发、兴趣培养、态度引导、习惯养成四个方面。当然，作为拥有主观意识的队员，必然受到其个人理念、信念和世界观等意识形态的支配和调节。队员参与训练和比赛活动的动力调节系统是在一定的社会环境中，队员个体是在参与足球活动的基础上形成动力及不断发展和变化的。教练员在训练实践中对队员的动力激励有着复杂的过程，要充分利用外部环境的作用与队员内在需求，更多地从动机、兴趣、态度和习惯等几个方面培养和影响队员（图 2-13）。

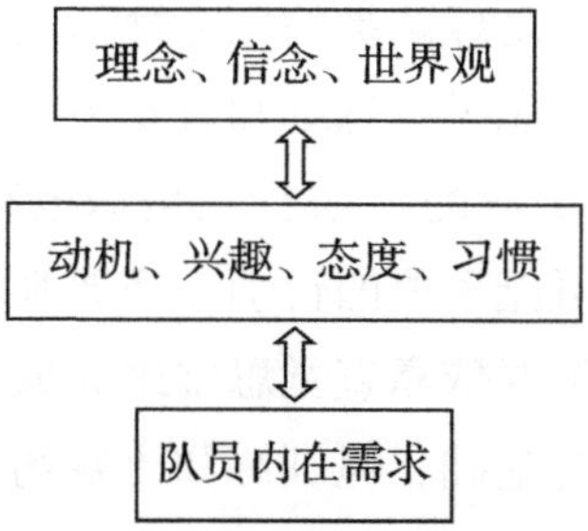

图 2-13　队员动力调节系统

②心理过程内容

按照足球训练与比赛的心理过程划分，一般足球训练过程更需要注意感知、记忆、思维、注意、情绪等几个方面。但重要的是教练员要了解每一种心理现象与足球训练的关系，特别是它们对足球训练和比赛的特殊意义。从心理学角度对心理现象加以认识和理解，对引导队员成长和进步具有特别重要的意义。

感知：足球训练和比赛要求队员的视觉、听觉和触觉更为敏感，而且往往是多种感知同时发挥作用的综合反应过程。其中对视野和视深度的要求尤其不同于常人及其他球类项目的队员，比如，篮球运动员需要与足球运动员有相近的训练强度且具备良好的体能，但两个项目对队员的视野和视深度的要求差异是巨大的。足球场地大而广，队员不仅需要具备广阔的视野，而且对场上距离远近的判断和空间方位也要有正确的感知，正因如此，教练员要有意识地加强对队员视觉能力的训练。足球队员的触觉也具有特殊性，足球运动是以脚支配球为主，因此足球队员需要具备良好的球感，所以从心理学的角度探讨足球队员的球感训练也十分重要。

记忆：足球队员对训练和比赛中技术动作、比赛场景和复杂过程的记忆，是以表象记忆为主导的，这也是很多体育项目所共有的基本规律。也就是说训练中的技术教学、场景回顾及比赛过程分析等，是借助技术动作示范、真实场景回顾和比赛录像等动作和场景再现的形式。利用队员“表象记忆”是唤起队员记忆连接的有效方法。相同的问题或场景，教练员用语言描述和讲解对唤起队员记忆的作用是微乎其微的，所以，教练员的技术和战术方法展示要尽可能避免长时间讲解或过多地使用要领和方法进行说明，而是要把讲解变成 2~3 个字的要点提示，训练开始要一边做技术动作操练一边体会动作要点。

思维：人类的大脑分为左右两个半球，右大脑负责指挥人的形象、空间、模仿、想象和直觉思维活动，对足球队员的创造性活动有重要的支配作用。相应的队员在训练和比赛中更多是依靠操作思维和直觉思维支配其行动，比赛中队员要不停地做出判断和预测，其决策的根据首先是球的落点、飞行路线、反弹高度等，同时兼顾对手的意图和可能采取的行动，还要观察队友的位置、状态及与队友可能的配合方式等，这些需要依靠直觉思维来完成。比赛场上的表现需要以场下认真思考的复杂思维过程为基础，但训练和比赛场上思维模式的建立要以直觉思维和操作思维为前提。

注意：人对事物有不同的认识水平，如感知、记忆、思维的不同的认知高度。无论哪一种水平的认识，又总是有选择性的，就是对一定对象的指向和集中，这种选择性的指向和集中就表现为注意。注意不是独立的心理过程，而是伴随着以上各种认识过程的一种共同的心理特征。例如，注意看、注意听、认真思考等，可见，注意是认识选择性的高度表现。教练员需要了解训练和比赛中的注意原理及其重要性，有意识地培养队员的注意能力。足球队员的注意能力培养主要还是在训练和比赛过程中完成，技战术训练的投入、比赛的专注及对训练和比赛细节的关注等，都需要良性刺激和建立条件反射，比赛自始至终都保持高度集中的注意力往往是一场难度极大的心理训练。

情绪：从根本上说情绪是由客观事物与人的需求关系决定的，训练和比赛过程中会产生很多外在对队员的刺激和情绪体验，而情绪会引发一系列的生理反应，使队员产生应急的身体行为，因此足球队员需要具备情绪控制能力。比赛会使队员情绪波动，一旦某种情绪状态超过了一定的阈值或限度，就会影响队员比赛的发挥，例如，出现过度紧张、出虚汗、食欲不振、沮丧、易怒、悲观等症状。教练员需要具备对队员情绪的把控能力，要通过有效的心理训练消除队员不良的症状。

以上是把几种单一的心理过程作为心理训练的内容，结合足球专项需要做训练内容与方法的解读，五个方面的心理训练内容只是简要阐述，显然足球训练与比赛中还有很多具体和细分的问题，而以上的每一个问题都可以作为专门的训练内容做更深入的探讨。

③个性心理内容

前文就一般性的几个心理过程阐述其训练的问题，全面的心理训练是队员训练水平的基础，但实际的心理训练都是针对具体队员的，是个性心理培养和塑造的问题。个性心理训练的内容极其丰富和多样，首先个性心理训练包含所有一般心理过程的感知、记忆、思维、注意、情绪等内容，此外还有很多突出队员个性心理的内容。足球队员的个性心理训练包括取胜动机、沉稳气质、坚强性格、自信心等方面能力的培养；还包括自我意识、社会意识与公平意识、专注态度、进取精神、顽强意志、健康心理等方面素质的培养。很多国外的训练是专门以改善心理状态为目标的，例如，改变训练态度、改善沟通习惯、提高直觉和反应敏感性、调整比赛心理状态、促进身心松弛、释放心理压力等。队员这些心理训练目标的实现，需要进行专门的个性心理塑造。心理训练对足球训练和比赛有着重要的影响，队员的竞技状态可以通过心理训练得到极大的改善，即借助训练与比赛过程的心理特点和各种可利用因素，达到提高训练效果和改进比赛状态的目的。

3. 专项基础理论内容细分

专项基础理论学习是以培养学生掌握足球专业基础知识为目的的，是以室内教学形式为主导的理论知识传授课程，也是体育院校常规必修课的重要组成部分。能够建立一套有关专项基础理论教学的知识与方法体系，对学生提高专项技能及形成良好的足球素养有着重要且无法替代的作用。学生需要有一个全面和系统的学习过程，专项基础理论又是一个庞大而复杂的知识体系，其课程时数占常规必修课的20%，授课形式包括讲授课与讨论课，无论是教师教学还是学生学习都需要把其内容构成做细分处理。

（1）专项基础理论内容构成

专项基础理论的内容构成相对复杂，包括技能训练理论、技能基础理论和专项综合理论三个层面的内容。此三个层面的理论课程与专项技能训练关系的密切度是依次渐远，课程内容安排要符合专项技能训练的需要。专项基础理论学习也需要循序渐进和层层递进，这种递进要与专项技能训练的四个课程等级相对应，也分为启蒙理论、初级理论、中级理论和高级理论的四个课程级别，课程内容是对应各个级别专项技能训练的需要，课程的知识面和深度要求也随课程等级由低到高而拓展和深入。专项基础理论在启蒙、初级、中级和高级的不同级别会有内容和知识点的重复，但相同的课程内容在不同等级会有知识宽度、认识深度与掌握知识程度等不同的要求（表2-4）。

表 2–4　专项基础理论的课程内容及课程等级与学习程度要求

类别	课程内容	课程等级与学习程度要求
技能训练理论	1 校园足球及其各种活动组织方法	启 ****
	2 足球比赛阵型与战术打法 Ⅰ Ⅱ Ⅲ Ⅳ	启Ⅰ **** 初Ⅱ ***** 中Ⅲ ***** 高Ⅳ ****
	3 技术训练原理与方法 Ⅰ Ⅱ Ⅲ Ⅳ	启Ⅰ **** 初Ⅱ ***** 中Ⅲ ***** 高Ⅳ ****
	4 战术训练原理与方法 Ⅰ Ⅱ Ⅲ Ⅳ	启Ⅰ **** 初Ⅱ ***** 中Ⅲ ***** 高Ⅳ ****
	5 体能和心理训练的原理与方法 Ⅰ Ⅱ Ⅲ	启 ** 初 *** 中 **** 高 *****
	6 足球训练基本概念与基本理念 Ⅰ	启 ** 初 *** 中 **** 高 *****
技能基础理论	7 足球训练基本概念与基本理念 Ⅱ	启 ** 初 *** 中 **** 高 *****
	8 足球比赛规律及其攻守原则 Ⅰ Ⅱ	启 ** 初 *** 中 **** 高 *****
	9 现代足球发展趋势与前沿动态 Ⅰ Ⅱ	启 ** 初 *** 中 ****
	10 球队组队及训练设计与组织 Ⅰ Ⅱ	启 ** 初 *** 中 ****
	11 足球竞赛规则与裁判法 Ⅰ Ⅱ Ⅲ	启 ** 初 **** 中 *****
专项综合理论	12 校园足球与足球教育 Ⅰ Ⅱ	启 ** 初 *** 中 ****
	13 足球运动的历史演进与产业化	启 ** 初 *** 中 ****
	14 足球训练规律、原则与教学原理	启 ** 初 *** 中 ****
	15 足球训练体制、内容与方法	启 ** 初 *** 中 ****
	16 足球竞赛及其编排与组织	启 ** 初 *** 中 ****

注："课程内容"栏中的"ⅠⅡⅢⅣ"代表课程内容由低到高的层次梯度；右栏"课程等级与学习程度要求"的启、初、中、高分别代表启蒙、初级、中级、高级课程，后边星号代表知识掌握程度要求，** 代表了解、*** 代表初步掌握、**** 代表掌握、***** 代表扎实掌握。

右栏"课程等级与学习程度要求"是四级理论课从"课程内容"栏中选取内容，各级理论课根据各自需要选择内容及提示学习程度要求，由此构成一个整体的理论课程内容编排。其中"学习程度要求"表示课程层次由浅入深、内容由易到难，且各自的重要性和掌握程度要求各不相同，这是根据技能训练等级及其认知需要而提出的学习程度要求。专项基础理论学习是学生形成足球素养的重要基础，是专项技能训练的重要理论支撑，各级课程学习要与专项技能训练相配合，尽可能与技能训练相互关联、渗透和统一，使学生在循序渐进中系统地掌握专项基础理论知识。

课程四个等级划分及其对应的课程内容由低到高分成四个层次梯度，同时构成了更系统的专项基础理论体系。课程四个等级也对应各级专项技能训练对学生各门理论课程学习的认知程度要求，每一门课程学习都是学生应时地形成足球认知及提高足球素养的必要过程。还有相同课程级别而授课对象不同的情况，例如同是初级理论会有各类专选、副项专选及普修等不同的授课对象，这需要根据学生不同的训练基础、学习目的和喜爱程度等选择不同的课程内容，需要从完整的理论体系中灵活地选取适合于授课对象的教学内容。

（2）专项基础理论内容细分

以上罗列的专项基础理论内容是所有常规必修课的全部理论课程内容，每一门常规必修课都有其对应的理论学习内容。可见专项基础理论是一套由浅入深的理论体系，并不是独立和专门的足球课程，不同的常规必修课都可以从中找到对应其专项技能训练的配套理论内容。专项基础理论的内容细分首先是按照技能训练理论、技能基础理论和专项综合理论的三个层面，再按照每个层面及其各自的知识体系进行细分。显然，每一门常规必修课的理论课都是从系统的专项基础理论构成中选择与之配套的课程内容。以下专项基础理论的内容细分，可以满足不同常规必修课选择相应理论课教学内容的需要。

①技能训练理论内容细分

校园足球及其各种活动组织方法：校园足球概念及其与教育的关系；校园足球主体及各个主体的职责；校园足球规划与工作内容；足球大课间的组织、校园足球节的组织、中小学足球课的教学、校园足球文化活动的组织、中小学足球队的组织与训练、校园足球竞赛的组织、校园足球兴趣班的组织。

足球比赛阵型与战术打法ⅠⅡⅢⅣ：足球训练与比赛的统一关系；比赛阵型与战术打法的关系；比赛阵型及其攻守变化的原理；三人制、四人制、五人制、八人制及十一人制的比赛阵型与战术打法变化；比赛阵型与战术打法训练；阵型训练与比赛训练安排。

技术训练原理与方法ⅠⅡⅢⅣ：技术分类及技术与战术、体能和心理之间的关系；技术训练基本原理与方法；技术训练要点与技术表现分析；技术训练内容及其在启蒙阶段、初级阶段、中级阶段和高级阶段的安排；技术训练原理与方法及其在启蒙阶段、初级阶段、中级阶段和高级阶段的递进与关联。

战术训练原理与方法ⅠⅡⅢⅣ：战术分类及战术与比赛阵型和战术打法之间的关系；战术训练基本原理与方法；战术训练要点与战术表现分析；战术训练内容及其在启蒙阶段、初级阶段、中级阶段和高级阶段的安排；战术训练原理与方法及其在启蒙阶段、初级阶段、中级阶段和高级阶段的递进与关联。

体能和心理训练的原理与方法ⅠⅡⅢ：体能训练内容与细分及其各种关系，体能训练基本原理与方法，素质发展敏感期及其训练；心理训练内容与细分及其各种关系，心理训练基本原理与方法，不同年龄阶段的心理特点与训练注意事项。

足球训练基本概念与基本理念Ⅰ：足球概念、足球训练概念两个基本概念，足球要素、足球基本功、足球技能和比赛四个时段的具体概念；足球训练操行理念的内容与解读。

②技能基础理论内容细分

足球训练基本概念与基本理念Ⅱ：足球训练基本概念与基本理念关系的分析；足球训练具体概念的训练模式、比赛模式、比赛场景和比赛观察及综合拓展分析；足球训练核心理念与宏观理念的关系及其内容解读。

足球比赛规律及其攻守原则ⅠⅡ：由足球概念推演其三个层面的规律；训练规律和教育规律及衍生的诸多原则；比赛进攻原则与防守原则；技术训练和战术训练原则与要点；训练方法及其细节中的规律性。

现代足球发展趋势与前沿动态ⅠⅡ：现代足球的发展与演变；“全攻全守”战术打法；现代足球整体发展趋势；现代足球技术发展趋势；顶级球队的比赛阵型与战术打法；现代足球发展进程中的典型代表人物介绍。

球队组队及训练设计与组织ⅠⅡ：“足球金字塔”与队员选材；足球训练的规划、模式与文件制定；训练取材及训练主题和教案结构；训练主题部分的模式与原理；教案的“降阶式”设计原理与方法；足球训练的组织、实施与指导方法。

足球竞赛规则与裁判法ⅠⅡⅢ：规则的精神实质与发展演变；完整规则学习与简要规则介绍；裁判员、助理裁判员和VAR裁判员；犯规与不正当行为及其解读；越位及其解读；临场裁判的基本方法与判罚。

③专项综合理论内容细分

校园足球与足球教育ⅠⅡ：欧美国家的校园足球与足球教育；亚洲校园足球

的传统与发展；校园足球与教育的统一关系；足球教学与训练中的教育和素质教育；校园足球文化与国家足球发展；校园足球——足球金字塔的塔基工程。

足球运动的历史演进与产业化：现代足球的诞生与发展；足球历史上的典型事件与典型人物；世界第一运动与足球文化；足球对于经济社会的作用和意义；足球产业化发展的动力、态势与前景；足球文化及其与政治经济的关系。

足球训练规律、原则与教学原理：足球训练规律的认识与实践运用；足球训练原则的总结提炼、发展完善与落实；足球课程的设计与教学方案制定；足球训练的原理、模式与方法。

足球训练体制、内容与方法：训练体制的架构与战略规划；训练体制的成功模式及其共性与差异；足球训练内容构成及其相互关系；足球训练内容的细分与编排；足球训练方法的原理、设计与操作；足球训练方法的归纳与演绎。

足球竞赛及其编排与组织：足球竞赛管理体制及其领导机构；足球竞赛的本质、发展演变及意义；足球竞赛的类型、编排与影响；足球竞赛的宣传、组织与后勤保障；足球竞赛的资源利用与商业开发。

（二）综合拓展课内容细分

综合拓展课经过长期发展已经成为足球课程体系中不可缺少的组成部分。随着社会发展和足球课程建设的不断推进，综合拓展课逐渐由辅助和从属地位变成具有独立性的课程体系。综合拓展课包括选修课、社会实践和讲座或短训三种课程类型，其课程内容的涉及面比较宽泛、知识点相对分散，知识和技能更贴近社会实际应用的需要，整体课程对于人才培养和满足社会需求的意义重大，也日益显现出其在足球课程体系中的重要地位。

1. 选修课内容细分

欧美国家的高校普遍高度重视选修课并早已形成传统，他们体育院校的选修课不仅拥有重要的地位，而且形成了一定的课程体系。选修课具有社会实用性和设置灵活性的特点，包括横向拓展选修课和纵深拓展选修课两个类别。横向拓展选修课的目的是使学生掌握面向社会所需的更宽泛的知识和技能，侧重于把其他学科的知识和原理运用于足球；纵深拓展选修课主要是利用学生各自的优势和潜能，以专业方面的兴趣爱好为基础，深度地学习某些更专业的知识与技能，从而发展特长，侧重掌握由课程内容细分而生成的新的专项知识和技能。选修课占综合拓展课的 25%，根据两国体育学院的课程传统、基础设施、师资资源和现实社会需求等，双方共同设定了选修课的内容，如表 2-5 所示。

表 2-5　横向拓展与纵深拓展选修课的内容与社会需要程度

类别	编号	课程内容	社会需求
横向拓展	1	足球体能训练理论与方法	***
	2	足球队员的营养与训练恢复	***
	3	校园足球理论与课程设计	*****
	4	足球行政与人力资源管理	****
	5	足球产业经营与开发	***
纵深拓展	1	A、B 级足球教练员课程的理论与方法	*****
	2	高素质体育教师的理论与素养要求	***
	3	一级裁判员的规则理论与素养	*****
	4	体能训练的生理学和生物化学理论	****
	5	毕业论文工作与发展专项特长的统一	***
	6	研究生考试基础理论科目学习方法	****

注：表中的“社会需求”经专家评估，确定 *** 代表需求、**** 代表很需求、***** 代表高度需求。

纵深拓展选修课的课程内容一般是学生在高年级学习的高级理论课程和技能，是以培养学生突出专长为主要目的。具体的课程内容更多是从常规必修课细分出来而更具有专业性，理论和技能体系的内容更深入和前沿，要完成这部分课程的学习需要以下的前提：第一，学生经过了长期的学习、训练和积累，形成专业特长并有学习相应课程的愿望；第二，足球师资队伍拥有各种国际认可的讲师人才，具备讲授国际统一标准的高精专业理论的能力；第三，拥有学生参与具体业务实践的平台，让学生学习到的理论可以充分与实践紧密结合，提升相关理论的认知水平；第四，要引导学生的特长培养与毕业论文研究相统一，使学生在特长发展中建立理论思维框架。

（1）横向拓展选修课内容细分

足球体能训练理论与方法：人体供能系统及其功能原理与机制；足球运动素质的特点及其训练原理与要点；足球队员耐力素质特点与训练方法；足球队员灵

敏素质特点与训练方法；足球队员速度素质特点与训练方法；足球队员力量素质特点与训练方法；足球队员的柔韧与协调能力的培养与训练方法。

足球队员的营养与训练恢复：人体供能原理及其基本条件与过程；足球队员营养结构及其供应、摄取与保障；足球队员营养物质特点与供应周期；足球队员食物搭配与食用时间；足球队员能量消耗与营养补给及其个体差异；足球队员产生疲劳的机理及疲劳恢复原理与周期；足球队员身体机能恢复的原理与方法。

校园足球理论与课程设计：足球本质与校园足球本质的关系及解读；校园足球与教育和素质教育的统一关系；校园足球主体中的校长与体育教师；中小学足球课程设计的基本原理、原则与方法；校园足球各种活动组织的设计与实施。

足球行政与人力资源管理：足球协会与俱乐部管理体制简介；足球行政管理体制及其运行机制；足球俱乐部体制特点及管理模式与方法；教育机构的足球行政管理体制与职责分工；足球人才的类型与特点及其培养；足球行政的文件管理与人才档案；足球网络资源的利用与管理。

足球产业经营与开发：足球产业的概念及其形成与发展；足球产业的规模及其经营开发的种类与细分；足球产业的特点、机遇与人才需求；足球创业的条件及投资的方向与方式；足球创业的成功案例与基本模式。

（2）纵深拓展选修课内容细分

A、B 级足球教练员课程的理论与方法：B 级教练员必备素养和条件；B 级教练员必备理论基础和阅读书目；U14 和 U16 年龄组球队的训练模式与方法要点；A 级教练员必备基本素养和条件；A 级教练员必备理论基础和阅读书目；U18 和 U20 年龄组球队的训练模式与训练方法要点。

高素质体育教师的理论与素养要求：学校体育的发展及其社会地位与影响；体育在中小学教育中的特点与意义；全面发展教育的原理与体育的作用；中小学体育教育的基本理念与方法；高素质体育教师的品质与专业素质要求。

一级裁判员的规则理论与素养：竞赛规则的精神实质与裁判员的初心；高水平裁判员的素养与条件；规则理论的全面学习及重点章节与案例的分析；高水平裁判员的身体素质与心理素质；裁判员笔试考题与临场判罚案例的分析。

体能训练的生理学与生物化学理论：体能训练与足球训练的统筹安排；足球体能及其与生理学和生物化学的关系；体能训练监控的原理其仪器和主要生理指标；足球训练和比赛中队员的生理和生化反应及其特点；各项生理和生化指标采

样原理与方法；生理和生化指标与体能训练对接的方法；用生理和生化指标监控体能训练的案例分析。

毕业论文工作与发展专项特长的统一：足球专选学生毕业论文研究方向与选题；专项特长培养的理性思考及其理论支撑；实操性和实验性的毕业论文研究模式；选择社会学研究课题的基本前提与条件；实验研究与比赛统计研究的定题与具体设计；实验研究的实操素材获取和文字阐述及撰写成文的方法。

研究生考试基础理论科目学习方法：教育学理论与学习方法；运动训练学理论与学习方法；运动生理学理论与学习方法；运动生物化学理论与学习方法；专项基础理论的学习方法；外语学习和应试的方法与技巧。

2. 社会实践内容细分

社会实践主要是根据现实社会对足球人才实践技能和实际工作能力的要求而开设的培养学生掌握实践技能的教学，是提高学生综合素养和适应社会能力的必要环节。社会实践是使学生把在学校掌握的知识技能与社会实际相结合，是足球各科课程学习都需要重视及专门培养的，而且很多课程在授课过程中就可以让学生做实习和实践操作方面的尝试，有的社会实践还可以与纵深拓展选修课相互配合和补充。很多欧洲国家的体育院校根据自身的优势和社会需要，会把某些专项技能训练和专项基础理论课程延伸到社会实践之中，如教练员培训与俱乐部青少年训练结合、足球商务开发课程与产业开发实践结合等，他们会更多地把社会实践与学校的课程结合起来。

同时，对社会实践的认识需要更新观念和打破传统，要冲破认为教育实习即代表社会实践的局限，对社会实践的概念需要重新界定并拓展和丰富其内涵。现在学生在学校的学习科目和知识量都明显增加，学习与社会实践相结合的机会也在增多，范围也在扩大，而且学生未来的社会角色和就业面也会增大和增多。况且，现代先进的教育理论和足球理论都提倡课程学习与社会实践要达成统一，这已经形成一种科学的理念和教学模式——社会实践不是临毕业组织一次教育实习就足够，社会实践要渗透和体现在课程教学过程的始终。教师还要引导学生评估自己的课程学习与社会实践结合的能力，要学会考察社会和审视自己，使学生能够把毕业论文研究与社会实践充分结合，这样才能让课程学习与社会实践达成深度的统一，并且找到课程学习与社会需求的契合点。

现在，体育院校学生参与社会实践的机会更多，内容丰富多样，根据足球课程共建双方目前及曾经组织开展社会实践的情况，由于各类社会实践都有着性质和目标的不同，社会实践的内容范畴需要重新做调整和设定。足球课程共建的社会实践可以概括为实习、实践和科研三个种类，这三种社会实践可以再做细分，其中实习包括教育实习和见习、校园足球实习、课堂实习，实践包括比赛实践、裁判实践、俱乐部或社团实践、产业或行政管理实践，科研包括毕业论文研究、比赛调查研究和社会调查研究。社会实践占综合拓展课的60%，具体的社会实践内容及其各自的社会需要如表2–6所示。

表2–6　社会实践的内容细分及社会需要程度

类别	序号	课程内容	社会需要
实习	1	校园足球实习	***
	2	课堂实习	***
	3	教育实习和见习	*****
实践	1	比赛实践	****
	2	裁判实践	*****
	3	俱乐部或社团实践	*****
	4	产业或行政管理实践	***
科研	1	毕业论文研究	*****
	2	比赛调查研究	****
	3	社会调查研究	***

注：表中“社会需要”经专家评估，确定***代表一般需要、****代表比较需要、*****代表非常需要。

3. 讲座或短训内容细分

讲座或短训的课程同样是以适应社会和市场的需求为目的，用于补充常规必修课的不足及拓展学生的知识和技能。一般开设的讲座和短训都与选修课具有相同的性质和特点，但也有两点不同：第一，讲座或短训还没有形成较完整的课程体系；第二，较多是非计划内的临时性和应需性的学习内容。讲座或短训不能被列为稳定的选修课内容，有着种种原因，诸如理论不够完备和成熟、学校师资力量不足、课程效用不够稳定及学生学习时间有限等。但完善的足球课程设置需要学生四年中的每一年都要安排一定比例的讲座或短训内容，这要根据人才培养的需要而做统筹安排。

足球课程共建把双方体育学院近年开设过的讲座或短训内容罗列成序，再根据现实社会对足球人才培养的要求，并遵循市场导向性、实用性和应需性的原则，归纳出九个方面的讲座和短训的内容，如表 2-7 所示。讲座或短训一般占综合拓展课的 15%左右，其九个方面的内容都不是每一次讲座或短训的固定主题，具体的讲座或短训的题目往往是某一个更具体的问题，更具有灵活性。

表 2-7　专题讲座和短训的内容与社会需要程度

类别	编号	课程内容	社会需要
讲座	1	足球历史与社会文化	****
	2	足球竞赛的编排与管理	***
	3	足球队员损伤和康复	***
	4	足球训练文件、课件与软件制作	****
	5	研究生考试理论辅导	***
短训	1	比赛技术统计与分析	***
	2	E、D、C 级教练员培训	*****
	3	三级和二级裁判员培训	*****
	4	职业足球、足球经纪人与球探	****

注：表中“社会需要”经专家评估，确定 *** 代表一般需要、**** 代表比较需要、***** 代表非常需要

（1）讲座内容细分

足球历史与社会文化：现代足球起源与发展历程；国际足联的诞生及其意义；世界杯和奥运会足球比赛的影响与文化传播；职业足球的诞生与演变；足球俱乐部诞生与演变；足球文化的实质与内涵；足球协会与俱乐部的管理文化；现代足球传入中国与中国足球发展；中国足球的地位与发展展望；足球的社会地位及其对国家经济与产业发展的影响；足球文化与教育的关系。

足球竞赛的编排与管理：足球竞赛的社会效益及其管理的重要性；足球竞赛的分类与细分；足球竞赛编排的原理与方法；国际足球大赛的编排与管理方法；赛事组织机构与管理事宜；基层足球赛事的组织、编排与管理。

足球队员损伤与康复：足球队员损伤与康复学科的起源与发展；足球队员损

伤的种类、特点与危害；足球队员损伤的原因与预防；足球队员的热身、整理活动及素质训练；足球队员常见损伤的处理与救治；足球队员的保养与伤后康复方法。

足球训练文件、课件与软件制作：足球训练文件的种类、模板与制作要点；足球理论讲授课件的模板与制作方法；训练课教案设计的模板与制作方法；足球训练与比赛结合数据、图标和软件的分析方法；训练课教案制图软件的操作方法与制图设计。

研究生考试理论辅导：参加研究生考试的规划与基本条件；考试科目的教材、参考书和资料选择与准备；各门考试科目的重点、难点和要点分析；备考复习时间和精力的分配与统筹；各门考试的题型与答题技巧。

（2）短训内容细分

比赛技术统计与分析：比赛阵型与战术打法变化的观察记录与分析；比赛由守转攻瞬间的进攻发动与目标队员移动的统计与分析；比赛进攻组织推进方式与线路的统计与分析、比赛由攻转守的第一点堵抢与回防的统计与分析；比赛防守过程的阵型移动与抢球情况的统计与分析；任意球和角球进攻方法的统计与分析；任意球和角球防守方法的统计与分析；比赛进攻射门与进球的统计与分析；比赛防守被射门与被进球的观察与分析。

E、D、C 级教练员培训：E、D、C 级教练员培训的理论课和实践课的课时数均各占 50%，其中 E 级教练员培训一般为 4 天 32 学时，D 级教练员培训一般为 7 天 56 学时，C 级教练员培训一般为 14 天 112 学时。培训的具体内容和时间分配另有三个级别培训的课程表。

三级和二级裁判员培训：另有广州体育学院各级足球裁判员培训纲目。

职业足球、足球经纪人与球探：职业足球的产生、发展及其重大意义；职业足球制度及其规模与发展趋势；职业足球俱乐部体制及其运行机制；足球经纪人的主要职能与业务范围；球探的市场作用及其对足球发展的作用；球探的职业特点与业务范围。

第五节　训练方法

训练方法是专指双方共建足球课程中专项技能训练所采用的方式方法。训练方法问题的阐述需要提高视角和扩大视野，要说明足球训练方法的概念、发展趋势及主要特点，还要阐明训练方法的分类及其相互关系，这是做好方法归纳和演绎的重要前提。训练方法演绎是从诸多概念和原理开始进行逻辑推导，分为两个部分：其一是训练方法发展趋势、分类及内在关系；其二是训练方法演绎。

一、训练方法发展趋势、分类及内在关系

训练方法发展趋势与分类的阐述要以弄清其基本概念为前提，这样更利于全面了解足球训练方法的发展演变、基本构成、内容范畴及其各种内在关系。所以下面将先简要阐述训练方法概念，再分别阐述如下两个部分：其一是训练方法发展趋势；其二是训练方法分类及其内在关系。

（一）训练方法发展趋势

训练方法是在运动训练活动中，为了提高队员的竞技水平、完成训练任务的途径与办法。训练方法是完成训练任务的最后操作环节，任何足球课程确定了内容构成及诸多专项技能训练主题之后，最后完成训练任务都是要采用合理和配套的训练方法。我们对足球训练的认识往往是从直接观察开始的，学生学习足球课程是为了提高技术和战术能力及掌握相应的理论知识。训练方法的学习需要从方法操作的模仿开始，直观模仿他人的训练方法是学习和成长的重要一步。但是，仅仅局限于浅层的训练方法的学习与归纳，又很难成为优秀的足球教师，因此还要提高对训练规律及训练方法原理的认识，其中包括对训练方法发展趋势的认识。我国一直缺乏对足球训练理论与方法的深入探索，长期处于对训练方法的简单模仿状态，关于足球训练方法的发展趋势问题需要有重点地加以把握。

1. 比赛训练成为训练方法体系的组成部分

把比赛及比赛形式的训练融入训练过程的训练方法越来越受到重视，而且已经形成一种新的训练方法体系。在此我们重温一下一些重要的提法，比如“比赛是训练的核心和目标”“比赛是训练的延续和必要内容”等。这些提法证明人们已经把比赛训练纳入训练方法体系之中，而现实的高水平训练都是把比赛训练作为整个训练的核心和组成部分。例如，训练课更加重视比赛形式和结合比赛场景，无论是技术训练或战术训练，还是体能训练或心理训练，都更强调在完整的比赛阵型及各种比赛场景下完成训练任务；再如，训练形式即使与比赛形式不一

致，教练员也会设计一定的比赛场景让队员明白训练是为了解决比赛中的问题。所以训练是为了更好地与比赛相对接，为了更充分地体现“比赛是训练的核心和目标”的理念，需要在观念上把正式比赛、各种比赛训练视为训练的组成部分，也必须重视技术训练要更多地结合比赛场景及促进技能的优化。

2. 游戏方法融入全部训练过程

现今所有各个层次球队的训练方法及其操练过程中，包括各种比赛形式的训练，都提倡包含游戏的元素。无论是职业队还是青少年球队的训练，游戏方法已经被普遍融合在训练过程中，被视为提高训练效率的必要手段。以往采用游戏方法只是在训练开始用于调动队员的积极性，现今在训练过程的自始至终都要采用游戏方法或带有游戏性质的练习。游戏方法与足球概念所说的“足球是一种游戏”是不同的，足球概念中的游戏是指与比赛完全相同的形式，而游戏方法则是指带有娱乐和玩耍意味并存在竞争和胜负的训练形式。游戏方法不把训练当作严肃和枯燥的事情，而是按照游戏的规范做训练方法设计，要在训练过程中加入游戏的元素，使训练变成学生体验快乐的过程。在欧美足球发达国家及亚洲的日本和韩国，从少儿启蒙训练到职业队训练，再到最高水平的国家队训练，基本上所有训练内容都围绕各种不同形式的游戏而展开，无论完成什么训练内容及采用何种训练方法都尽可能地加入游戏的元素。足球训练采用游戏方法并不会影响训练的质量和效果，反而会活跃训练气氛，使学生身心放松且处于良性的训练状态，而且游戏方法同样可以体现教师对训练的严谨态度，当然，游戏方法要达到高效还需要很多驾驭和把控的技巧。

（二）训练方法分类及其内在关系

足球训练方法有一个由不同要素构成的完整体系，其内在要素之间相互依存和相互作用。依据一定的原则和内在逻辑关系对足球训练方法进行分类是厘清其方法构成的有效手段，这样可以更加全面和客观地认识训练方法，也可以细致地了解训练方法的构成及特点。根据认识和驾驭训练方法的需要，以下要探讨两部分内容：其一是训练方法分类；其二是训练方法体系的内在关系。

1. 训练方法分类

足球训练方法有着多种不同的分类方法，也都对足球训练有着各自不同的作用效果。例如，按照训练有没有防守划分，可以分为对抗性训练和非对抗性训练；按照训练内容构成划分，可分为比赛训练、技术训练、战术训练、体能训练和心理训练；按照年度训练周期划分，可分为准备期训练、比赛期训练和调整期训练；按照训练量和强度划分，可分为大运动量训练、中等运动量训练和小运动量训练等。我们在此依据足球训练和比赛过程的本质特征及训练的实际需要，遵循足球训练过程外在形式划分的基本逻辑，把足球训练方法分为三个大类，即比赛形式训练方法、对抗形式训练方法和非对抗形式训练方法，此三个大类训练方法的内容细分如图 2-14 所示。

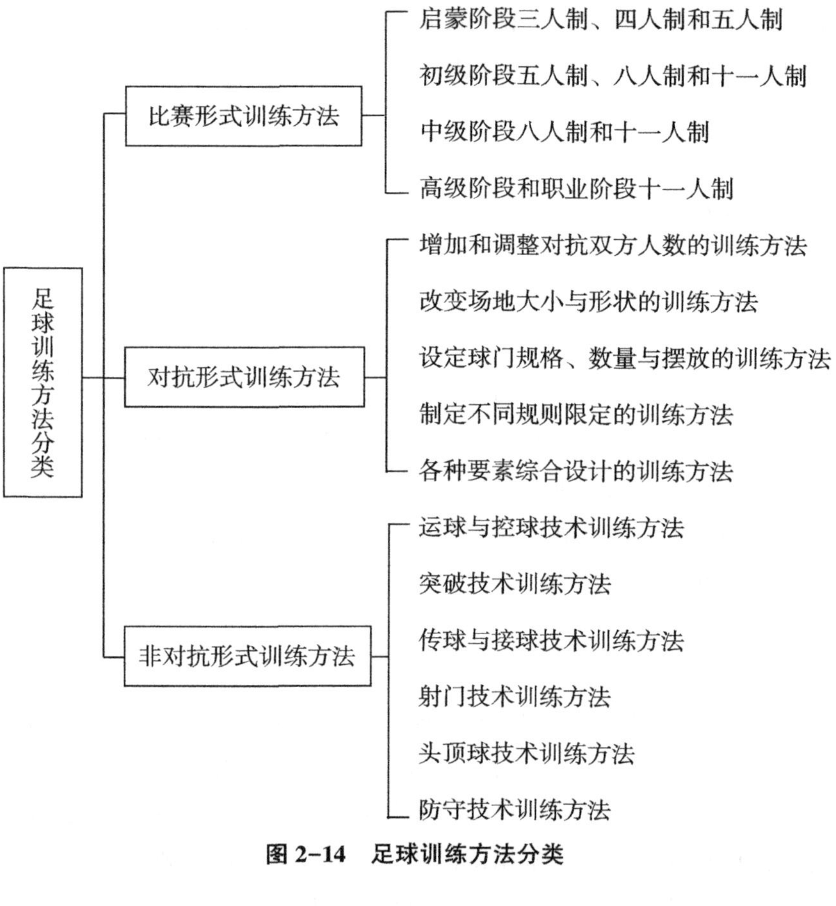

图 2-14　足球训练方法分类

训练方法分类及其细分构成了一个训练方法体系，此分类方法与青少年训练方法的分类也是完全统一的。其中比赛形式训练方法是按照启蒙、初级、中级和高级的四个阶段划分的，也与青少年训练整个 16 年训练过程各个成长阶段的划分相对应。同样，各个阶段的比赛形式训练方法有重复，例如，启蒙阶段和初级阶段都有五人制比赛形式的训练；初级阶段和中级阶段都有八人制比赛形式的训练；初级阶段、中级阶段和高级阶段都有十一人制比赛形式的训练，这是对足球训练方法分类及其体系构成所做的特殊处理。

2. 训练方法体系的内在关系

训练方法体系是由比赛形式训练方法、对抗形式训练方法和非对抗形式训练方法三个子系统共同构成，三个子系统各自具有独立意义，是依据逻辑学原理和根据足球训练的实际需要划分的。三个子系统之间是相互联系、相互渗透和相互补充的关系，三者共同构成完整的训练方法体系，见图 2-15。

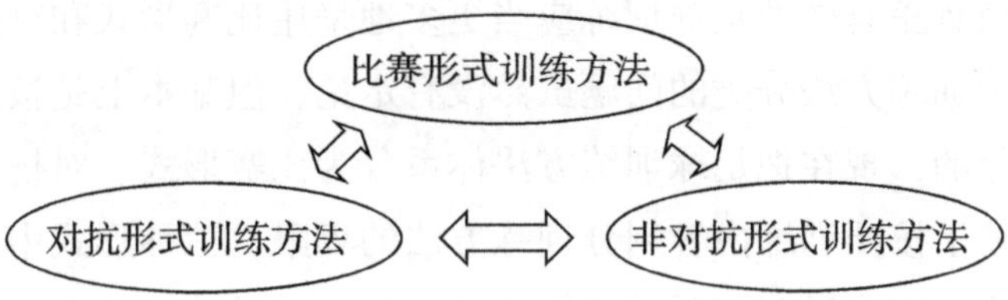

图 2-15　训练方法体系的构成与内在关系

在训练方法体系的内部，比赛形式训练方法和对抗形式训练方法是相互包容的关系，即比赛形式训练也是一种对抗形式训练方法，而比赛形式训练又包含对抗形式训练的所有内容和要素。比赛形式训练是为了适应真正比赛所必须专门组织的训练过程，这样才把它单独地划分出来。三个部分的训练形式有着不同的特点，各有无法替代的作用，都是训练设计与组织实施的必要环节，而且都可以演绎成一个独立的训练方法体系。我们可以把训练方法体系视为一个完整的系统，这个母系统是由三个子系统共同构成，这样可以利用系统论的观点理解训练方法整体与局部的关系，以及局部对整体的支撑作用。训练内容实施必须通过训练方法操作来完成，所以训练方法体系要适合于训练内容体系。当然，所有的比赛训练、技术训练、战术训练、体能训练和心理训练的内容，都可以从训练方法体系中找到与之匹配的训练方法。

训练方法是通过一定的形式完成对训练内容的操作，但训练内容与训练方法并不是一一对应的关系，而三个系统中的每一个方法体系与任何训练内容都是相互融合和对应的关系。例如，比赛形式训练方法和对抗形式训练方法都可以作为每一项训练内容的训练方法；非对抗形式训练方法可以作为比赛训练之外任何训练内容的训练方法——技术训练、战术训练、体能训练和心理训练可以是完全相同的训练形式和方法；体能训练可以在足球场上用技术训练或比赛训练的形式完成，心理训练虽然更多是在场下通过心理疏导或进行比赛影响学生的方法，但同样地任何一种训练方法又都可以进行心理训练。足球训练理论在不断发展，足球训练越来越重视比赛实战和结合比赛场景的训练模式，例如，现今的技术训练、战术训练、体能训练，甚至心理训练，都要有目的地采用比赛形式或设置比赛场景；又如，一种相同形式的四人的传接球训练，可以是技术训练，也可以作为战术训练，还可以作为体能训练，关键是根据训练目的调整完成技术的规格、频率和移动速度等，这样就会产生不同的训练效果和达到不同的训练目的。由此可见，任何训练内容对应的训练方法及任何训练内容体系所对应的训练方法体系都是不确定的，而真正有效的足球训练应当更多地采用比赛形式和对抗形式。

国际上关于训练方法分类的问题虽然没有定论，但基本上是按照训练方法的外在形式而划分的，现在把足球训练方法体系分为比赛形式、对抗形式和非对抗形式三种，打破了按照训练内容划分训练方法的界限，三种形式中的任何一种都可以是五项训练内容中任何一项的训练方法。当然，足球体能训练是一个专门的命题，体能训练融于技术训练和比赛训练过程中，还需要安排好体能训练的时间与强度、时间间隔、场地范围、球门设计、供球方法等。需要注意的是，足球训练方法最终是一个训练过程操作的问题，合理、有效地使用训练方法是激发学生内在潜力的重要手段，训练方法的合理设计与实施可以有效地启发、引导学生的思考，教师还可以通过训练方法运用增强学生对自己的信赖。

二、训练方法演绎

训练方法演绎是训练形式由一般向具体的推导，这一推导可以以训练方法分类的比赛训练、对抗训练和非对抗训练三种形式为各自推导的原点。训练方法演绎的推导既要符合逻辑学原理，又要在形式上与先进的训练理论及训练实际需要相符合。现代先进的足球训练构思把训练内容分为实战训练、技术训练、战术训练、身体训练和心理训练，一般一次训练课的主题部分分为技术准备、战术准备、比赛场景及比赛实战四个模块。通过训练方法演绎建立一个完整的训练方法体系，目的是使以上任何模块的任何训练内容都可以从训练方法体系中找到理想的具体方法。以下训练方法演绎包括三个部分，即比赛形式训练方法及其阵型演绎、对抗形式训练方法及其演绎及非对抗形式训练方法及其演绎。

（一）比赛形式训练方法概念、要义及阵型演绎

比赛形式训练方法是用与比赛完全相同的形式完成训练任务的方法。因为足球比赛的形式和人数都是预先设定、不可改变的，所以比赛形式训练方法的演绎是内在的，其中主要表现为比赛阵型的变化和演绎。比赛形式训练有很多需要控制的因素，其中比赛阵型的控制和调整是最重要的。以下探讨包括两部分内容：其一是比赛形式训练方法概念及其要义；其二是比赛形式训练方法的阵型演绎。

1. 比赛形式训练方法概念及其要义

比赛形式训练方法是把与正式比赛完全相同的形式用于训练，以强化和提高学生竞技能力的一种训练方法，正式比赛也属于比赛形式训练的一部分。所有训练活动的最终目的就是参加比赛及取得重要比赛的最好成绩，一个球队要达到很高的竞技水平，全面展开各种形式的训练是必要的，但比赛形式的训练是必不可少的中心环节，要适应比赛和熟悉比赛环境就必须把一定比例的比赛形式训练系统地安排到训练过程。足球有模拟训练或适应训练，其要点是模拟比赛的原过程，这是能够适应比赛、取得比赛成功的重要训练环节。现在比赛形式的训练之所以越来越受到重视，是因为以往比赛形式的训练占比太少而使队员对正式比赛不适应。比赛形式训练还应当包括熟悉和适应比赛环境及氛围的部分，职业队教练员需要对比赛草坪的状况、场地与观众的距离、场地长宽等进行细致了解，这些都属于比赛形式训练要考虑的因素。相当比例的比赛形式训练是必不可少的，而且要有一个频率和精准度的要求，队员一旦脱离比赛形式太久，必然会产生对比赛的生疏感而影响发挥。所以训练设计要以比赛训练为核心，平日的比赛训练要以正式比赛为核心，比赛形式训练是训练到比赛之间重要的过渡阶段，是球队形成战斗力的保证。

2. 比赛形式训练方法的阵型演绎

（1）启蒙训练的比赛阵型演绎

①采用比赛规制说明

启蒙训练一般对应 32 学时普修课或选修课、64 学时普修课前半段及体育教育专业和运动训练专业的专选课开始阶段。启蒙训练的比赛规则对应儿童启蒙阶段 U6 和 U8 即 4~8 岁的孩子，一般 U6 阶段采用三人制和四人制比赛为主，U8

阶段采用四人制和五人制比赛。儿童阶段虽然整体意识和比赛阵型观念很弱，但还是需要灌输简单的阵型概念及其阵型演绎的方法。

②三人制和五人制比赛的阵型演绎

三人制比赛的阵型演绎：进攻阵型呈“12”倒三角形站位，防守阵型变为“21”三角形站位，进攻和防守的三角形阵型在各种不同比赛场景下有不同的三角形站位及随机的角度变化，其中防守阵型会较多呈一字排列的平行站位。

五人制比赛的阵型演绎：进攻阵型后场呈“121”菱形站位，中场变成“22”阵型的站位，前场变成“121”或“13”的阵型；防守阵型门前和后场呈“31”站位，中场呈“121”或“31”站位，前场呈“22”或“13”的阵型站位。四人制比赛没有守门员，阵型演绎基本与五人制比赛相同，只是最后一个防守队员要兼顾封堵对方的射门。

（2）初级训练的比赛阵型演绎

①采用比赛规制说明

初级训练一般对应64学时普修课、体育教育专业前两年和运动训练专业第一年的课程，课程又细分为个人技术技能训练（初级Ⅰ）和小组战术技能训练（初级Ⅱ）两个部分。体育院校初级训练的比赛规则要对应少儿初级阶段U10和U12即8~12岁少儿的比赛，一般U10阶段主要采用五人制比赛，U12阶段主要采用八人制比赛，训练水平较高的球队可以适当体验十一人制比赛。初级阶段的少儿队员已经有很强的整体意识，是技术快速成长和全面打基础阶段，比赛阵型概念逐渐清晰，需要全面、系统地灌输阵型概念及各种阵型变化的方法。

②八人制比赛的阵型演绎

进攻阵型在后半场守门员发球时呈“2131”或“331”站位，推进到中后场时阵型呈“232”站位，到前场呈“223”站位，在对方门前时一般变为“1231”或“1213”阵型；防守阵型在后半场门前时呈“52”或“421”站位，中后场时阵型呈“331”或“3121”站位，前场呈“232”或“133”的阵型站位。

（3）中级和高级训练的比赛阵型演绎

①采用比赛规制说明

中级训练一般对应体育教育专业第三年、运动训练专业第二年的专选课，高级训练一般对应体育教育专业第四年级和运动训练专业第三、四年级的专选课及院校代表队训练。中级训练的对象是 U14 和 U16 即 12～16 岁的少年，以十一人制比赛为主，适当采用一定比例的八人制比赛；中级训练阶段的少年队员已经具备全面、扎实的训练基础，团队意识和胜负观念极强，技术特点和位置技术特长已经形成，需要熟悉各种比赛阵型的打法，能够在全面、系统、深入理解阵型概念的基础上适应各种阵型的打法与变化。高级阶段的比赛对应 U18 和 U20 即16～20 岁青年队的比赛，基本采用十一人制的比赛形式，是为了进入职业阶段做准备。

②十一人制比赛的阵型演绎

进攻阵型在后半场守门员发球时呈“2431”或“3331”站位，中后场时阵型呈“2323”站位，进攻到前场时阵型变为“2431”站位，在对方门前时呈“2242”或“1234”的阵型站位；防守阵型在本方后场门前时呈“631”或“541”站位，中后场时阵型呈“532”“451”“442”站位，当防守在前场时呈“244”或“253”的阵型。

（二）对抗形式训练方法概念、要义及演绎

对抗形式训练方法是除了比赛形式之外的有对抗性的训练方式，一般要求有队友、对手、球门和场区等足球要素。通常所说的小型比赛训练、技能训练、有侧重点的比赛训练、自由比赛训练、小组比赛训练和实战训练等，只要不是正式的比赛形式，都属于对抗形式的训练，当然有时候比赛形式训练也可以归在对抗形式训练方之列。以下探讨主要包括两个部分：其一是对抗形式训练方法的概念及其要义；其二是对抗形式训练方法演绎。

1. 对抗形式训练方法的概念及其要义

对抗形式训练方法是指训练按照等人数或不等人数的分组及实战要求，在近似比赛对抗的条件下强化提高队员竞技能力的训练方法。这里我们首先需要清楚对抗形式与比赛形式的区别与联系。比赛形式具备与正式比赛完全相同的特征、要素和方法，而对抗形式训练方法则相对没有严格的形式限定，但其基本特征一定是以脚支配球为主、同场竞技和团队协同作战。对抗形式训练方法的范围比较宽泛，一般来说，足球训练要素包括核心要素——球、目标要素——球门、团队要素——队友、对抗要素——对手、空间要素——场区和限制要素——规则六

项，而在对抗形式训练中可以缺少其中的一个或两个要素，在人数配置上可以是等人数的对抗，也可以是各种不等人数的对抗。对抗形式训练在实践中更多用于战术准备训练或比赛场景训练，从对抗和实战的逻辑上讲也包含比赛形式训练。平日的训练课设计要以最后的比赛形式或对抗形式训练为核心，但平日的比赛训练还要以正式比赛为核心。因为训练课的技术准备和战术准备训练都包括大量的对抗形式，所以对抗形式训练是向比赛形式和正式比赛过渡的重要环节。对抗形式训练方法的演绎有四种逻辑推导的起点：其一是增减和调整对抗双方人数的训练方法演绎；其二是改变场地大小与形状的训练方法演绎；其三是设定球门规格、数量与摆放位置的训练方法演绎；其四是制定不同规则限制的训练方法演绎；其五是各种要素综合设计的训练方法演绎。

2. 对抗形式训练方法演绎

（1）增减和调整对抗双方人数的训练方法演绎

对抗双方人数变化是指“队友”和“对手”两个训练要素的变化，训练设计中增减和调整双方或任意一方的人数，也就意味着训练的对抗形式与方法发生了改变。对抗形式训练方法可以依据双方人数的规定作为方法演绎的逻辑起点，即按照各种人数对等、人数不等及人数各种变化演绎出具体的对抗形式训练方法，这种方法演绎可以推导出无数种具体的对抗形式训练方法。

增减和调整对抗双方人数的训练方法可以演绎如下。其一，按照双方对等人数形式的人数增减，可以演绎出一对一、二对二、三对三、四对四、五对五、六对六、七对七、八对八等对抗形式。其二，按照等人数变为不等人数训练方法的演绎，以四对四形式为例，可以演绎出四对一、四对二、四对三、四对五、四对八、一对四、二对四、三对四等；还可以演绎出四加一对四、四加二对四、四加三对四等；更可以演绎出一助四对四、二助四对四、三助四对四、四助四对四等。还有现今的对抗形式训练提倡把守门员融入其中，那么增减和调整对抗双方对等人数的方法演绎可以推导出 G 助一对一、G 助二对二、G 助三对三、G 助四对四、G 助五对五，不对等人数的 G 助二对一、G 助四对三等对抗形式。以上各种对等人数和不等人数训练形式都可以相互组合成新的对抗形式训练方法。

由对抗双方四对四形式的演绎可鉴：每一个对等人数形式都可以做同样的训练方法演绎，由此也就可以设计出更多的训练方法。当然，对抗训练要达到优良的训练效果，教师需要考虑其他的很多因素，例如，要根据学生不同的训练水平及学生之间的水平差异，做好人数的设定及具体的人员搭配；再如，每一次训练中学生都会有状态和训练效果的不同，教师需要根据情况随机增加或减少参与练习的人数，以及提出不同训练要点和训练要求等。要真正驾驭好对抗训练的过程，就要在具体的训练中灵活地提高或降低训练的复杂性和难度，训练人数安排要根据学生的训练基础和能力而确定，由于对抗训练参与人数不同、学生训练水平不同，即便是相同的训练内容，对于学生来说完成训练的难度也是不同的。

(2) 改变场地大小与形状的训练方法演绎

改变场地大小与形状只涉及“场区”一个训练要素，训练设计中一旦改变和调整场地的长宽或形状，都可以使训练的对抗形式与方法发生改变。

改变场地大小与形状的训练方法可以演绎如下。其一，场地大小的变化，拉长或缩短场地的边线或球门线，改变整个练习场地的大小。其二，改变练习场地内某个或某些场地区间的大小，以此鼓励或限制学生的某些行为和技术发挥。其三，改变练习场地的形状，可以把场地设计成长方形、正方形、扁方形、圆形、三角形、多边形等。以上改变场地大小与形状的方法，可以演绎出无数具体的对抗训练形式。但训练形式的变化要以收到良好效果和达到训练目标为原则，也就是能够根据训练的实际需要而改变场地大小和形状。不同场地大小和形状的训练方法设计需要了解一般性的规律——场地大则利于进攻一方，但容易消耗体能；场地小则利于防守，对进攻方的技术和动作速度要求高；长方形场地利于完成突破和远射的练习；扁方形场地则利于传接球和转移进攻的练习等。

(3) 设定球门规格、数量与位置的训练方法演绎

改变球门规格、数量与位置对应“球门和进攻方向”这一训练要素，通过改变球门的规格、数量及位置，可以使训练效果发生变化，这也是一种对抗形式训练方法的演绎。对抗训练正常情况是双方各守一个球门，这可以通过改变球门规格演绎训练方法的变化，比如，设置大球门则利于激发和调动学生的射门积极性，增加射门次数和体验，也利于强化射门意识；设置小球门则对射门的准确性提出要求，利于队员提高射门脚法的细腻度和对射门时机的把握能力。但具体的球门规格还需要根据训练的实际需要而确定及调整。

另外，还可以依据球门数量及位置而推导其方法的变化，从而演绎出无数的具体训练方法。例如，双方各设置两个或更多的球门，利于培养学生抬头观察、分散注意和转移传球的能力；把球门设置在场地的四个角上或四个边上，则利于

调动学生的积极性，也利于活跃训练气氛；同时，在培养学生注意观察、灵活变向、相互呼应等方面也有重要作用。此外还有游戏性的球门摆放方法，例如，三个队各一个球门，各队进攻其他两个球门；四个队各一个球门，各队进攻其他三个球门；还有场地中间设置一个球门、两个球门或三个球门的方法等。

（4）制定各种不同规则限制的训练方法演绎

制定各种不同规则限制只涉及“规则”一个训练要素，训练设计改变原有的规则或制定临时性的练习规则，可以使训练的对抗形式与效果发生变化，这种训练中强化和限制学生的临时规则有无穷无尽的变化，也就可以演绎出无数的对抗形式训练方法。教师可以根据训练目的及强化学生某种技能的需要而制定各种不同规则，通过制定和改变练习规则使得对抗形式的训练方法具有变化灵活、变数无穷的特点，但归根结底这些训练方法的变化需要根据训练的目的和要求而不断调整。

制定各种不同规则的训练方法可以有很多思路和途径，例如，限定触球次数、规定技术动作方法或要求、规定进攻线路、规定丢球反抢、规定密集防守距离等；细致的限定包括运带球必须抬头、接球前必须观察或看球门、包抄必须 3 人到位、防守必须第一时间回收等。这种利用规则限制的训练方法，不仅可以调动学生训练的积极性和创造性，也非常利于学生改进技术和提高能力，起到四两拨千斤的作用，教师对训练的控制力往往就体现在规则的灵活制定上。

（5）各种要素综合设计的训练方法演绎

对抗训练更多是把各种足球要素进行综合设计而演绎其训练方法，对抗形式训练方法的设计不是孤立地以某一个足球要素为变数，为了达到理想的训练效果，每一个具体训练方法的设计都要综合地考虑和利用每一个限定因素。显而易见，把对抗双方人数、场地大小、球门摆放及规则限定等要素综合在一起，必然可以演绎和设计出更多的训练方法。

对抗形式训练方法的设计最重要的还是明确训练内容和所要达到的目标，例如，射门训练就一定要根据具体情况考虑球门的大小和多少；运球与控球训练则可能不设置球门或把球门作为运球穿越的目标；传接球和头顶球训练一般需要设置助攻队员或增加进攻人数，特别是传接空中球和头顶球的训练很多时候需要配设助抛或助传；防守训练需要适当缩小场地范围；等等。当然，训练方法的设计也要根据学生的足球基础、场地设施条件、教师自身业务能力等情况。训练方法的恰到好处是激发学生练习积极性的重要手段，训练方法的合理设计和实施，可以启发、引导学生独立思考，教师也会由此得到学生的信赖。

（三）非对抗形式训练方法概念、要义及演绎

非对抗形式训练方法是在没有防守干扰条件下的训练形式，其方法演绎同样是由训练方法的一般原理向具体方法的推导。我国在过去很长一段时间是把非对抗形式训练方法作为主导方法，这是需要纠正的观念和做法。以下探讨两个问题，即非对抗形式训练方法概念及其要义和非对抗形式训练方法演绎。

1. 非对抗形式训练方法概念及其要义

非对抗形式训练方法是指在没有防守干扰的条件下，为了提高适应比赛的竞技能力所进行的单纯的技术动作、战术套路和体能训练方法。现今的非对抗形式训练更提倡设置近似比赛的环境或场景，例如，前卫队员中场运控球观察及随时传球给插上同伴的练习；前锋前场突破标志杆或假人连接射门的练习；中卫、边后卫、后腰和前卫之间结合比赛站位的传接球练习；两个中卫和两个边后卫结合比赛站位的移动及断球和拦截练习等。很多单纯的技术练习和战术演练都设计成结合比赛场景的形式，训练的主要目的虽然是提高完成技术动作或战术套路的能力，但训练要求学生必须联系比赛及按照比赛的速度、节奏和时机完成练习。所以非对抗形式的训练方法，早已不是单纯地按照技术规范和要求进行简单的动作重复。非对抗形式训练方法除了要设置一定的比赛场景和限定条件之外，还有诸多需要注意的问题。

第一，训练方法的选择要与训练主题相一致、相适应。任何训练主题的非对抗训练都有无数的训练方法可供选择，但训练方法要恰如其分地表达训练主题和实现训练目标，教师必须不断提高业务能力。第二，训练方法要与战术准备和比赛实战相衔接。非对抗训练是从技术准备向战术准备和比赛实战的过渡，其中包括热身部分技术练习的内容，训练要高效地达到预定的目标，需要注意非对抗形式与对抗形式的衔接和过渡。第三，训练方法要加入游戏的元素和方法。非对抗训练容易变得枯燥和无味，训练方法融入游戏的元素后可以围绕游戏设定练习的目标、要求和内容，使训练带有游戏的性质，这样可以有效地调动学生的积极性。足球发达国家少儿足球训练是用游戏吸引、调动和控制队员，而不是单纯依靠纪律和规章约束队员。完成训练任务与游戏方法是完全可以统一的，所有的训

练都可以以游戏形式进行。

2. 非对抗形式训练方法演绎

（1）运球与控球技术训练方法演绎

运球与控球技术主要表现为个人脚下驾驭球的动作方法，也与脚下假动作技术结合较多，一般专门的运球与控球训练都是采用个人的运控折返、变向或连续变向的形式，可以两人或三人一组交替练习。启蒙训练阶段专门的运球和控球训练较多，随着学生技术水平的提高，这些脚下球的运球、控球技术应尽早与假动作及其他技术和形式结合起来。

专门的脚下技术训练有很多模式，例如，基础性的每人一球分散自由练习模式、列队和圆周的折返练习模式、三角形折返与变向练习模式、方形折返与变向练习模式等，还有在以上基本模式基础上的“日”字练习模式、平行四边形练习模式、菱形练习模式、六边形练习模式等。每一种模式都可以在原有基础上进行变化，例如，方形模式中，学生初始可以站在角上，也可以站在边上，还可以在中间放置一个标志物分成四个三角形等。面对长期参加训练的学生，教师需要注意训练方法的不断变化，让学生感到训练很新颖和刺激。以一种模式的边距为例，就可以产生很多变化：对于刚刚开始参加训练的学生，距离需要适当拉长、速度要适当放慢，这样能够降低训练难度，保证学生完成训练内容；若需加大难度，除了采取缩短距离、加快速度的方法，还可以让等待练习的学生做移动干扰或假抢，这要求持球学生抬头观察并及时做出合理的应对技术。不过，在进行脚下运球与控球技术练习时，一般可以不设进攻方向或设置多个进攻方向。

（2）突破技术训练方法演绎

突破技术是控球队员由自己本方一侧面向对方球门方向通过控球摆脱和运球加速超越防守对手的驾驭球的动作方法。突破技术训练需要在初步掌握运球、控球和假动作技术的基础上，培养学生面向对手及超越对手的意识和能力。突破技术训练与控运球训练的主要不同是有进攻方向和要超越对手。相对而言，突破技术的训练方法比较单一，但也可以演绎出很多训练方法。

突破训练方法的设计都需要有较大的纵深距离，便于在摆脱对手之后有足够的空间得以运球加速超越，这样利于学生在反复超越中建立突破意识。所以，突破训练场地从起点一侧到目标一侧一般要保证 20 米的距离。可以采用如下几种练习模式：模式一，由起点一侧向目标一侧中间设一个标志物，分成若干组，每组轮流做突破标志物的练习；模式二，在正方形或长方形的正中间设一标志物，任意两个角外侧各站一组学生，两组学生交替由一角向对角交替做突破标志物的练习；模式三，正六边形中间插放六个对应的六边形的标志物，外边六边形相邻的三个角外侧各站一组学生为起点，由起点一侧两两同时向对侧交替做连续突破练习。突破技术训练向比赛实战训练的过渡，需要通过一对一、二对二等形式的训练过程，一对一突破训练开始需要对防守有一定的限制，如防守学生站在一条线上只允许左右移动和抢球，不可以前后移动。突破技术训练关键的一点是要有进攻方向，有较大的纵深距离，而且是单一的进攻方向，突破训练要强调进攻队员只能向前，不能犹豫和后退。

(3) 传球与接球技术训练方法演绎

传球与接球技术是队员之间相互联系与配合而形成团队和整体打法的桥梁，是以个人的传球和接球技术为前提和基础，进而形成队员之间的场上联系和配合。传球与接球技术在训练中一般需要二人、三人、四人或更多人之间的相互协作和配合，有很多的训练模式，例如，最常见的二人一传一接的技术练习，可以称之为“I训练模式”；三人（或六人）三角形站位相互传接的训练，可以称之为“三角形训练模式”；四人（或八人）方形站位相互传接球的训练，可以称之为“方形或菱形练习模式”等。

无论采用哪一种模式训练，都要把握传球和接球技术训练的要点，要与比赛实战的需要相连。传球和接球训练需要把循环练习法引入训练过程，更多地结合运球、控球、假动作和突破等训练内容，也要更多地设计不同循环练习模式并不断变换使用，这样有利于调动学生的积极性。传接球训练可以利用英文大写字母折线连接多的特点，结合各种比赛场景设计成很多不同形状的循环练习模式，例如：“Y形训练模式”“M形训练模式”“N形训练模式”“X形训练模式”“W形训练模式”“A形训练模式”“E形训练模式”“F形训练模式”“H形训练模式”“K形训练模式”“L形训练模式”“T形训练模式”“V形训练模式”“Z形训练模式”等。

下面以“Y形训练模式”为例展开说明其基本练习线路及其拓展变化，如图2-16所示：用4个标准盘在训练场地摆成“Y”字，分Y底1个、Y中1个和Y顶2个共4个“站点”，Y底队员传球给Y中队员之后跑到Y中排队，Y中队员接球转身传给Y顶队员跑到Y顶排队，Y中是一左一右传给Y顶队员，Y顶队员接球后运球到Y底排队。“Y形训练”有很多拓展和变化练习的方法，完成传接球技术也可以有很多的方法和要求的变化。

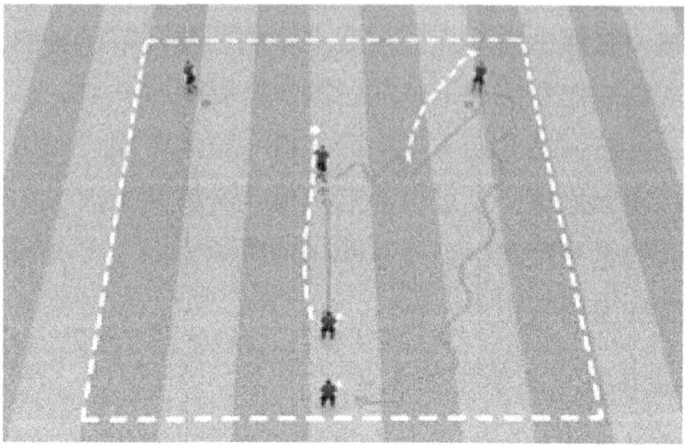

图2-16　传球与接球的“Y形训练模式”

（4）射门技术训练方法演绎

射门是比赛中最重要的、门前结束进攻的最后一击，主要是用各种脚法和头顶球技术完成。前边的各种运球、控球、突破和传接球等一切技术运用与战术配合，都是为了最后把球射进球门。可见射门技术及射门训练的重要性。射门技术训练方法，除了专门的射门脚法训练之外，也包括与快运、突破、渗透传球、前插接球、传切配合等相结合的射门训练。以下主要介绍两种射门技术训练方法的演绎。

其一是“双向射门训练模式”的演绎：把球门（或两支当作球门的标志杆）设置在训练场地的中间，让两侧各一组学生相互对射的练习方式，这种训练可以演绎出很多的变化。例如，两侧对射空门的技术训练、增加守门员的射门训练、运球假射摆脱的射门训练、运球传切配合的射门训练、侧面供球传中包抄的射门训练等等。再如，两个球门并用的循环训练（图2-17），就是把两个球门的两侧各两组学生设计成四个“练习站点”，每个站点2~3个队员为一组；两个同侧站点分别面对球门并距离球门10米左右，同侧两个站点为同队分别为长传传中站点和包抄射门站点；对侧两个站点的长传传中站点对应对侧射门并集球及组织完成长传传中，另一个为包抄射门站点。这样的循环训练可以高效地完成长传传中和包抄射门的技术练习。其训练方法演绎，长传传中的变化可以有传地滚球、空中球和弧线球及其各种角度、速度和落点的不同；包抄射门的变化可以有一脚直接射门、一接一射和一传一射及其各种脚法、力度和目标的不同；等等。运用这种双向射门训练模式需要注意，一个是适应训练水平相对较低的学生；另一个是在场地设施条件相对较差的基层非常适合。

图 2-17 两个球门并用的双向射门循环训练

其二是"门对门射门训练模式"的演绎：把两个球门相对摆放拉近到间距为 20~40 米，包括学生分两组各自固定在一侧射门和两组交替射两个球门。其中两组各自固定在一侧训练方法的细分变化：有扇形围绕球门轮流定位球射门及其各种分组计分、运球及结合各种摆脱和突破的射门，以及各种传接球与跑位结合的配合射门等；两组交替射两个球门的训练方法变化：往返运球及各种结合摆脱和快运的射门、前点设墙式回传人的各种往返传切射门、各种往返三人传接球套路的配合射门及往返接守门员发球随机传球组织推进射门等。

如上两组训练模式不仅可以有丰富多样的方法演绎，而且可以使学生射门频次和机会增多，大大提高学生完成射门的次数和训练效果。当然，这样的场地设计都需要有活动围墙或挡网安放在门后，学生可以不用捡球浪费时间，这需要购置相应的器材和设备。射门训练在不具备良好设施条件的情况下，也要注意利用一侧围墙进行训练，在用一个球门进行射门训练时，可以采用循环训练法，在完成射门之后的返回过程中设置绕杆、传接球等技术训练内容。

（5）头顶球技术训练方法演绎

头顶球技术是比赛中队员利用前额顶传或顶射空中球的一次性触球的处理球

技术。一场比赛有很多需要用头顶球处理的空中球，这是争取进攻主动权和抢点破门及防守争顶对方长传球和门前解围的重要手段，所以无论进攻还是防守都需要大量使用头顶球技术。头顶球技术的训练方法，在开始训练时都需要队员之间相互抛顶，第一次训练，特别是少儿最好从自抛自顶开始，这样利于孩子克服恐惧心理。

头顶球技术的训练方法演绎有很多种。其一是“原地顶球训练模式”，包括原地的一抛一顶、一抛二顶、一抛多顶的训练；其二是“移动顶球训练模式”，包括一抛一顶的一退一进移动、一进一退移动、左右移动、左右侧后移动、左右侧前移动的顶球训练；其三是“顶球射门训练模式”，包括一攻门一守门的抛顶、互抛对顶、一抛多顶的攻门与守门训练模式；其四是“额侧顶球练习模式”，包括三人一组抛顶、四人一组抛顶的训练；其五是“门前模拟比赛顶球训练模式”，包括一人、二人、三人、四人的防守争顶和包抄攻门的抛顶、传顶训练等。需要注意的是，头顶球技术训练往往与比赛对抗训练是相统一的，例如，方形场地的二抛二顶技术训练变为二助一对一的训练模式；方形四抛四顶的训练变为四助二对二的训练模式；四助四对四的控传训练变为四助四对四的头顶球训练模式；各种门前二人、三人的防守与进攻模拟训练变为二助二对二、二助三对三的门前头顶球攻门与防守的对抗训练模式等。

（6）防守技术训练方法演绎

防守技术是比赛中对方控制球时为了获得球权而采用的抢夺行动，包括抢球、断球和拦截几种技术方式。每一个追求比赛主动的球队都会采取积极的防守行动，这是比赛由守转攻及争取更多进攻机会的必要手段，一支球队实力的强弱和比赛胜负往往更多取决于防守能力。防守技术训练方法较多是对抗或比赛实战的形式，这也是其训练方法演绎的特点。

其一是“一对一常规抢球训练模式”，一般是一人控球、一人抢球的情况，包括一对一反复脚对脚抢球练习，一人迎面运控另一人移动上抢练习，一人控球及用身体护球、另一人逼压抢球练习等；其二是“卡位迎球断抢模式”，一般是断抢人里线站位靠近即将接球的对手，根据对方传球人距接球人的远近调整靠近的距离且在对手接球前实施断抢，练习方式包括一人防守卡位断抢攻方一助一传球、二人防守卡位断抢攻方一助二传球和三人防守卡位断抢攻方一助三传球等断抢技术；其三是“防守的拦截训练模式”，是防守队员站位在进攻队员传球线路之间，进攻队员穿越传球，防守队员快速移动及拦截，包括二截四、三截六、四截八等非对抗和对抗的在不同场地大小的练习形式。防守技术训练即便是非对抗的训练，也需要设置进攻队员定点站位，防守队员在合理的移动、选位、卡位的条件下，再进行抢球、断抢和拦截的技术练习，其中包括一对一、二对二、三对三、四对四、六对六的等人数训练，也包括一对二、二对三、三对四、二对四的不等人数的训练。而在以上各种人数情况下的对抗或比赛实战训练，是防守技术训练所必须要实施的内容。

第六节　教学模式

教学模式是指在长期课程实践中形成的相对稳定和有一定特色的教学结构的样式，是一种教学活动架构，是使各个教学因素发挥作用的操控程序。足球课程的教学模式具有专门化和专业性的特点，每一门足球课程都有一种教学结构和程序的样式。前文足球课程共建的基本理念、基本原则、目标体系、内容构成和训练方法，都是对课程共建某一方面问题的理论探讨，教学模式是把诸多理论探索及成功经验加以提炼和概括，得以集中反映课程教学规律及优化、有序和高效地完成教学实施的标准样式。双方共建足球课程的教学模式则是在综合借鉴国内外足球课程经验的基础上，对具有相同类别及相同板块的课程设定的相对稳定的教学程序，再按照统一设定的程序及其标准和规范组织教学的实施。

一、常规必修课教学模式

常规必修课是由课内比赛、专项技能训练和专项基础理论三个内容板块构成的。体育院校的常规必修课一般包括足球普修课（含 32 学时和 64 学时）、体育教育专业专选课、运动训练专业专选课和副项专选课等多门课程，虽然各门课程有着时间跨度、内容范畴、难度及对专项基础要求的不同，但各门课程的板块构成及其内容比例是基本相同的，可以建立常规必修课统一的教学模式。这个统一的教学模式系统由三个课程板块各自不同的教学模式共同构成（图 2-18）。常规必修课都是以课内比赛为核心和龙头，以专项技能训练为主体和主要内容，以专项基础理论学习为前两者的必要保障。但由于常规必修课三个板块各有内容的性质不同、功用不同使得教学模式各具特色，以下按照课内比赛结构模式、专项技能训练模式和专项基础理论教学模式分别进行阐述与分析。

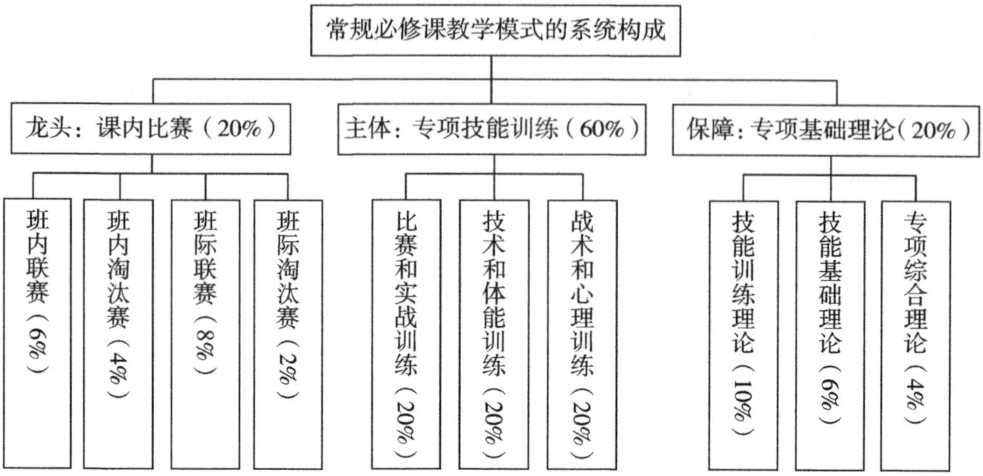

图 2-18　常规必修课教学模式的系统构成

（一）课内比赛结构模式

课内比赛与职业队和青少年俱乐部队的周末赛制在理论构思上是一致的，是专门的以比赛为主题的课程，课程是围绕比赛的需要组织各项活动内容。课内比赛在常规必修课中居于核心地位、发挥龙头作用，也是专项技能训练与专项基础理论学习的目标归处。课内比赛是所有常规必修课的重要内容之一，其本身也有一个结构模式的问题。课内比赛包括三人制、四人制、五人制、八人制和十一人制五种赛制，每一种赛制又都包括班内联赛、班内淘汰赛、班际联赛和班际淘汰赛四种主要形式。赛制根据不同对象的足球基础而选择适当的形式，一般启蒙训练采用三人制、四人制和五人制，初级训练采用五人制和八人制，中级训练采用八人制和十一人制，高级训练采用十一人制。各个训练等级对应的比赛赛制是有规律的，也规定了不同等级的比赛有着不同的目标、内容、难易程度及其训练过程。但不管采用何种赛制形式，课内比赛结构包括赛前训导动员、赛前准备热身、阵型打法布置、比赛过程控制、赛后整理放松及赛后评价总结六个环节，围绕以上六个环节所设计的课内比赛结构模式，如图 2-19 所示。

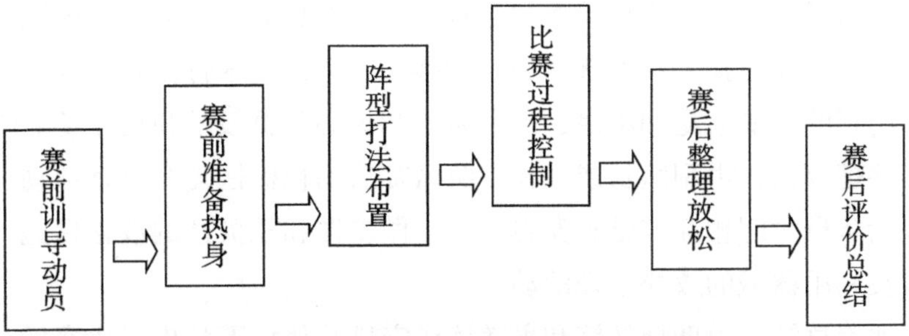

图 2-19　课内比赛结构模式的六个环节

课内比赛结构模式是一种专门围绕课内比赛需要所设计的教学模式，全过程六个环节各自发挥不同的作用，每个环节又都有具体的内容及操作细节，这些都需要课前精心准备、拿出设计方案。每个环节的设计及组织操作都由学生自主承担，以此同步培养学生的教学组织能力和促进学生各项素质的全面提高。教师事先布置课业给学生，也在比赛过程中做监督和指导，学生轮流在课内比赛中担当一定的组织和领导职责及完成相应的任务。要注意把学生担任的各种角色与教育实习及社会实践相联系和相统一，把组织比赛的任务分配给不同的学生，主要依靠学生自己开展工作及完成教学任务，也就是把学生担当课内比赛的各种职责融入结构模式的设计。一次课内比赛的六个环节可以细分为很多具体的工作内容，各个环节的工作任务可以由一人担任多个角色或多人担任一个环节的工作，例如，主教练负责比赛动员演讲和比赛过程控制，其他学生担任助教，或在比赛中做指导、提示换人等工作。

赛前训导动员：由主教练主讲、助理教练辅助完成比赛动员的演讲，演讲大体内容包括比赛形势、目的、意义，队员比赛积极性调动、必胜信心鼓动及比赛要点提示，要营造出正式比赛的氛围。

赛前准备热身：由队长或副队长带队做赛前的热身活动和情绪调动，主要内容包括慢跑、节拍操、动态拉伸、技术准备及带有一定强度的游戏和冲跑，使学生身体和心理达到适应比赛的最佳状态，及对比赛获胜有强烈的渴望。

阵型打法布置：由主教练主导和助理教练辅助布置阵型、安排主力队员的位置与分工、制定战术打法与策略、提示注意的问题，提示队长及重点队员注意的基本要点及可能出现的变化，确保按照分工及正式比赛的要求做好每一个环节的部署和安排。

比赛过程控制：主教练和助理教练在比赛过程中提示队员放松心态、集中注意、提示合理运用技术及指出技术和位置错误，根据需要给队员以鼓励、指导及指令，在必要时即时换人和安抚队员，能够大胆坚持战术打法及鼓励队员运用技术，观察比赛的主要问题和不足，提示队长和核心队员鼓励和指导场上队友。

赛后整理放松：由副队长或队长带队做赛后的积极恢复和整理活动，主要活动内容包括队员之间相互鼓励和安慰，统一做多样和积极性的放松慢跑、静态拉伸、按摩及利用器械的放松整理活动。

赛后评价总结：由助理教练和主教练或安排其他场下学生对比赛做全面、客观的分析和总结，注意结合战例，主要包括获胜或失败的原因及其主要因素，每个进球或失球的原因及主要立功者或责任人，主要或典型的正面和反面的比赛场面分析。

以往的课内比赛并不是独立的课程内容，是作为专项技能训练的一部分，往往不被视为重要的课程内容。足球课程共建把课内比赛居于常规必修课的首要位置，并作为专门的课程内容占课时比例的20%，这样也凸显出课内比赛在整体课程中的核心地位和龙头作用。有的欧美国家体育院校经过教学实践总结，把课内比赛作为专项技能训练的延续和训练的组成部分，也借鉴职业队和俱乐部青少年梯队的周末赛制模式。他们虽然不是照搬周末赛制的办法，但把常规必修课的课内比赛作为独立的课程板块，说明已经把课内比赛居于课程的核心和龙头位置。足球课程共建双方经过了大量的考察，由此确定把课内比赛作为常规必修课的内容板块之一，并且以一种优化的结构模式对学生学习知识和掌握技能施加影响，课内比赛结构模式可以更有效地影响和促进学生认知和能力的提高。当然，我们需要重新审视比赛对于技能训练的意义，达到与国际先进理念的统一。

（二）专项技能训练的比赛导入模式

专项技能训练是常规必修课的主体和主要内容，专项技能训练与课内比赛虽然是常规必修课不同的两个部分，但两者是辩证统一和不可分割的关系。课内比赛既是常规必修课的核心和龙头，也是专项技能训练的延续和组成部分；专项技能训练是课程的主体，又是课内比赛的基础及其必要的准备过程。专项技能训练从内容构成上看，包括技术训练、战术训练、体能训练和心理训练四个方面的内容，以及综合以上四个方面内容的比赛实战训练。

专项技能训练模式是指专项技能训练课所设定的训练过程的各个组成部分及其稳定的各项训练课要素的有序构成。“比赛导入模式”是专项技能训练的一种模式，其完整构成是“比赛演练+层层递进训练模式”，显然这一模式涵盖了传统的层层递进训练模式，代表着一种先进的足球训练理念与方法。以下从四个方面介绍比赛导入训练模式：其一，比赛导入模式的原理；其二，比赛导入模式的解读；其三，比赛导入模式的核心环节；其四，比赛导入模式的训练设计流程。

1. 比赛导入模式的原理

比赛导入模式是在训练课的主题部分首先安排一段短时间的比赛演练，从演练中抓住对应训练主题的典型问题，进而借助比赛场景引导学生认识自身的问题和不足，再进入从技术准备开始的层层递进的训练模式。比赛导入模式源于教育理论的“情境导入模式”，是在训练开始通过生动的场景展示引发学生的训练兴趣和积极性，利于调动学生的积极性，能够更好地达到训练目的。比赛导入模式是荷兰讲师团来华做讲师培训时所示范的一种训练方法，给我国广大教练员极大的触动，普遍认为值得提倡和效仿。完整的比赛导入模式采用“降阶式”设计，训练实操的主题部分分为五个步骤（图 2–20）。

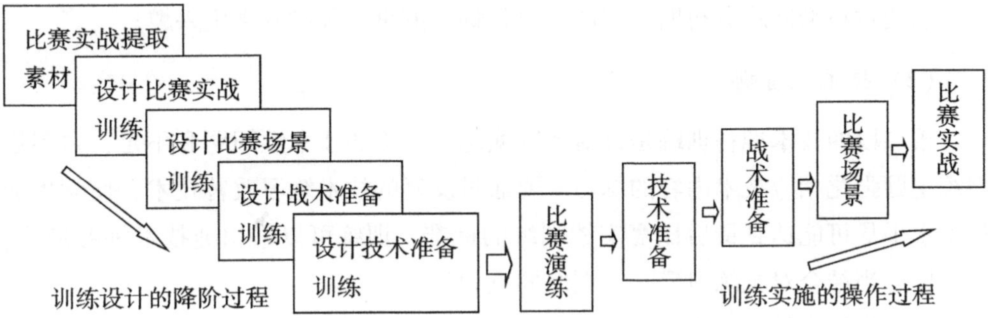

图 2–20 比赛导入模式的“降阶式”设计与训练实操过程

比赛导入模式的“降阶式”的训练设计，其构思过程与训练过程的内容顺序是相反的，是从比赛实战中提取素材，之后按照解决问题的需要设计比赛实战训练内容，再设计比赛场景训练内容和战术准备训练内容，最后设计技术准备部分的训练内容，而实际的训练过程则是按照“比赛演练→技术准备→战术准备→比赛场景→比赛实战”的顺序设计训练课的教案。

2. 比赛导入模式的解读

比赛导入训练模式的设计所采用的“降阶式”方法，打破了传统的训练设计习惯。这种“倒推式”的训练设计是把解决比赛实战中的问题放在第一位，先围绕训练主题设计最后的比赛实战训练内容，这是“实践结合理论”真正落实的具体步骤，是最先面对实际问题而构思直接解决问题的路径和方法，再逐步地拓宽路径及铺垫基石。这种“降阶式”围绕比赛实战的设计思路更利于抓住训练的焦点问题，也符合“以比赛实战为核心和以比赛争胜为目标”的理念，而且能够促进教练员建立重视比赛实战的正确观念。以下按照训练过程的实际顺序依次分析和解读。

（1）比赛演练训练

第一段的比赛演练与最后比赛实战的内容和形式是相同的，但目的和要求不同。比赛演练主要为了了解和熟悉比赛方法和规则，明确技术和战术运用的某些要点和要求，更重要的是让学生意识到自己技能方面的问题和不足，以激发训练的热情和积极性。训练要点如下：

①及时示范、讲解及叫停纠错，指导学生能够完成训练操作；

②把握训练的时间，避免学生产生疲劳而影响后续训练；

③通过典型问题分析明确主题，烘托训练的重要及激发学生兴趣。

（2）技术准备训练

第二段的技术准备训练是针对比赛演练中暴露的技术性问题和不足，再围绕训练主题强化相应技术内容的练习。要通过反复的技术练习改善技术，使学生的技术水平尽可能达到最后比赛实战训练的标准，训练可以采用纯技术练习形式，也可以适当结合对抗练习形式。训练要点如下：

①侧重解决技术要领与方法方面的纯技术性问题；

②基本能够按照比赛实战的需要完成技术动作；

③尽早结合比赛场景并适当加入防守干扰和比赛对抗因素；

④避免时间过长、方法枯燥无味及过度重复的技术练习。

（3）战术准备训练

第三段的战术准备训练是适当增加防守干扰和对抗，使训练变成带有实战对抗性的形式，但与比赛实战训练相比，具有人数少、对抗弱和相对简化的形式特点，促使学生把技术与所要掌握的战术方法快速连接，能够在有防守对手的条件下执行相应的战术任务。训练要点如下：

①主要目的是把技术与比赛对抗相融合，初步掌握相应的战术技能；
②减少防守人数及利用规则限制防守，降低完成进攻的难度；
③使学生获得战术运用的成功体验，起到向比赛实战过渡的作用；
④训练时间不宜过长，避免体能消耗过量而影响比赛实战训练。

(4) 比赛场景训练

第四段的比赛场景训练是对比赛实战环境的适应训练，起到进一步熟悉比赛实战过程及其细节的作用。训练场地需要设计成与比赛实战相近的场景，关键是使场景反复出现，并通过叫停、示范和讲解使学生深入理解训练的目标和要点，使之起到过渡作用。训练要点如下：
①针对性地设置比赛场景，为适应实战条件下某些场景或局面的特殊需要；
②场地空间设计及反复出现的比赛场景要符合比赛实战训练的预期；
③注意落脚点是提高某些具体比赛场景下的技术或战术技能水平；
④是一种更宏观的技能转化训练，是接近比赛实战的综合技能训练。

(5) 比赛实战训练

第五段的比赛实战是综合反映训练主题的最后一个核心训练内容，也是整个训练课的核心环节，是训练课整体训练效果的综合和集中体现，关键是要保证对抗的强度和实战的真实性，其设定的目标即是一次训练课的主要训练目标，需要老师全身心投入使学生呈现最好的状态。训练要点如下：
①使学生处于良好的状态，激励学生全身心地投入训练；
②通过训练间歇保证学生体力充沛，用规则和奖惩提高学生斗志；
③注意达到真实比赛的激烈程度及在对抗中追求技术与战术的提高；
④更多地利用口令、手势和短语提示，尽可能避免叫停；
⑤需要随机和灵活的激励和调动手段及采用应变措施。

3. 比赛导入模式核心环节

比赛导入模式的核心环节是主题部分最后的比赛实战训练环节，这个核心环节是全部训练课内容的综合和集中体现，只有保证这个环节的训练效果，训练课才可能达到预期的目的。要保证核心环节的训练效果须达到如下两个层面的基本要求：其一是学生全力地投入进攻与防守的对抗争夺；其二是对抗要以达到或接近正式比赛的激烈程度。衡量学生整体及个体的技术和战术表现，以及训练课的质量，都要以比赛实战训练达到真实比赛的对抗程度为前提。概括地说，核心环节是整个训练课最重要的环节，要保证训练质量及提高学生的实战能力，就一定要使训练达到或接近比赛的对抗程度，在这样的前提下才考虑技术与战术运用与改善的问题。比赛实战训练需要深刻理解足球同场竞技对抗的本质特征，要避免追求技战术表现的华而不实，这样才可以了解学生真实的竞技能力和技术水平及发现问题和不足，才能在未来的正式比赛中发挥和证明自己的实力。

教师对比赛实战训练的控制，需要做好训练设计和调整好学生的体力分配工作，要有效地激励学生、控制好训练时间及有序安排好训练过程，要能够调动和挖掘学生的潜能。其中达到比赛强度和激烈程度的关键是训练时保证学生保持体力充沛，训练过程中一旦学生的体能不足或出现疲劳状态，训练强度和激烈程度就会降低，不仅会影响训练效果，还会让学生无法建立正确的比赛感知。另外，训练时间与间歇时间的控制也是保证比赛实战训练强度的关键要素。训练要遵循一般性的训练规律和原则，比如，一般在启蒙阶段和初级阶段，技术准备的时间比例较大，比赛演练时间较长，而比赛实战训练的时间比例较小；随着技术水平和实战能力的提高，比赛实战训练的比例要逐渐增大；职业阶段的训练要缩短技术准备训练的时间和简化战术准备训练的过程，要有足够的比赛实战训练的时间，比赛实战训练的时间及细节还需要在实践中不断总结，以下介绍一下一般情况。

①比赛实战训练的训练时间与间歇时间的比例，要根据不同年级、不同训练水平、不同训练目标、不同训练时期、不同训练条件等进行不同的安排；

②不论是处于哪个成长阶段或训练水平，比赛实战训练在贯彻一种新战术思想与技术要求时，都要增加技术准备和战术准备的训练时间，而相对减小比赛实战训练的时间比例，反之则可以增大比赛实战训练的比例；

③处于赛前训练阶段，学生体能和球队的整体状态处于较高的水平，为了适应比赛的需要，必然要增加比赛实战训练时间，而缩短间歇时间。

4. 比赛导入模式的训练设计流程

(1) 比赛导入模式的依据与要点

整体专项技能训练的主要目标是提高学生比赛实战中各方面的技能，其中的核心环节是比赛实战训练。比赛导入模式是在长期实践总结出来的一种训练方式方法。欧美足球专家根据对高水平青少年球队及职业队训练的考察，归纳出很多符合训练规律的专项技能训练认知，例如，训练要从比赛实战中截取素材及确定训练主题，比赛导入模式“比赛演练”环节就是这种截取素材的途径；再如，实战和对抗性训练是主导和主要的训练内容，即使是在启蒙阶段和初级阶段，实战和对抗性训练也要占一半以上的比重；又如，非对抗的技术准备训练要符合训练主题及反映主题的需要。在英国，青少年训练非对抗性技术准备的时间很短，而且多用游戏方法；职业队训练则热身之后更多直接进入对抗性的技术准备或战术准备训练。在比赛导入模式中一般是训练水平越高，实战和对抗性训练的比例就越大。以上所述是专项技能训练采用比赛导入模式的基本准则和依据。

比赛导入模式的训练实施是按照“比赛演练→技术准备→战术准备→比赛场景→比赛实战”的顺序推进的。我们以往的思路是上一步的内容练好了才进入下一步，这是一种错误并需要纠正的认知。比赛导入模式的训练操作需要把握几个要点：第一，每一步的训练无须在上一步达到理想预期之后才实施，下一步的训练往往也是上一步的继续或上一步练习形式的变化；第二，五个步骤的训练顺序并不是严格规定和一成不变的，各个步骤的训练可以调换和反复，比如比赛场景训练之后可以插入短时间的技术准备训练内容等；第三，利用游戏方法调动学生训练的积极性，要明白比赛形式和对抗形式的训练方法本身就具有游戏性和趣味性；第四，训练重点要放在比赛实战或战术准备训练的环节，学生训练的主要目的是提高比赛实战能力，过于偏重技术准备训练是喧宾夺主。

（2）比赛导入模式的要求和训练操作流程

一次完整的专项技能训练课无论采用何种训练模式，都对教师有一个整体的要求。第一，要唤起学生强烈的求知和上进的欲望；第二，技术与技能练习要大量重复技术动作；第三，让学生按照比赛实战要求完成技术动作；第四，在贴近真正比赛的场景下完成技术动作；第五，在比赛实战中练习和提高足球技能。比赛导入模式的训练操作流程不是一成不变的，根据训练不同对象、不同时期、不同目的的需要，训练模式的操作会有构成及其比例的差别，例如，对于第一次参加训练的普修课学生，技术准备训练的时间比例要相对大一些，战术准备训练可能是非对抗的，也可能是以多打少降低难度的对抗形式。再如，高年级专选课的战术准备训练可以直接结合比赛场景。又如，在国家队教练眼中，国内顶级联赛就是国家队队员的技术和战术技能训练。训练课在保证学生良好状态的前提下，一个完整的比赛导入模式的训练操作流程分五步，如图 2-21 所示。

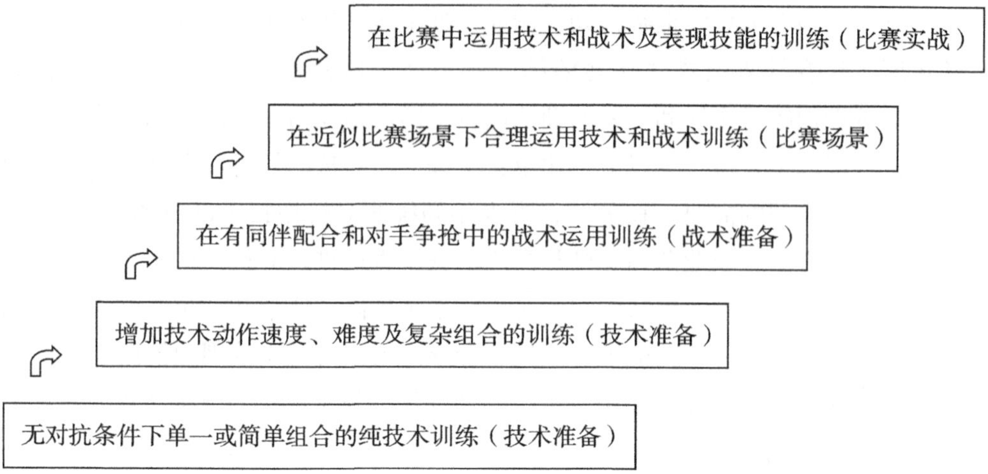

图 2-21　比赛导入训练模式的五步流程

（三）专项基础理论教学模式

专项基础理论是常规必修课的三个内容板块之一，占整体常规必修课 20%的课时比例。课程内容主要是围绕课内比赛和专项技能训练的需要而设定，是辅助性和保障性的课程内容，也是具有独立意义及提高学生足球素养所必须学习和掌握的专业理论知识。专项基础理论包括三个方面的内容，分别是技能训练理论（占整体课程时数的 10%）、技能基础理论（占整体课程时数的 6%）、专项综合理论（占整体课程时数的 4%）。三者是专项基础理论三个不同方面的知识内容，都对提高学生理论水平和专业素养有着重要的作用。

我国体育院校目前仍然以传统的专项基础理论教学模式为主，虽然多媒体教学手段被普遍采用，很多足球教师的课件制作都充分利用图片、视频等形式，且课程中也积极融入国际先进的思想与方法，但在授课的方式方法上仍然以教师主讲居多，没有改变教师主导的单向知识灌输式的教学模式。事实上，在英国，无论是体育院校还是其他院校，早就开展了多种多样的教学模式探讨，以学生为学习活动主导和主体的探究式学习早已非常普遍。理论课教学首先由学生发现问题和明确问题，再围绕问题展开讨论和分析，在相互探究中认识问题的本质及提出解决问题的方法且制订方案，教师应当是专项基础理论教学的组织者和引导者。探究式教学模式的信息交流和意见交换完全是双向互动的，教师主要担任提出问题、启发学生思考、提示正确的方向和引导学生拿出解决方案的角色。他们体育院校足球专项基础理论的教学早已形成了稳定的教学模式。在这里，专项基础理论学习的教学模式就是借鉴“探究式学习”的原理与方法，把理论教学分成六个环节，其中第一个环节和最后一个环节是理论问题来源和解决问题的实践环节，并不是理论课的内容，但却更加明确了专项基础理论学习的目的是服务于训练实践，其内容是围绕课内比赛和专项技能训练的需要而设定的。

专项基础理论三个方面的知识内容和学习的侧重点虽有不同，但其教学模式是互通的（图 2-22），以下展开说明足球基础理论六个环节的教学模式。

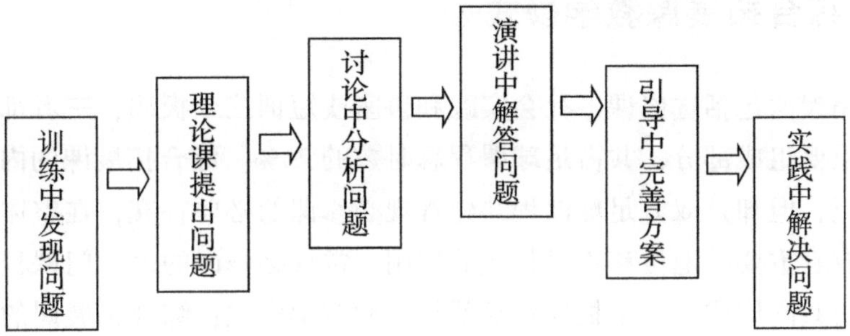

图 2-22　专项基础理论教学模式的六个环节

训练中发现问题：结合学生专项技能训练及学生掌握专业理论知识和提高专业素养的需要，在训练实践中发现并提出典型的对应理论课学习的问题，并与所要学习的专项基础理论相联系。

理论课提出问题：按照专项基础理论系统学习的需要，把训练实践中发现的问题做典型化处理并总结归纳，使学生明确诸多问题的出处和解决问题的重要性，引导学生用自己的认知和语言及用不同的表达方式提出问题。

讨论中分析问题：把全体学生分成若干个组，再将不同的问题分配给不同的组，以小组形式进行分析，讨论并阐述问题的来源、本质和关键，归纳出解决问题的方法及罗列出演讲提纲。

演讲中解答问题：按照分组分别采用个人、集体或分配任务演讲的方式，明确提出问题及做出解答和说明，演讲中各组交互提出问题和建议及相互解答问题，教师要对学生演讲提出建议和意见，也给出客观和准确的评价和评分。

引导中完善方案：在教师引导和提示下对各组的演讲提出不足、缺陷和主要错误，并联系理论中所包含的原理、观点与方法，帮助学生建立科学和合理的解决问题的完整方案，提出相应的专项技能训练的理念与方法及具体做法。

实践中解决问题：把理论课总结的解决训练问题的方案拿回训练实践中实施，解决实际的问题，是实践联系理论后再回到实践。

欧洲国家的足球训练也很早就提出“实践结合理论”的观点，强调提倡足球训练要重视并首先付诸实践，再在训练实践中发现问题和解决问题及形成理论认知。这种观点不是否定足球理论建设的重要性，而是一种更好的理论学习的思路和教学模式。探究式学习模式也是系统理论知识的学习，无论专项技能训练还是专项基础理论学习都应有条不紊地推进。

二、综合拓展课教学模式

综合拓展课包括选修课、社会实践和讲座或短训三个板块，三者都是共建足球课程的重要组成部分，共占足球课程总时数的25%。综合拓展课的内容构成相对比较宽泛，但却是双方足球课程共建常规必修课的必要补充，在整体的足球课程体系中有着重要的地位和不可替代的作用。常规必修课的每一门课程都是由三个内容板块共同构成，三个板块本身就是一种教学模式；综合拓展课的三个内容板块不同，每一个内容板块都是诸多各自独立的课程，而且每门课程都有自成体系的内容构成。现在社会要求足球人才具备较宽的知识面，同时需要具有突出的专业特长，这些都要求学校进行综合拓展课的大力开发。图2-23是综合拓展课的内容构成模式，其三个课程板块的教学模式是以选修课教学模式、社会实践教学模式和讲座或短训教学模式分别进行分析和说明。

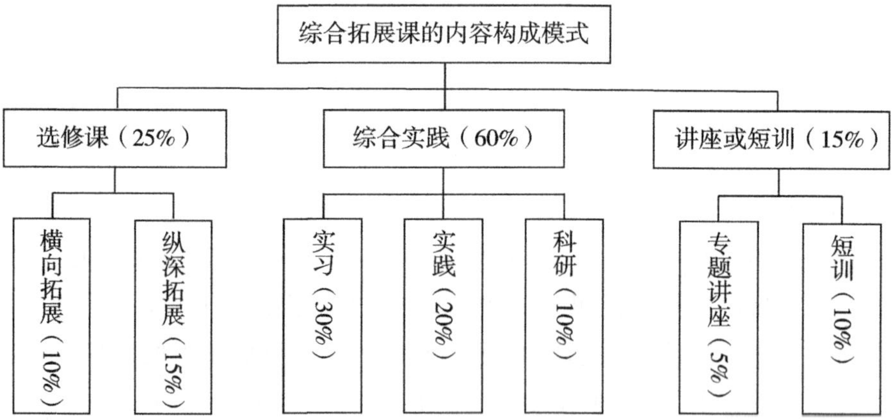

图2-23　综合拓展课的内容构成模式

（一）选修课教学模式

双方足球课程共建的选修课又分横向拓展选修课和纵深拓展选修课两个类别，课程的开设内容不是一成不变的，而要根据社会需要不断进行调整和变化，但课程开设的整体课时数是基本稳定的，而且课程的教学模式也是基本稳定的。横向拓展选修课主要有足球体能训练理论与方法、足球队员的营养和训练恢复、校园足球理论与课程设计、足球行政与人力资源管理及足球产业经营与开发等课程，具体的课程内容可能只是学习和介绍某一点或某一方面的知识和技能，也可能是预先指定范围之外的学习内容，还可能是选修课及常规必修课拓展出来的学习内容。所以横向拓展选修课教学一般采用集中一起上大型理论课的授课模式，教师则需要具备相应的专业知识和社会实践方面的特长。

纵深拓展选修课主要包括A、B级教练员课程的理论与方法、高素质体育教师的理论与素养要求、一级裁判员的规则理论与素养、体能训练的生理学与生物化学理论、毕业论文工作与发展专项特长的统一及研究生考试基础理论科目学习方法，此外还有常规必修课内容的深入拓展学习，纵深拓展选修课的教师需要具备某一方面的足球专业特长，或者拥有中国足协或亚足联授予的相应的专业资格证书，有些课程还需要多名教师的协作教学。纵深拓展选修课的授课一般采用"理论课程和实践课程各占50%"的课程构成。

（二）社会实践教学模式

双方足球课程共建的社会实践分为实习、实践和科研三个类别，三者都是足球社会实践必不可少的组成部分，特别是现在的足球课程学习更重视与社会实践的结合，及重视社会实践对于足球人才培养的重要作用。实习是传统的社会实践内容，也是占课时比例最大的部分，是最具有计划性和针对性的培养学生实践能力和适应社会的能力，包括校园足球实习、课堂实习和教育实习；实践是正在逐渐受到重视的社会实践内容，对学生性格培养、能力培养及扩大社会适应面具有不可替代的作用；科研本身就是一种社会实践活动，对于培养学生有计划地了解社会、深入认识实际问题及针对性地解决问题等都具有重要意义。我们以往对学生毕业论文工作的科研性质存在认识的不足，也重视不够，对学生科研能力培养更是存在漏洞和偏差。具体表现为科研与社会实践相结合不够，没有把科研能力培养放到应有的高度。三个方面的社会实践活动有着不同的模式，实习在传统上是毕业前集中时间进行教育实习的模式，应当三个月以内完成，就是要适当缩短教育实习的周期，增加课堂实习的安排及采用由“课堂实习过渡到教育实习”的模式。

实践包括比赛实践、裁判实践、俱乐部或社团实践及行政管理或产业实践，实践活动没有固定的模式，学校及教师需要给学生创造参加实践活动的机会。科研包括毕业论文研究、社会调查研究和比赛调查研究，三种科研活动在方法模式方面是相同的，需要按照常规的科研方法扎扎实实地做好每一步的工作。

（三）讲座或短训教学模式

讲座或短训是把两个关系不够紧密的两类足球课程归在一起，将相对分散的课程集中的教学模式。开设讲座是高校普遍提倡的一种课程形式，在国内外体育学院极为普及，讲座主要包括足球历史与社会文化，足球竞赛的编排与管理，足球队员损伤和康复，足球训练文件、课件与软件制作及研究生考试理论辅导等课程，讲座与选修课有很大的相似性，只是参加的学生人数较多和规模更大，一般采用大型理论课的授课模式。短训是需要提倡的授课形式，主要是根据社会需求、学生发展需要，与足球协会、体育协会及著名足球俱乐部等开展技术培训合作，包括等级教练员培训、等级裁判员培训、足球经纪人与球探培训及足球科研与比赛分析培训等，教学模式与现行的国际国内相应的培训相同。

第三章 CHAPTER 03

足球普修课教学实施方案

足球普修课是一门带有普及性质的面向全体体育专业学生开设的常规必修课，此课程的主要内容是其他所有常规必修课共有的基础部分，所以是一门具有代表性和典型意义的课程。把足球普修课作为整体设计方案的第一个实施案例，可以检验整体设计方案是否具有科学性和合理性，而且也可以同时证明此“足球普修课教学实施方案”的价值和意义。足球普修课教学实施方案包括教学理念与原则、教学目标体系、内容构成与教学进度、教案设计与训练课评价及教学主要措施等内容。

第一节　教学理念与原则

足球普修课的教学实施需要更具体理念和原则的支撑，这样才可能形成清晰的教学思路及做好教学内容与方法的设计。任何课程的教学实施都有很多需要遵循的理念与原则，但作为一门课程的整体设计，需要根据课程的具体情况而对诸多的理念和原则有一个优选的处理，这样可以更好地保证课程设计与教学实施的正确方向。以下分两个部分加以阐述：其一是教学理念；其二是教学原则。

一、教学理念

任何课程的教学都需要建立一种专门的适合于本课程的教学理念，足球普修课也是这样。足球普修课在长期的教学实践中形成了一定的传统和很多有益的经验，但是作为一门高等院校的课程教学，还需要把长期积累的经验上升到理性认识的高度，形成稳定的教学理念。中英足球课程教学有着不同的风格和传统，国内不同体育院校也都有其各自的教学优势和特点，以下把双方共建的足球普修课教学理念分为两个问题：其一是教学理念阐述；其二是教学理念分析。

（一）教学理念阐述

双方确定的足球普修课教学理念分为两个层面，一个是宏观层面的理念，一个是微观层面的理念。宏观层面的理念侧重与双方足球课程共建基本理念相对接，是其精神和内容的延续和拓展，其理念阐述如下：坚定推行素质教育、以人为本和以学生发展为中心的教学方针；强调遵循“健康第一”“快乐足球”和“兴趣领先”的精神要旨；以系统传授足球专项技能和先进的基础理论知识为基本要求。微观层面的理念是侧重直接指导教学设计与实施的理念，其理念阐述如下：整体课程布局是以专项技能训练为主导和主线，以培养学生的比赛实战能力为核心目标；教学以个人攻守技术技能和小组攻守战术技能为主要内容；专项技能训练以掌握相应的基础理论知识为保障；在技能培养方面还要以具备启蒙和初级足球训练及校园足球活动组织能力为基本要求。

（二）教学理念分析

以上的理念阐述是以双方足球课程共建的基本理念为指导，即分别以课程共建核心理念作为课程的根本依据，以课程共建宏观理念作为全面开展课程教学的方针，以课程共建操行理念作为具体课程教学实施的把控要点；同时以双方足球课程共建的基本原则作为课程教学的准则，在教学实施中注意同步贯彻反映足球本质、体现足球要素、落实教育同步和强化素质教育的四项基本原则。足球课程共建的基本理念和基本原则是所有常规必修课的基本方针，同时，足球普修课的教学设计与实施还要和足球基础教育与基础训练的要求相一致，要使学生掌握一般性的足球训练基础知识和基本技能，通过课程学习能够胜任在中小学开展足球教育及在社会上开展大众足球普及的工作。

足球普修课虽然是启蒙和初级的课程，但作为教学理念还是要重视和国际先进足球理念与方法的统一，这也关系到先进足球理念能否广泛普及。所以课程教学理念的阐述既要追求全面和系统，又要保证简明和易懂，使双方共建的课程理念既深入浅出又易于操行，如此才能更好地促成课程目标的实现。足球普修课只有保证教学理念与方法的先进，才能使课程教学适合社会和足球发展的需要，才能使学生通过课程学习掌握先进的足球思想与方法体系，也只有这样才能让学生更多地感受足球的快乐及把足球作为爱好。

课程建设在学习和借鉴英国先进理念与方法的同时，也要利用我国几十年足球课程改革的成果和经验，要与我国的足球人才培养相配套，做好足球普修课与整个课程体系的搭配与衔接。足球普修课的改革及其教学实施过程中会存在先进理念与固有观念的冲突，存在足球教育发展与我们认知局限的矛盾。所以课程设计在追求先进性、科学性和系统性的同时，也要不断提高任课教师的认知水平和教学能力，使得教师队伍的整体素质能够适应足球课程改革与发展的需要。

二、教学原则

足球普修课教学需要遵循双方课程共建的基本原则及其他教学和训练的原则，但目前的足球普修课教学存在很多的矛盾，例如，先进思潮不断涌现与现有教材教法陈旧和落后的矛盾；课程内容密集和课程时数不足的矛盾；还有课程受众面大和学生足球基础差异大的矛盾等。要解决这些矛盾，就要在教学实施的设计上做出调整，以下根据足球普修课教学的实际从六个方面阐述其教学原则。

（一）教学理念的先进性与综合性

课程教学设计要反映和体现先进的教学理念与足球理念，就要综合借鉴和融入世界各国先进的思想与经验，同时也要结合我国的具体实际及体现我国足球教育的特点，只有做到多元、科学、合理及创造性地汲取国内外成功教育经验的精华，才能构建起具有先进性的足球教学理论和方法体系。

（二）课程体系的科学性和先导性

课程的内容与方法体系要充分体现科学性，要反映足球前沿的技术发展和优化的知识结构，也要符合社会需要和时代发展的要求；课程内容要呈现完整和科学的理论体系和知识技能体系。教学过程能够充分体现以比赛实战为核心的思路，能够在思想上和方式方法上具有先导性及引领学生建立正确的足球思维。

（三）课程内容的精要性和选择性

足球相关的知识和技战术是丰富而复杂的，而足球普修课教学时数相对较少，课程内容安排要注意简单和实用，要考虑学生已有的知识和经验，及与多数学生的足球基础和接受能力相适应，所以课程内容选择要精选具有代表性的内容，避免课程内容出现“繁、难、偏、深”的问题而造成学生学习负担过重及不适应课程学习内容的情况。

（四）教学编排的有序性和重复性

课程教学内容的编排需要按照由易到难、由简到繁、由已知到未知的顺序要求，但要设定好课程内容的逻辑顺序和递进连带关系，还要考虑课程侧重培养学生个人攻守技术技能的需要，而且个人技术与小组战术技能的训练都需要一定的重复和巩固的过程，所以课程内容要有合理的顺序和一定的重复次数。

（五）教学实施的规律性与教育性

课程的教学实施必须遵循一系列相关的规律，如教育规律、教学原则、足球训练规律及知识与技能形成规律等，教学过程遵循这些规律可以避免出现方向性错误；同时每一步教学实施都要注意施加教育因素的影响，教学过程中不能偏废对学生的道德素养、基本素质和行为举止等方面的教育。

（六）教学设计的精品性和典范性

足球普修课是整体课程共建的重点和作为精品打造的部分，所以教学设计要按照高标准打造高规格和高品质的课程，要有精品意识；足球普修课又是兼具基础性和先导性的足球课程，可以在课程建设中发挥引领和示范的作用，所以教学设计的精品意识和精品塑造还可以对整体课程建设起到典范的作用。

第二节　教学目标体系

教学目标是教学活动方向性和指令性的预期结果，是教师完成教学任务所要达到的标准，教学目标要有明确的指向性，并且在教学过程中需要具体体现。根据常规必修课的内容架构及整体目标设定，足球普修课教学目标的重点在于达到启蒙训练和启蒙理论学习及初级训练和初级理论学习的预期。以下把足球普修课教学的目标体系分两个问题阐述：其一是教学整体目标；其二是教学细分目标。

一、教学整体目标

足球普修课的教学需要确立一个整体的目标，这样教学实施也就有了努力方向。教学目标要根据课程理念、教学传统、学生基础、课时数量及教师个人追求等诸多具体情况而确立，但足球普修课是体育院校教学计划中稳定的课程设置，其目标需要具有稳定性和科学性，当然，随着社会的发展及市场对足球人才需求的变化，足球普修课教学的整体目标始终是在不停地调整和改变之中。以下分两个问题：其一是教学整体目标阐述；其二是教学整体目标分析。

（一）教学整体目标阐述

双方确定足球普修课教学的整体目标如下：使学生具备基本的比赛实战能力，系统地掌握基础的足球攻守个人技术技能和小组战术技能，了解足球比赛中的体能和心理特点；使学生全面掌握相应的专项技能训练和专项技能基础的理论知识，包括足球训练的基本概念和基本理念、足球基础技术和战术知识，规则裁判的理论和方法等；使学生具备基本的教学和训练组织能力，具备在基层组织竞赛及对比赛认知和分析能力，并促使学生形成对足球运动及足球教学训练工作的兴趣。

（二）教学整体目标分析

教学整体目标首先是在体育专业学生中普及和推广足球，并保证广大学生具备基本的足球专项技能和素养。确立目标要统筹考虑整体足球课程的目标及足球普修课在整体课程体系中的地位和作用，也要考虑学生的足球基础、社会需求和师资资源等因素。由于足球普修课学生的足球基础偏差和教学时数有限，作为课程主要内容的专项技能训练，只能完成启蒙和初级训练两个阶段的内容，以及掌握基本教学组织方法方面的技能；启蒙训练和初级训练的内容也要有所选择，并不是完成两个阶段训练所要掌握的全部内容。由于足球普修课的授课对象是体育院校广大的体育专业学生，决定其教学目标具有宽泛性的特点。

足球普修课作为双方足球课程共建首先实施的示范课程，不仅要对课程设计的理念与方法做全面更新，还需要做课程之外的师资培养、经费投入及基础设施建设等工作，这些措施是保证课程质量的必要条件。要把共建的足球课程打造成具有知名度的品牌，就要能够满足社会对足球人才的需求，满足校园对于足球师资人才的需求。足球普修课是基础性课程，通过课程教学可以全面提高学生的足球素养和技能，可以满足基层社会的广泛性的足球人才需求。把足球普修课作为整个足球课程建设的重点，是希望通过加大投入和加强管理使课程达到国际级精品课程的标准，再以重点目标的实现带动整体课程品质的提升。当然，足球普修课的教学目标也要渗透对学生足球文化意识培养及足球文化传播的目标。

二、教学细分目标

足球普修课教学的整体目标需要多个子目标的共同支撑，而且足球的社会意义和广泛需求也决定其教学目标的多元性。这种多元目标体系的建立要以足球课程共建整体目标及常规必修课的内容构成为依据，如此足球普修课教学的细分目标可以分为比赛能力、专项技能、理论学习、教学能力、教育实施及兴趣爱好六个方面，这些目标是相互联系、相辅相成、相互渗透和相互贯通的关系。

（一）比赛能力目标

使学生具备参加各种小型比赛的基本技能，能够对比赛有正确的认识及具备正确执行战术的能力；在具备一定比赛体验和全面技能的基础上初步形成位置特长；初步具备欣赏各种比赛的鉴赏力，能够通过比赛提高对本队选手和对手的观察和分析能力。

（二）专项技能目标

使学生全面掌握基础的个人攻守技术与小组攻守战术技能，具备相应的体能和心理素质；初步打下专项技能和实战能力的基础；通过各项技术的评定，达到技术达标的考核标准，并具备技术、战术练习和比赛实战中的示范能力。

（三）理论学习目标

使学生初步和系统地掌握专项技能训练和专项基础理论方面的知识；掌握启蒙和初级阶段技术训练和战术训练的原理与方法；初步掌握校园足球、足球训练基本概念与理念、规则裁判、组队训练和组织竞赛等方面的理论知识与方法。

（四）教学能力目标

使学生掌握中小学足球课教学及校园足球各项常规活动的组织方法与技能；学会运用启蒙和初级阶段技术与战术训练的原理与方法，以及初步掌握启蒙和初级训练组织与指导方面的技能；能够胜任一般基层足球比赛的组织和裁判工作。

（五）教育实施目标

使学生在课程学习中同步地受到人文素养和道德品质教育，利用足球的特点及其素质教育功能，增强学生的法纪观念、责任意识、顽强品质、团队意识、敬畏意识和规范意识等素养，通过教学促进学生各方面素质的提高。

（六）兴趣爱好目标

使学生认识和理解足球运动利于身心健康的原理，利用足球项目的竞争性、趣味性和娱乐性特点使学生在教学中获得更多的快乐，结识更多的朋友，促进学生身体和心理的健康及形成对足球的兴趣爱好，打下终生热爱足球的基础。

第三节　内容构成与教学进度

足球普修课是用于双方足球课程共建实验检验的课程，课程内容限定在常规必修课内容构成的“启蒙”和“初级”范围，是从启蒙训练和初级训练及其相应理论中选择实用和精要的内容，在课程设计与教学实施中还要根据情况做课程内容的取舍、重组和整合处理。以下阐述内容构成和教学进度两个方面的内容。

一、内容构成

双方足球课程共建足球普修课的内容构成包括课内比赛、专项技能训练和专项基础理论三个板块，其完整的课程共 64 学时 32 次课，每次课两个学时。其中课内比赛的 12 学时有 6 个比赛主题；专项技能训练的 36 学时有 18 个训练主题；专项基础理论的 16 学时是选择与课内比赛和专项技能训练相配的课程内容。课内比赛和专项技能训练的室外实践课共48学时，分6个单元；每个单元8学时，均是1次课内比赛和3次专项技能训练；课内比赛是专项技能训练的核心和目标，三次专项技能训练是围绕课内比赛的需要而安排课程内容及组织训练。综述以上的课程构成可以判断：其一，足球普修课的教学时数明显不足；其二，课程所包含的专项技能训练和理论学习内容的“容量”较大。这样足球普修课的内容需要一个精选的过程，其内容构成及教学实施的进度编排与方法设计都需要细致和周密的设计。

（一）课内比赛内容构成

足球普修课主要是以启蒙和初级训练内容及其配套理论为课程内容，其中的课内比赛占课时数的20%，比赛包括三人制、四人制、五人制和八人制四种赛制形式。按照前文所述训练与比赛的关系，课内比赛是专项技能训练的内容，也属于实战训练的内容；课内比赛是课程的核心，起到龙头作用，是专门组织的以夺锦标为目的的室外课。所以课内比赛是独立的课程内容，每次课内比赛都有不同的主题和目标。专项技能训练所安排的比赛训练，即便与课内比赛形式完全相同，也仍然属于实战对抗训练的范畴。

图3-1是足球普修课课内比赛的内容构成：包括三人制、四人制、五人制和八人制四种赛制，每一种赛制根据班内比赛和班际比赛编排及教学进展情况选用联赛和淘汰赛的形式。三人制比赛是班内比赛各安排一次联赛和淘汰赛；四人制比赛是各安排一次班内联赛和班际联赛；五人制比赛是各安排一次班内联赛和班际淘汰赛；八人制比赛是各安排一次班内联赛和班际联赛。课内比赛是专门的比赛课，赛前准备热身、技术准备和战术准备要围绕比赛的需要，课内比赛同时也是技术和战术技能的综合复习。不同赛制的比赛时间及其内容与形式会有差异，例如，三人制比赛用一次课三分之一的时间，采用联赛和淘汰赛两种赛制。课内比赛设计无论是整体布局还是一次课的安排，都要保证有充足的比赛时间，以能够让每一个学生都比较充分地体验比赛。课内比赛是正式比赛，正式比赛之外的比赛训练和班际邀请赛的次数应当不少于正式比赛的次数。

足球普修课学生的比赛体验主要依托于课内比赛，随着课程进展，除了每个单元要安排一次课内比赛之外，也要适当安排相同形式的比赛训练及适应性的战术训练，使学生对比赛有一个准备和适应的过程，并注意让所有学生都有均等的比赛机会。课内比赛的组织要注意营造比赛环境和氛围，要鼓励在比赛中进行良性竞争，强调以比赛获胜为荣，以保证比赛具有较强的对抗性，凸显课内比赛的核心地

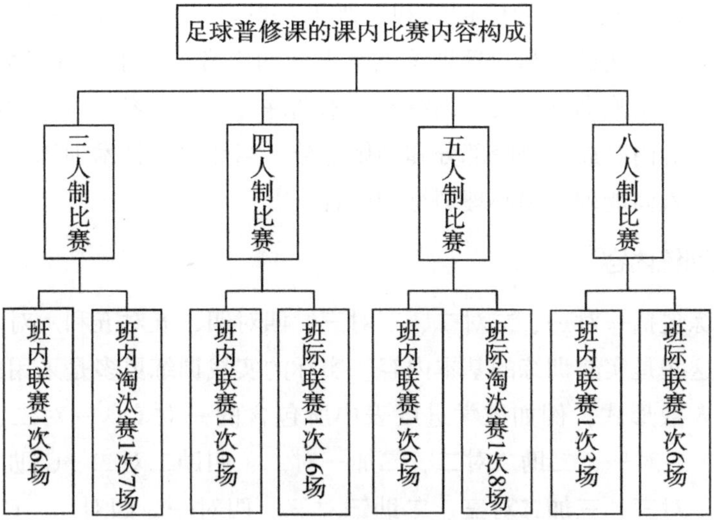

图 3-1　足球普修课课内比赛内容构成

位和龙头作用，让学生体验比赛竞争之激烈的同时积累比赛经验。课内比赛要让学生自己完成组织工作，教师指导学生担任赛程编排、裁判和教练的角色，例如，要引导担任教练的学生进入教练角色，通过组织热身活动、布置比赛任务和在比赛中指导等方式让学生尝试执教，这样利于培养和提高学生组织竞赛及各方面的能力。

足球普修课的课内比赛和专项技能训练同为室外实践课，所以教学进度设计两者是融为一体的。室外实践课共 24 次分为 6 个单元，每 4 次课一个单元，每个单元都是围绕 1 次课内比赛组织 3 次专项技能训练。专项技能训练是围绕课内比赛的主题而设计技术、战术、体能和心理训练，也要通过各种实战对抗和比赛训练不断适应比赛。整体上 6 个单元的课内比赛是有序和有层次地递进关系，是由易到难、由简到繁、由展现个人技术到小组战术的逐渐推进的一个过程。教学进度中的技术准备和战术准备的内容都比较单一，课内比赛和比赛训练则是反映多次训练的综合内容，教学进度中安排的游戏内容也更多是综合性的内容。

（二）专项技能训练内容构成

专项技能训练是整个足球普修课的主干和主要内容，占课时数的 60%，是支撑学生比赛实战能力的基础，其内容构成有着多元和复杂的特点。而且专项技能训练的内容并不是一成不变的，要根据学生足球基础、接受能力及课时数量等有选择地编排其内容。体育院校的足球课程建设经过长期实践积累了经验，普修课的专项技能训练一般归在启蒙训练和初级训练的范畴，包括实战训练、技术训练、战术训练、体能训练和心理训练五个方面的内容。由于课程时数相对较少，专项技能训练以实战训练、技术训练和战术训练为主要内容，体能训练和心理训练作为介绍性的内容放在热身部分和结尾部分，当然很多技术训练、战术训练和实战训练也融入体能训练和心理训练的内容。

1. 实战训练内容

实战训练包括一对一、二对二、三对三、四对四、五对五和六对六的等人数训练形式，这些是实战训练的基本内容。实际的实战训练更多是采用由等人数而衍生的非等人数形式，例如教学进度表中所包含的一对 G、一对二、四助一对一、二对 G、二对一、二助二对二、二加一对二、四助二对二、G 助二对二、三对一、三加一对三、三加二对三、二助三对三、四对一、四对二、G 助四对四、二助五对五等形式。以上是列举实验教学所采用的训练形式，实际上由等人数形式可以衍生出无数的实战训练形式与方法，而且各种等人数和不等人数的训练都可以进行场地、球门、规则及练习要求和方法上的改变。课内比赛和比赛训练从某种意义上也属于实战训练的内容，但由于课内比赛和比赛训练具有其特殊的作用效果，通常被单独地列为专项技能训练的一项内容。

2. 技术训练内容

运球：主要内容包括脚背外侧运球和脚背内侧运球；运球与各种控球、假动作、接球和踢球的组合技术。其次还有脚内侧运球、前脚掌拖运和拖滚运。

控球：主要包括前拖和后拖、内扣和外扣、外拉和内拉、脚背正面颠球和大腿颠球；各种控球的连续组合和相互组合及与各种运球、假动作、接球和踢球的组合。其次还有外拨、内拨和内后拨；外挡、内挡和内后挡；颠球的脚内侧、脚背外侧、胸部和头部等八个部位。

假动作：主要包括内跨和外跨、假踢、假抢；各种假动作连续组合和相互组合及与各种运球、控球、接球及踢球的组合。其次还有脚背内侧假运球起动（“马修斯技术”）、脚背外侧假运球起动（“罗纳尔多技术”）及假拖、假扣、假顶、假接等假动作。

踢球：主要包括脚内侧踢地滚球、直接踢各种不同方向来球；脚背正面射门；脚背外侧踢地滚球、蹭踢、踢弧线球；脚背内侧踢低平球、过顶球及蹭踢；各种踢球与各种运球、控球、假动作、抢球及接球技术的组合。其次还有脚内侧踢空中球、反弹球及经支撑脚后向侧方或前方踢球；脚背外侧直接踢各个方向来球、空中球和反弹球；脚尖踢和脚跟踢；脚背正面踢倒钩球和侧身凌空球。

接球：主要包括内侧接地滚球及各种接球转身、经支撑脚后置另侧、脚内侧接空中球和反弹球；脚背外侧接地滚球、空中球和反弹球；脚底接地滚球、胸部挺胸式和收胸式接球；各种接球与接球前的跨球、假踢、假运和假接等组合及接球后与各种运球、控球、假动作和踢球的组合。其次还有脚内侧和前脚掌转让护球置身前或身后；脚背外侧转让扣接、转让跨球扣接；脚背内侧接地滚球置身前、让球扣接；脚背正面和大腿接空中下落球、平高球；头部接球和腹部接球。

头顶球：主要包括前额正面和前额侧面顶球及其传球和射门。

抢球：主要包括脚内侧堵抢、断抢和拦截及合理冲撞抢球；各种抢球与各种运球、控球、假动作及踢球的组合。其次还有脚背外侧堵抢、断抢和拦截；正面单脚盘腿铲球、侧面异侧脚脚内侧或前脚掌铲抢及同侧脚脚背外侧铲抢。

守门员技术：包括移动的滑步、交叉步及前后左右移动；接或挡平高球、高球、低平球、地滚球；低手抛、肩上抛、甩抛及踢传。其次还有扑接或扑挡球技术；后场门前四对二或五对三的站位、接应与倒脚及指挥发球发动进攻。

足球技术训练内容非常多，普修课不可能完成所有技术内容的学习，以上“其次还有”的内容都为介绍和了解性的技术。训练课热身部分的熟悉球性和游戏练习版块可以把更多的技术内容介绍给学生，技术基础较差的学生可以作为游戏或协调性练习，技术基础好的学生则可以更多地掌握技术。

3. 战术训练内容

比赛阵型与战术打法：三人制、四人制、五人制和八人制比赛阵型的基本排列及其主要攻防变化；各个位置的职责与打法；进攻三角站位及其角度变化及站位的靠近与拉开；防守的平行站位、密集及保护与换位；五人制和八人制防守移动的“放射线原理”与进攻移动的“站位原理”；定位球进攻与防守的基本战术方法及变化等。

个人进攻战术：包括运球、控球、突破、传球、接球、射门、无球进攻战术。

个人防守战术：包括个人防守选位、盯人、保护、逼压、延缓、抢断、反抢。

小组进攻战术：2~3 人的控传、插传、传插、创造一对一、墙式、后套、交叉。

小组防守战术：2~3 人的二人协防、补位换位、三人协防、二人夹抢。

守门员个人战术：进攻无球站位与接应；有球运控、传球和接球；防守保护站位与抢断。

以上个人和小组攻守战术在比赛实战中的运用是复杂和多变的，其每一项内容又都有细致的划分，例如，运球有空当运球、对人运球、快运摆脱、快运推进、变速运球等；控球有控球变向、控球摆脱、连续控球摆脱、控球急停；突破有快运超越、连续突破、变速突破、强行突破、假突摆脱、突破助传；传球有传脚下球、空当传球、转移传球、逼近传球、助攻传球、假传变向；接球有接球护球、接球变向、接球摆脱、接球推进、接球突破、假踢接球；射门有摆脱射门、突破射门、假射摆脱、推进射门、控传射门、远距离射门、门前一脚射门、包抄射门和一接一射；无球个人进攻战术包括站位、接应、摆脱和插上等。

4. 体能训练内容

主要作为热身准备部分的介绍性内容，简要介绍灵敏、柔韧、协调和力量四个方面的素质。灵敏素质训练包括各种步法的移动、跑动与急停转身的练习；各种跳跃、跨越和身体姿势变化的练习；各种有球技术的快速专门练习。柔韧素质训练包括各种拉伸、踢摆、扭转及大幅度完成各种有球技术的练习。协调素质训练包括各种徒手或利用器械的体操、平衡、即兴动作模仿及行进中有节奏和变化节奏的节拍操练习。力量素质训练包括各种克服体重的俯卧撑、仰卧起、蛙跳、单腿跳、背人跑、冲撞及轻负重的结合球练习。体能内容多数融合于技术训练内容之中。

5. 心理训练内容

普修课没有专门心理训练的安排，而是在训练中对学生施加各种心理影响，通过足球场上的礼仪、集散及各种形式的训练和比赛等教育和影响学生。心理训练包括培养懂礼貌、知礼节的文明习惯，能够尊重他人，培养学生的自尊心与自信；遵守公共道德规范，遵纪守法；培养独立思考和熟练应对变化的能力；把足球作为兴趣爱好，积极参与足球；能够克服困难和承受压力，敢于挑战和担当职责；培养不畏强手、顽强拼搏的品质；树立正确的团队合作观念。心理内容融于战术训练内容之中。

以上的实战、技术、战术、体能和心理训练等内容都可以拓展或缩减，每项内容及其细分内容的练习时间、次数、形式和方法，以及难度和目标要求都可以适度提高或降低，所以教学进度的编排是相对灵活和可调的。但教学进度的设计与编排要以技术和战术内容为主线，并要注意符合如下的要求：第一，技术教学与战术教学同步推进；第二，对抗形式训练是技能训练，要完成技术向技能的转化；第三，技术、战术及对抗训练都要以比赛为核心。总之，一方面，课程要通过技术和战术练习提高学生的比赛能力；另一方面，在比赛过程中也要练习技术、运用战术及达到一定的战术目的。

（三）专项基础理论内容构成

1. 专项基础理论的主题构成

足球普修课的专项基础理论教学是围绕课内比赛和专项技能训练的需要，目标是使学生初步掌握与课程配套的全面的基础理论知识和提高足球素养。足球普修课的专项基础理论只包括技能训练理论和技能基础理论的内容，占课时数的20%。表3-1是足球普修课专项基础理论的主题构成及其课时分配的内容，一共八个主题，其中四个属于技能训练理论，四个属于技能基础理论。八个主题的具体内容均选自启蒙理论和初级理论，八个主题共同构成足球普修课专项基础理论的内容架构。足球普修课的专项基础理论是整体足球课程理论体系的一部分，就像“足球普修课教学实施方案”是“足球课程共建整体设计方案”的一个组成部分。

表3-1 足球普修课专项基础理论的主题构成及其课时分配

类别	主题构成	课程内容选自	课时数（节）
技能训练理论	校园足球及其各项活动组织方法	启蒙理论	2
	小型足球比赛阵型与战术打法	启蒙和初级理论	2
	启蒙与初级技术训练的原理与方法	启蒙和初级理论	2
	启蒙与初级战术训练的原理与方法	启蒙和初级理论	2
技能基础理论	足球训练的基本概念与基本理念	启蒙理论	2
	足球队组建及训练规划与执行	初级理论	2
	足球竞赛规则与裁判法（一）	初级理论	2
	足球竞赛规则与裁判法（二）	初级理论	2

2. 专项基础理论内容构成

足球普修课专项基础理论的内容是从整个专项基础理论中精选的部分内容，

其内容限于启蒙理论和初级理论的范围。所有常规必修课的专项基础理论都要符合课内比赛和专项技能训练的需要，而足球普修课的课时有限，所以只从启蒙理论和初级理论中选择适合于普修学生基础、授课时限和利于实现教学目标的部分。专项基础理论八个主题的细分内容是经过压缩的精选内容，其构成如下。

（1）校园足球及其各项活动组织方法：校园足球与学校教育的关系；校园足球的基本内容；校园足球主体及各主体的职责；校园足球各项活动的组织方法。

（2）小型足球比赛阵型与战术打法：训练与比赛及比赛阵型与战术打法的关系；各种小型比赛的阵型及其攻守变化原理；比赛、比赛训练与训练的统筹安排；比赛阵型与战术打法的训练方法。

（3）启蒙与初级技术训练的原理与方法：技术分类及其与战术、体能和心理的关系；启蒙与初级技术训练内容构成；启蒙与初级技术训练的理念和游戏方法；围绕技术训练要点的比赛战术分析。

（4）启蒙与初级战术训练的原理与方法：战术分类及其与比赛阵型和战术打法的关系；启蒙与初级战术训练内容构成；启蒙与初级战术训练原理与方法演绎；围绕个人和小组战术训练要点的比赛战术分析。

（5）足球训练的基本概念与基本理念：足球训练基本概念及相关概念；足球训练基本理念及训练原则；足球训练的认识基础与发展基础；足球训练的诸多概念与理念。

（6）足球队组建及训练规划与执行：足球队组建与管理；训练计划模式及其制定与实施；训练取材及训练主题和教案；训练的降阶式设计原理与应用。

（7）足球竞赛规则与裁判法（一）：竞赛规则的精神实质及其发展演变；三条基本规则与重要规则内容；足球普修课和基层比赛常见的犯规、违规与判罚；结合比赛视频判别和分析队员的动机与犯规。

（8）足球竞赛规则与裁判法（二）：全面系统地解读规则与裁判法问题；深入细致地分析、理解重点章节和条文；裁判员执法的基本方法、要点及案例分析；优秀裁判员表现及正反典型案例的视频分析。

二、内容布局与教学进度

足球普修课教学进度的设计是完成教学实施的必要一环，需要按照课内比赛、专项技能训练和专项基础理论三个板块进行具体的内容布局，进而完成课程内容的系统调配与编排，其中的专项技能训练要有内容取舍的过程，要将内容进行重组和重复，也要结合实践和经验进行教学进度的排序。以下从两个方面分别阐述：其一是内容布局；其二是教学进度。

（一）内容布局

按照课内比赛占 20%、专项技能训练占 60%、专项基础理论占 20% 的课程架构比例，把三个方面的内容进行细分，再按照以上的比例把细分的内容对应各自的课时量进行内容布局，见表 3-2。课内比赛采用三人制、四人制、五人制和八人制四种赛制，按照比例分配到 12 学时 6 次课中，并把四种赛制及具体的比赛办法编排其中；专项技能训练细分为比赛训练、实战训练、技术训练、战术训练、裁判训练及体能和心理训练，按照比例分配到 36 学时 18 次课中；专项基础理论分为校园足球及其各项活动的组织、小型足球比赛阵型与战术打法、启蒙与初级足球技术训练原理与方法、启蒙与初级战术训练原理与方法、足球训练基本概念与基本理念、足球队组建及训练规划与执行和足球竞赛规则与裁判法，按照比例分配到 16 学时 8 次课中。内容布局按照整体课程设计的理念和原则并结合足球普修课的具体实际，以确保各项内容的教学实施系统有序。

表 3-2　足球普修课教学的内容布局

课程构成与基本教学内容		教学实施的不同形式及其课时数						总课时数（N=64）
构成	基本教学内容	实践（课时）（N=48）	实习（课时）【N=（10）】	自修（课时）【N=（13）】	理论（课时）（N=16）	讨论（课时）【N=（3）】	录像（课时）【N=（3）】	
课内比赛	三人制比赛	2						2
	四人制比赛	4						4
	五人制比赛	4						4
	八人制比赛	2						2
专项技能训练	比赛训练	10	（2）	（4）				10
	实战训练	8	（2）	（4）				8
	战术训练	8	（2）	（2）				8

续表

课程构成与基本教学内容		教学实施的不同形式及其课时数						
构成	基本教学内容	实践（课时）（N=48）	实习（课时）【N=（10）】	自修（课时）【N=（13）】	理论（课时）（N=16）	讨论（课时）【N=（3）】	录像（课时）【N=（3）】	总课时数（N=64）
专项技能训练	技术训练	10	（2）	（2）				10
	裁判训练		（2）	（1）				
	体能和心理训练	（2）						
专项基础理论	校园足球及其各种活动的组织				2	（0.5）	（0.5）	2
	小型足球比赛阵型与战术打法				2	（0.5）	（0.5）	2
	启蒙与初级技术训练原理与方法				2	（0.5）	（0.5）	2
	启蒙与初级战术训练原理与方法				2	（0.5）	（0.5）	2
	足球训练基本概念与基本理念				2	（0.5）		2
	足球队组建及训练规划与执行				2	（0.5）		2
	足球竞赛规则与裁判法				4		（1）	4
	考核与机动							

注：表中阿拉伯数字为课时数；括弧中阿拉伯数字为学生自学、做作业、个别练习或实习及隐形教学的时数，不计算在课时数内。

以上的布局形成了一个相对细化、有序和对应预定课时比例的内容体系，而且其中课内比赛、专项技能训练、专项基础理论及其细分的内容，相互之间并不是各自独立和一成不变的，而是相互联系、渗透、转换的辩证统一关系。专项基础理论的各项内容虽然在整体课程内容构成中仅作为辅助的角色，但也有其独立的理论体系，对课内比赛和专项技能训练及整体课程都发挥着重要的作用。

任何足球课程的理论体系构建都是一项意义重大的工作，足球普修课的专项基础理论建设也需要密切地联系实际，要遵循理论建设自身的规律和原则。足球普修课技能训练理论和技能基础理论的构建都是遵循“先实践后理论”“实践结合理论”的原则，就是在理论学习之前必须首先实践，从而获得实践感知，在经过技能实践体验之后形成认识，理论学习重视反馈和说明实践过程中出现的问题。我们以往的足球理论教学多半是脱离实际的，教材及理论学习内容看上去很系统，但实际上并没有真正指导训练实践。

（二）教学进度

足球普修课的教学进度编排要以课程的教学理念、原则、目标和内容布局为依据，要遵循足球规律及符合普修课教学的特点，再根据授课次数和时数、学生足球基础和教学条件等制订教学进度计划。课程的内容布局虽然已经描绘了教学的大致轮廓，但要全面和清晰地展示课程的教学内容和步骤，还需要编制教学进度计划。以下是“课内比赛与专项技能训练进度”和“专项基础理论教学进度”的阐述和说明。

1. 课内比赛与专项技能训练进度

表 3-3 是足球普修课课内比赛和专项技能训练的进度，呈现的是实践课内容整体和有序的搭配组合与编排。进度表纵向展现的是 24 次实践课清晰的次序，其中每 4 次课一个单元，每单元都有相应的主题；每个单元之后都有一个文字说明框，框内提炼和归纳了一个单元 4 次课的基本内容及各项内容的训练要点；全部 6 个单元都是每个单元 1 次课内比赛和 3 次专项技能训练。进度表横向左侧的标题是每次实践课的“训练主题及战术、技术与热身内容设定”，右侧标题是“实践课教案的训练内容顺序编排”。课内比赛和专项技能训练的教学进度是大体的内容构成，教学实施需要根据具体情况随机做灵活的调整。

表 3-3　足球普修课课内比赛和专项技能训练的进度

课次	第一单元（主题：三人制比赛及运球与控球技术和战术）	
	训练主题及战术、技术与热身内容设定	实践课教案的训练内容顺序编排
一	主题：三人制比赛利用空当运球和变向摆脱进攻 1. 战术准备：一对一利用空当运球和变向摆脱； 2. 技术准备：脚背外侧运球、前拖、后拖、内拨、外拨； 3. 热身准备：脚背外侧运球、前拖及运绕射门游戏	1. 双脚脚背外侧运球、前拖及运绕一对 G 射门循环游戏； 2. 脚背外侧运球前拖、后拖、内拨、外拨及合理变向游戏； 3. 一对一利用空当运球和变向摆脱的双向运球穿越； 4. 实习及三人制比赛利用空当运球和变向摆脱进攻
二	主题：二对二利用对人运球和内跨摆脱攻门 1. 战术准备：一对一攻双门利用对人运球和内跨摆脱； 2. 技术准备：脚背内侧运球、内跨外挡、内拨或外拨； 3. 热身准备：脚背内侧运球、内跨外挡外拨及快运游戏	1. 双脚脚背内侧运球、内跨外挡外拨及快运交换阵地游戏； 2. 脚背内侧运球、内跨外挡、内拨或外拨摆脱及金鱼摆尾游戏； 3. 一对一攻双门利用对人运球和内跨内拨或外拨摆脱； 4. 足球大课间：二对二利用对人运球和内跨摆脱攻门
三	主题：二对二利用空当快运和急停摆脱双向过线 1. 战术准备：一对一利用快运和护球摆脱双向过线； 2. 技术准备：脚背外侧运球外扣，前拖、后拖组合； 3. 热身准备：脚背外侧运球前拖后拖、快运及捉鸡游戏	1. 脚背外侧运球前拖、后拖、快运及老鹰捉小鸡游戏； 2. 脚背外侧运球外扣，前拖后拖组合及八个技术测评； 3. 一对一利用空当快运和急停变向摆脱双向过线； 4. 校园足球节：二对二利用空当快运和急停摆脱双向过线
四	主题：三人制比赛利用快运推进和连续摆脱进攻 1. 战术准备：一对一空当快运和连续摆脱四向运穿； 2. 技术准备：外扣及与前拖和后拖组合、连续摆脱； 3. 热身准备：八个控球技术复习、颠球及护鸡游戏	1. 双脚八个控球技术复习、脚背正面颠球及母鸡护小鸡游戏； 2. 运球外扣及与内跨、前拖后拖组合及母鸡逗老鹰游戏； 3. 一对一空当快运、护球摆脱和连续摆脱四向运穿； 4. 教练实习及三人制联赛利用快运推进和连续摆脱进攻

续表

<table>
<tr><td rowspan="2">课次</td><td colspan="2">第一单元（主题：三人制比赛及运球与控球技术和战术）</td></tr>
<tr><td>训练主题及战术、技术与热身内容设定</td><td>实践课教案的训练内容顺序编排</td></tr>
<tr><td colspan="3">课内比赛：三人制比赛及进攻“12”与防守“21”站位；
对抗训练：一对 G、一对一、二对二；
技术：脚背外侧运球、前拖、后拖、脚背内侧运球、内跨、外挡、内挡、内拨、外拨、外扣、脚背正面颠球；
战术：空当运球、快运、变向摆脱、对人运球、合理身位、护球摆脱、快运推进、摆脱射门、连续摆脱；
游戏：一对 G 推射、交换阵地、金鱼摆尾、老鹰捉小鸡、母鸡护小鸡、母鸡逗老鹰；
运控要点：抬头观察、利用空当、变向变速、合力身位</td></tr>
<tr><td rowspan="2">课次</td><td colspan="2">第二单元（主题：四人制比赛及突破与射门技术和战术）</td></tr>
<tr><td>训练主题及战术、技术与热身内容设定</td><td>实践课教案的训练内容顺序编排</td></tr>
<tr><td>五</td><td>主题：四人制比赛利用假射摆脱和推进射门
1. 战术准备：二对二利用假射摆脱和快运推进攻双门；
2. 技术准备：脚背正面射门、假射内拨或外拨摆脱；
3. 热身准备：运球假射、脚背正面射门及摆脱射门游戏</td><td>1. 双脚运球假射、脚背正面射门及一对 G 引蛇出洞射门游戏；
2. 脚背正面射门、假射内拨、外拨及一对 G 射门游戏；
3. 二对二利用假射摆脱和快运推进攻双门；
4. 实习及四人制比赛利用假射摆脱和快运推进射门</td></tr>
<tr><td>六</td><td>主题：二对二利用变向摆脱和快运加速突破过线
1. 战术准备：一对一利用变向摆脱和快运加速突破；
2. 技术准备：运球外拨、内拨摆脱、内扣推拨摆脱；
3. 热身准备：运球外拨、内拨、内扣及突破闯关游戏</td><td>1. 脚背外侧运球外拨、内拨、内扣变向及突破闯关游戏；
2. 运球外拨、内拨摆脱、内扣摆脱及相向运球摆脱和快运；
3. 一对一利用变向摆脱和快运加速突破过线；
4. 实习及二对二利用变向摆脱和快运加速突破过线</td></tr>
<tr><td>七</td><td>主题：三对三利用假动作突破和假射摆脱射门
1. 战术准备：一对一利用假动作突破和假射摆脱射门；
2. 技术准备：外跨换脚推拨、假射推拨、脚背正面射门；
3. 热身准备：运球外跨、正脚背射门及射杀游戏</td><td>1. 运球外跨换脚外拨、内拨、脚背正面射门及双向射杀游戏；
2. 脚背外侧运球外跨、换脚外拨或内拨和脚背正面射门；
3. 一对一利用假动作突破、内扣突破和假射摆脱射门；
4. 实习及三对三利用假动作摆脱突破和假射摆脱射门</td></tr>
</table>

续表

<table>
<tr><td rowspan="2">课次</td><td colspan="2">第二单元（主题：四人制比赛及突破与射门技术和战术）</td></tr>
<tr><td>训练主题及战术、技术与热身内容设定</td><td>实践课教案的训练内容顺序编排</td></tr>
<tr><td>八</td><td>主题：四人制比赛利用假射摆脱和连续突破进攻
1. 战术准备：二对二利用假射摆脱和连续突破射门；
2. 技术准备：交替内扣、交替外跨、连续突破射门；
3. 热身准备：运球外跨、内扣及连续闯关游戏</td><td>1. 双脚运球外跨、内扣、假射内扣及连续闯关游戏；
2. 运球交替内扣、假射内扣、交替外跨及连续突破射门；
3. 二对二利用假射摆脱、突破和连续突破射门；
4. 教练实习及四人制比赛利用假射摆脱和连续突破进攻</td></tr>
<tr><td colspan="3">课内比赛：四人制比赛及“121”、“13”与“31”阵型变化；
对抗训练：一对G、二对二、一对一、三对三；
技术：脚背正面射门、假射外拨或内拨、内扣内拨或换脚外拨、外跨换脚外拨或内拨、假射内挡或外挡；
战术：假射摆脱、摆脱射门、变向变速突破、突破射门、推进射门、连续突破、远距离射门；
游戏：一对G射门、一对G引蛇出洞、突破闯关、连续闯关、双向射杀；
突破要点：逼近和观察对手、前方空挡、变向摆脱（假动作）、快运加速；
射门要点：抬头看球门和守门员、利用假射、靠近球门、把握机会</td></tr>
<tr><td rowspan="2">课次</td><td colspan="2">第三单元（主题：五人制比赛及小组控传、站位、接应、插传与射门技术和战术）</td></tr>
<tr><td>训练主题及战术、技术与热身内容设定</td><td>实践课教案的训练内容顺序编排</td></tr>
<tr><td>九</td><td>主题：二助二对二利用小组控传和稳妥推进推射
1. 战术准备：二助一对一利用站位控传和推进推射；
2. 技术准备：脚内侧传、接、假传、三对一控传；
3. 热身准备：运球假传、脚内侧传、接及二对G游戏</td><td>1. 运球假传、脚内侧传、接及二对G引蛇出洞推射游戏；
2. 脚内侧传球、接球、脚底接及三对一接应控传；
3. 二助一对一利用“12”站位控传推进和稳妥推射；
4. 实习及二助二对二利用“121”站位控传和稳妥推射</td></tr>
<tr><td>十</td><td>主题：二助三对三“131”控传和插传配合进攻推射
1. 战术准备：二助二对二假传控传和插传配合推射；
2. 技术准备：脚内侧加力传、接、推接、四对二运控传；
3. 热身准备：脚内侧假传、传接及一对一运控游戏</td><td>1. 左右脚内侧假传拖转、传接及二助一对一护球运控游戏；
2. 脚内侧传接、推接、异后推接及四对二站位传位游戏；
3. 二助二对二利用“121”站位小组控传和插传配合推进推射；
4. 实习及二助三对三利用“131”站位控传和插传配合推射</td></tr>
</table>

续表

<table>
<tr><td rowspan="2">课次</td><td colspan="2">第三单元（主题：五人制比赛及小组控传、站位、接应、插传与射门技术和战术）</td></tr>
<tr><td>训练主题及战术、技术与热身内容设定</td><td>实践课教案的训练内容顺序编排</td></tr>
<tr><td>十一</td><td>主题：三加二对三利用局部控传和稳妥推进射门
1. 战术准备：三加二对三局部控传和无球接应、摆脱；
2. 技术准备：脚内侧、外侧传接、护接、二助二对二；
3. 热身准备：脚内侧、外侧运传、蹭传及接反弹球游戏</td><td>1. 圆周轮换脚内侧、外侧运传、蹭传及一抛一接反弹球游戏；
2. 脚内侧、外侧传接、摆脱接、护接及二助二对二接球控传；
3. 三加二对三利用倒脚、无球接应和摆脱的局部控传；
4. 实习及三加二对三利用局部控传和接应或摆脱接球推进射门</td></tr>
<tr><td>十二</td><td>主题：五人制比赛利用控传、插传和传插配合进攻
1. 战术准备：三加一对三利用传插和插传配合控传；
2. 技术准备：脚内侧、外侧一脚传及站位移动传接；
3. 热身准备：脚内侧、外侧传接及合围射杀游戏</td><td>1. 脚内侧颠球、左右脚内侧、外侧传接及合围射杀游戏；
2. 脚内侧、外侧传接、一脚传及“121”“22”站位移动传接；
3. 三加一对三利用插传、传插配合和空当传球局部控传；
4. 教练实习及五人制比赛“121”站位控传、传插和插传进攻</td></tr>
<tr><td colspan="3">课内比赛：五人制比赛及“121”“22”“13”阵型变化；
对抗训练：二助二对二、二助一对一、三对一、二对 G、二助三对三、四对二、三加二对三、三加一对三；
技术：脚内侧传、接、推射，脚外侧传、接、蹭传、射门，假传或假射连接内扣、外拨、前拖、后拖，护接；
战术：个人无球站位、接应、摆脱和插上、空当传球、助攻传球、假射摆脱；小组控传、稳妥推射、插传、传插；
游戏：二对 G 引蛇出洞推射、一对一护球运控、接踢反弹球、合围射杀；
传球要点：准确、力度、时机、隐蔽；
接球要点：观察接应、主动迎球、合理身位和面向、攻击性；
无球战术要点：抬头通观全局、呼应持球队友、注意身边对手、随机移动变化；
小组控传要点：拉开与反拉、接应角度与距离、利用假传运控、灵活摆脱、空当传球与插跑、利用倒脚、持球人护球呼应；
控传进攻要点：稳妥控球、保持连接、呼应沟通、寻机推进；
插跑配合要点：空当、传球线路、时机、呼应</td></tr>
<tr><td rowspan="2">课次</td><td colspan="2">第四单元（主题：五人制比赛及守门、防守、空中球与定位球技术和战术）</td></tr>
<tr><td>训练主题及战术、技术与热身内容设定</td><td>实践课教案的训练内容顺序编排</td></tr>
<tr><td>十三</td><td>主题：五人制比赛守门员站位及组织和指挥攻守
1. 战术准备：五人制守门员攻守站位和组织攻守演练；</td><td>1. 守门员移动、接、挡、抛、踢及二人大力抛接游戏；
2. 守门员接挡高球、低平球、地滚球、抛踢及进攻时接应；</td></tr>
</table>

续表

课次	第四单元（主题：五人制比赛及守门、防守、空中球与定位球技术和战术）	
	训练主题及战术、技术与热身内容设定	实践课教案的训练内容顺序编排
十三	2. 技术准备：守门员接、挡球，抛、踢球、进攻接应； 3. 热身准备：守门员移动、接挡、抛踢及抛接游戏	3. 五人制守门员攻守站位和组织进攻与防守轮换演练； 4. 实习及五人制比赛守门员站位及组织和指挥攻守
十四	1. 战术准备：防守“31”站位、协防保护和逼压抢断； 2. 技术准备：防守断截、逼压、抢球、延缓及协防； 3. 热身准备：防守移动、对脚、跨步抢球及拦截游戏	1. 防守移动、碎步上移、二人对脚、跨步抢球及拦截传穿游戏； 2. 一对一断截、逼压、抢球、一对二延缓及二人协防； 3. 五人制防守“31”站位、协防保护移动和逼压抢断演练； 4. 实习及五人制“31”防守站位协防、阵型移动、逼压抢断
十五	主题：二助三对三传、接空中球及门前争顶射门 1. 战术准备：二助二对二传、接空中球和高点顶传； 2. 技术准备：脚内侧踢、接空中球、侧额顶、顶射； 3. 热身准备：正额颠、顶及四助一对一抛顶游戏	1. 正额颠球、顶球、移动顶球及四助一对一抛顶游戏； 2. 脚内侧传、接空中球，侧额顶及助抛门前顶射； 3. 二助二对二脚内侧传、接空中球和高点顶传； 4. 实习及二助三对三传、接空中球及门前争顶射门
十六	主题：五人制比赛利用控传推进和定位球攻守 1. 战术准备：五人制攻守阵型变化、定位球攻守演练； 2. 技术准备：站位控传、异后推接、定位球传、射； 3. 热身准备：外拉内推、异后内推及包抄传射游戏	1. 左右脚外拉内推、异后内推、脚尖传及包抄传射游戏； 2. 站位控传、脚底接、异后推接及定位球射门与配合射门； 3. 五人制攻守阵型变化及任意球和角球攻守演练； 4. 教练实习及五人制比赛利用控传推进和定位球攻守
课内比赛：五人制比赛及防守阵型“31”与进攻阵型“121”“13”变化； 对抗训练：二助三对三、二助二对二、四助一对一、二对二、一对二； 技术：守门员技术，防守断截、抢球，正额顶、侧额顶，脚内侧传、接空中球，外拉内推、异后内推、内拉内推； 战术：守门员站位、组织和指挥攻守、接应，防守站位、协防保护、逼压、抢断、延缓，高点争顶，定位球攻守，门前包抄；		

续表

<table>
<tr><td rowspan="2">课次</td><td colspan="2">第四单元（主题：五人制比赛及守门、防守、空中球与定位球技术和战术）</td></tr>
<tr><td>训练主题及战术、技术与热身内容设定</td><td>实践课教案的训练内容顺序编排</td></tr>
<tr><td colspan="3">游戏：二人大力抛接、拦截传穿、自抛顶远、包抄传射；
守门员基本要点：优先站位和保护、进攻接应、融入整体、指挥攻守；
抢球要点：洞察对手破绽和失误、果断出击、不留余力、胜转败追；
头顶球要点：看球移动抢前抢高、吃正部位、合理收颌紧颈、蹬地发力安全保护；
任意球攻防要点：第一点抢发或抢堵、攻门脚法过硬或人墙合理、配合快速默契或抢封射门、第二点争夺</td></tr>
<tr><td rowspan="2">课次</td><td colspan="2">第五单元（主题：五人制比赛及小组创造一对一、墙式和后套进攻战术）</td></tr>
<tr><td>训练主题及战术、技术与热身内容设定</td><td>实践课教案的训练内容顺序编排</td></tr>
<tr><td>十七</td><td>主题：五人制比赛创造前场一对一进攻机会
1. 战术准备：三对三利用拉开和斜插创造一对一突破；
2. 技术准备：二对二利用拉开或斜插创造一对一突破；
3. 热身准备：二人传接、拉开与斜插及二对一攻门</td><td>1. 二人传接反拉、横向拉开、斜插插传及二对一攻门；
2. 二对二利用拉开或反拉和斜插创造一对一突破进攻；
3. 三对三利用拉开和斜插创造一对一突破进攻机会；
4. 实习及五人制比赛控传推进中创造一对一进攻机会</td></tr>
<tr><td>十八</td><td>主题：二助三对三稳妥控传中创造墙式配合突破射门
1. 战术准备：二助二对二前点做墙创造墙式配合突破；
2. 技术准备：脚内侧、外侧一脚传球、墙式配合传切；
3. 热身准备：脚内侧、外侧传接及四对一一脚传游戏</td><td>1. 脚内侧、外侧传接、颠接空中球及四对一一脚传游戏；
2. 方形脚内侧、外侧传接、一脚传球及墙式配合传切；
3. 二助二对二“13”站位前点做墙创造墙式配合突破过线；
4. 实习及二助三对三“23”站位创造墙式配合突破射门</td></tr>
<tr><td>十九</td><td>主题：三对三小组控传创造后套前插突破射门
1. 战术准备：三对二小组控传创造后套前插突破过线；
2. 技术准备：脚尖传、脚背外侧传接、后套前插传接；
3. 热身准备：外拉内推、脚尖脚跟传及圆周后套前插</td><td>1. 外拉内推、颠挑颠接、脚尖、脚跟传及圆周后套前插；
2. 二人脚背外侧传接、捅传及后套前插传接或摆脱再传；
3. 三对二小组控传创造后套前插配合突破或个人突破过线；
4. 实习及三对三“12”站位小组控传创造后套前插突破射门</td></tr>
</table>

续表

<table>
<tr><th rowspan="2">课次</th><th colspan="2">第五单元（主题：五人制比赛及小组创造一对一、墙式和后套进攻战术）</th></tr>
<tr><th>训练主题及战术、技术与热身内容设定</th><th>实践课教案的训练内容顺序编排</th></tr>
<tr><td>二十</td><td>主题：五人制比赛利用后套前插和墙式配合突破进攻
1. 战术准备：四对四利用后套前插和墙式配合突破；
2. 技术准备：二加一对二控传创造后套和墙式突破；
3. 热身准备：脚内侧、外侧传接、三加一对二游戏</td><td>1. 脚内侧、外侧传接、蹭传及三加一对二后套和墙式游戏；
2. 二加一对二控传创造后套前插和墙式配合突破；
3. 四对四利用后套前插和墙式传切配合突破过线；
4. 教练实习及五人制比赛“22”站位后套和墙式配合突破进攻</td></tr>
<tr><td colspan="3">课内比赛：五人制比赛及进攻“22”“13”和防守“22”“31”阵型变化；
对抗训练：三对三、二对二、二对一、二助三对三、二助二对二、三对二、四对四、四对一、二加一对二；
技术：脚内侧、外侧一脚传，脚尖踢、脚跟传、脚背外侧接空中球、反弹球、脚背内侧和外侧蹭传；
战术：创造一对一进攻、墙式配合、后套前插配合；
游戏：四对一捉老鼠一脚传游戏、三加一对二捉老鼠游戏；
墙式配合要点：控球人逼近防守、前点接应做墙、传球与回球线路、前方空当与插上坚决；
后套配合要点：绕插持球队友异侧前方空当、持球队友稳住待机、传球在插上超越之前、传球或摆脱传与自己突破随机选择</td></tr>
<tr><th rowspan="2">课次</th><th colspan="2">第六单元（主题：八人制比赛及转移进攻、防守站位及定位球攻守技术与战术）</th></tr>
<tr><th>训练主题及战术、技术与热身内容设定</th><th>实践课教案的训练内容顺序编排</th></tr>
<tr><td>二十一</td><td>主题：八人制比赛利用控传及创造长传转移机会
1. 战术准备：二助五对五攻双门控传创造长传转移；
2. 技术准备：脚背内侧长传、接、三加二对三长传；
3. 热身准备：脚内侧接高球、胸接球及隔山打炮游戏</td><td>1. 脚内侧接空中球、反弹球、胸接球及隔山打炮游戏；
2. 脚背内侧长传、接空中球及三加二对三长传过顶球；
3. 二助五对五攻双门“232”站位控传创造长传球转移机会；
4. 实习及八人制比赛利用“3121”站位创造长传转移进攻</td></tr>
<tr><td>二十二</td><td>主题：G助六对六局部创造个人和小组配合突破射门
1. 战术准备：G助四对四小组控传创造突破射门；
2. 技术准备：摆脱接球、护接、控球摆脱射门或做球；
3. 热身准备：颠挑接空中球、反弹球及长传吊门游戏</td><td>1. 颠球挑起接空中球、反弹球及脚背内侧长传吊门游戏；
2. 一助一对一前场摆脱接、护接、控球摆脱射门或做球；
3. G助四对四小组控传创造个人突破和配合突破射门；
4. 实习及G助六对六“231”站位创造个人和小组突破射门</td></tr>
</table>

续表

<table>
<tr><td rowspan="2">课次</td><td colspan="2">第六单元（主题：八人制比赛及转移进攻、防守站位及定位球攻守技术与战术）</td></tr>
<tr><td>训练主题及战术、技术与热身内容设定</td><td>实践课教案的训练内容顺序编排</td></tr>
<tr><td>二十三</td><td>主题：六对六防守站位及逼压与抢球攻守对抗
1. 战术准备：防守阵型“321”“42”变化与比赛演练；
2. 技术准备：防守站位、断抢、逼压、跨步抢球；
3. 热身准备：防守移动、对脚、逼压及防守拦截游戏</td><td>1. 防守移动步伐、对脚、逼压及四对八拦截传球游戏；
2. 防守“31”站位的一对一断抢、逼压、抢球及四对四攻守；
3. 六对六防守阵型“321”与“42”站位变化及高位压迫演练；
4. 实习及六对六防守站位及断截、逼压与抢球攻守</td></tr>
<tr><td>二十四</td><td>主题：八人制比赛全面攻守和定位球攻守
1. 战术准备：二助五对五传中包射和定位球攻守演练；
2. 技术准备：定位球攻守、接球转身射门、直接射门；
3. 热身准备：边路运球、前插接球及传中找点游戏</td><td>1. 边路运球传中、前插接球传中及传中找点包射游戏；
2. 八人制任意球、角球攻守及接球转身射门和直接射门；
3. 二助五对五利用边路传中与包抄射门、定位球攻守演练；
4. 教练实习及八人制比赛全面攻守及角球、任意球攻守</td></tr>
<tr><td colspan="3">课内比赛：八人制班际联赛及八人制“3121”“232”“123”阵型变化；
对抗训练：二助五对五、三加二对三、G 助六对六、G 助一对一、G 助四对四、一助一对一、四对四；
技术：脚背内侧长传、脚内侧接空中球、反弹球、胸接球、防守移动断抢、拦截、逼压、抢球、护接；
战术：转移进攻、远距离射门、突破射门、防守移动、边路传中、多点包抄、交替前插、定位球攻守；
游戏：隔山打炮、长传吊门、防守拦截、传中找点；
抢球要点：里线卡位、快速逼压、主动断抢、抢失回追；
断拦技术要点：合理站位、专注控球人出脚、迎球前移迅速、跨步断抢或拦抢；
逼压要点：抓机逼近、相距一米、侧身选位、低身看球；
传中包抄要点：传中抢先攻其不备、前点大力后点精准、包抄前点近门和后点远门、前点抢先和后点迂回</td></tr>
</table>

2. 专项基础理论教学进度

表 3-4 是足球普修课专项基础理论课的教学进度，呈现的是与课内比赛和专项技能训练相配套的理论教学内容。进度表纵向是 8 次理论课的次序，其课程内容是选自启蒙理论和初级理论，整体上教学是为了满足课内比赛和专项技能训练

的需要，但每次课的内容都相对独立、自成体系，教学的前后顺序相对灵活，即设定的教学进度具有可变性，可以根据天气、场地和实践课进展情况随机调整。进度表横向左侧一栏是“教学主题及围绕主题的内容”，右侧一栏是“主题导入及教学程序与方法”。专项基础理论教学的基本原则是其内容和进度要融入课内比赛和专项技能训练的过程。

表 3–4　足球普修课专项基础理论课教学进度

课次	教学主题及围绕主题的内容	主题导入及教学程序与方法
一	主题：校园足球及其各项活动的组织 1. 校园足球与学校教育的关系； 2. 校园足球的基本工作内容； 3. 校园足球主体及各主体的职责； 4. 校园足球各项活动的组织方法	主题导入：利用录像、提问和学生陈述 1. 提问启发思考及利用例证理解概念及各种关系； 2. 利用分组讨论和学生演讲引入，再到教师讲评和归纳环节； 3. 利用学生已有对主体的认知推导校园足球主体； 4. 利用各种案例说明各项校园足球活动的内容安排
二	主题：足球队组建及训练规划与执行 1. 足球队组建与训练整体规划； 2. 各种训练文件的模式、制定与实施； 3. 训练取材及训练主题和教案结构； 4. 教案的降阶式设计原理与教案图示	主题导入：分四组各讨论左栏的一个问题及归纳问题纲目 1. 学生陈述一，教师结合提问和例证解答并归纳； 2. 学生陈述二，教师围绕基本模式讲解种类文件制定； 3. 学生陈述三，教师结合学生实习讲解教案结构； 4. 教师系统讲解降阶式教案设计的原理与制图
三	主题：小型足球比赛阵型与战术打法 1. 训练与比赛及比赛阵型与战术打法的关系； 2. 各种小型比赛的阵型及其攻守变化原理； 3. 比赛、比赛训练及训练的统筹安排； 4. 比赛阵型与战术打法的训练方法	主题导入：看比赛录像，观察比赛阵型与战术打法 1. 讲解比赛阵型与战术打法的关系，利用提问和学生反馈； 2. 利用 PPT 与图形讲解攻守平衡与阵型变化关系； 3. 根据国际先进经验讲解足球训练与比赛的安排； 4. 依据截取的典型比赛片段设计一次阵型与打法训练

续表

课次	教学主题及围绕主题的内容	主题导入及教学程序与方法
四	主题：启蒙与初级技术训练的原理与方法 1. 技术分类及技术与战术、体能和心理的关系； 2. 启蒙与初级技术训练的内容构成； 3. 启蒙与初级技术训练的理念和游戏方法； 4. 围绕技术训练要点的技术分析	主题导入：观看比赛录像中明星的技术表现及做出评价； 1. 分组讨论技术分类及技术与其他要素的关系； 2. 从训练体验导入训练取材、训练内容构成与体系； 3. 足球训练理念与游戏方法及技术训练方法演绎； 4. 截取学生训练表现或比赛录像用于技术分析
五	主题：足球训练的基本概念与基本理念 1. 足球训练的基本概念及其几个主要概念； 2. 足球训练的基本理念及训练原则； 3. 足球训练一系列具体的概念与理念； 4. 足球训练的认识基础与发展基础	主题导入：分四组各讨论左栏的一个问题及归纳阐述提纲 1. 学生陈述一，教师解释足球概念、规律及原理； 2. 学生陈述二，教师讲解足球训练基本理念与原则； 3. 学生陈述三，教师解释"细节决定成败"的原理； 4. 中国足球及校园足球出现偏差与发展落后归因
六	主题：启蒙与初级战术训练的原理与方法 1. 战术分类及其与比赛阵型和战术打法的关系； 2. 启蒙与初级战术训练的内容构成； 3. 启蒙与初级战术训练的原理与方法演绎； 4. 个人和小组战术训练要点与战术分析方法	主题导入：观看比赛录像，点评球队战术表现 1. 分组讨论战术分类及归纳战术训练方法特点； 2. 从战术分类方法演绎战术训练的原理与方法； 3. 利用录像观察和分析比赛战术表现的要点与方法； 4. 分析课内比赛的个人和小组战术运用情况
七	主题：足球竞赛规则与裁判法（一） 1. 竞赛规则的精神实质及其发展演变； 2. 三条基本规则与重要的竞赛规则内容； 3. 普修课和基层比赛常见的犯规、违规与判罚； 4. 结合比赛视频判别和分析队员的动机与犯规	主题导入：观看优秀裁判员的比赛执法与判罚录像 1. 足球规则精神实质与演变，结合历次典型的规则修改； 2. 结合课件、提问和视频讲解分析重要的规则内容； 3. 利用实例认识比赛犯规、违规具体形式，了解判罚标准； 4. 在比赛视频中找出犯规行为，分析犯规行为的动机

续表

课次	教学主题及围绕主题的内容	主题导入及教学程序与方法
八	主题：足球竞赛规则与裁判法（二） 1. 全面系统地解读规则与裁判法问题； 2. 深入细致地分析、理解重点章节和条文； 3. 裁判员执法的基本方法、要点及案例分析； 4. 结合优秀裁判员表现及正反典型案例的视频	主题导入：观看系统的规则与裁判的教学录像； 1. 分组讨论规则条文的重点、难点及裁判执法的要点； 2. 解析规则中裁判员、犯规与不正当行为、越位等章节； 3. 结合 PPT 讲解、视频分析和问题测试等手段； 4. 通过对具体案例的深入分析理解规则

第四节　教案设计与训练课评价

足球普修课教案是专指课内比赛和专项技能训练所用的教学方案，专项基础理论教学是按照常规必修课共同的教学模式组织实施。足球普修课教案是一种教学模式，课内比赛和专项技能训练的内容及其教学进度都是通过教案实施来完成的。教案格式是确定一种稳定和适宜的教学模式，以利于教案的准备、实施、修改及逐渐完善，课程的目标需要通过一个一个的教案实施而实现。以下分别阐述教案设计原理与流程、教案内容构成、教案模式与训练课评价。

一、教案设计原理与流程

教案设计不是简单的文字和图形拼凑，优秀的教案设计融合了教师周密细致的构思，也要遵循教育教学的规律和原理。足球普修课的教案设计在遵守教育教学共性规律与原理的同时，也要依据课程自身特定的原理及一定的设计流程。以下分别阐述教案设计原理和教案设计流程。

（一）教案设计原理

足球普修课的教案设计是依据前文“比赛导入模式”的原理，通过截取比赛中的场景片段引导学生由体验比赛或比赛思维状态转入训练状态。“比赛导入模式”是依据教学理论的“情景教学法”原理，即让学生在实际的情景体验中接触和感受所要学习的知识和技能，再转入教学和训练的实施过程。完整的专项技能训练的比赛导入模式，需要在热身准备之后和进入训练主题之前安排一个短时间的比赛演练，比赛演练中要使学生出现典型的涉及训练主题的技术表现，教师要善于发现亮点或问题及让学生发现自己训练的榜样或典型不足，进而引导学生以积极的态度进入主题部分。比赛导入模式利于激发学生的积极性和潜能，有助于取得更好的训练效果。完整的比赛导入训练模式包括比赛演练、技术准备、战术准备、比赛场景和比赛实战的五个环节，其中“比赛演练”环节是传统“层层递进训练模式”没有的，由于“比赛演练”与“比赛实战”是完全相同的内容和形式，所以在教案中并不具体体现，而是在教案实施是加入进来。“比赛场景”环节可以并入“战术准备”环节。那么按照“降阶式”原理推演教案的设计是逆向于实际训练过程：第一步是从比赛实战中截取素材；第二步是根据训练主题的需要设计比赛实战的训练内容；第三步再根据比赛实战训练的需要设计对抗形式的战术准备训练；第四步的技术准备训练是根据比赛实战和战术准备的需要而设计其训练内容。

（二）教案设计流程

教案设计流程是指一次课内比赛或专项技能训练按照合理的构思把实际的课程设计编制成统一和有序的过程。教案设计在基本思路上，要与双方足球课程共建的基本理念、基本原则及常规必修课教学模式等相一致，优秀的教案设计需要依据科学的原理和步骤，其教案格式的各部分内容要相互联系、相互作用，教案与教案之间也要有前后的关联和依托关系，所以教案设计需要有一个稳定和统一的结构和流程。

图 3-2 是从截取典型训练素材到最后比赛实战训练的教案设计流程。显然，流程是按照“比赛导入模式”和“降阶式”设计的原理，教案构思阶段是从比赛实战中截取典型的训练素材，教案设计是“降阶式”地由后向前、由繁至简和由综合到具体的顺序，如此一步一步地勾画和设计教案的内容与操作方法，以上的构思是教案设计流程中的重要铺垫和推导步骤。实际教案的实施则是由易到难、由简到繁，即按照“比赛演练→技术准备→战术准备→比赛实战”的顺序，这样才符合人体运动规律和技能形成规律。教案的每一项训练内容及采用的训练方法都要注意与整体基本理念和原则相对接，所谓“细节决定成败”同样适用于足球训练，我们长期从事训练工作必须重视对每一个细节的把握，每一个细节

操作都关系到训练理念是否先进、训练方法是否正确的问题。

从比赛现场或视频录像或比赛演练等比赛实战中截取训练素材

↓

判定比赛的主要问题并从典型比赛片段素材中提炼出训练主题

↓

根据主题、素材及解决问题的需要“降阶式”地设计训练内容

↓

从复杂比赛场景中提取技术准备训练内容及设计相应的训练方法

↓

技术准备训练遵从由易到难，再到战术准备的对抗训练设计原则

↓

设计比赛实战内容要使训练达到或近似于比赛的实战性

图 3-2　足球普修课教案设计流程

二、教案内容构成

足球普修课教案的内容构成虽然在形式上大都相似，但其教案设计每个环节的寓意及其关键用词的含义都有不同。以下以表 3-5“足球普修课教案一”为例对教案的内容构成加以说明。教案牌头四个格是对教案整体的概要描述：第一格和第二格是教案物化要素的说明，阐述上课任课教师、学生和时间的基本情况，以及注明上课的场地、用球、分队服、标志和器具的情况；教案第三格和第四格是非物化要素的说明，训练主题是教案的第一要素，是整个教案的标志和内容的集中体现，训练目标是根据主题所确定的整个教案实施所要达到的预期，训练内容则是精要地阐述教案的内容提要。

表 3-5　足球普修课教案一

<table>
<tr><td colspan="2">教师：刘夫力　学生：2020 级 2 班 22 人　时间：2020 年 9 月 21 日星期一 11：10~12：30</td></tr>
<tr><td colspan="2">场地器材：五人制场地；23 个球；四色各 6 件分队服；8 支标杆；20 片标盘；28 支锥桶</td></tr>
<tr><td colspan="2">主题：三人制比赛利用空当运球和变向摆脱进攻；
目标：在比赛中完成利用空当运球和控球摆脱；感受踢球的快乐，获得成功体验；
内容：技术之脚背外侧运球、前拖、后拖、内拨、外拨；战术之空当运球、变向摆脱、摆脱射门</td></tr>
<tr><td colspan="2">热身准备：脚背外侧运球、前拖和运绕一对 G 射门循环游戏（15 分钟）</td></tr>
<tr><td>场地（见下图）：两块 20 米×15 米场地，各一侧长端设球门。

组织：
1. 每人一球在两块之间 20 米×10 米范围；
2. 教师依次示范讲解练习内容及指导和提示；
3. 示讲运绕一对 G 射门循环游戏。
方法：
1. 自由散开，模仿练习左右脚脚背外侧运和前拖，反复练习；
2. 穿插足球节拍操的节奏感练习，即高抬腿落地垫步练习；
3. 分组在两块场地练习运绕一对 G 射门的循环游戏</td><td>目标：
1. 使学生进入精神饱满的状态；
2. 初步体验脚背外侧运和前拖技术。
要点：
1. 提示场地范围及观察空当和界线；
2. 间歇时进行自我介绍和引导兴趣；
3. 多示范，少讲解，大声表扬；
4. 关注每个学生的训练状态，重点提示前拖技术动作。
要求：
1. 认真积极地模仿练习并抬头观察；
2. 按照统一方法练习和完成技术；
3. 运控球兼顾观察空当和场地界线；
4. 同学之间相互提示和指导</td></tr>
<tr><td colspan="2">技术准备：脚背外侧运球前拖、后拖、内拨、外拨及拖转合理变向游戏（15 分钟）</td></tr>
<tr><td>场地（见下图）：一块 20 米×10 米场地，横向标盘间距 3 米。
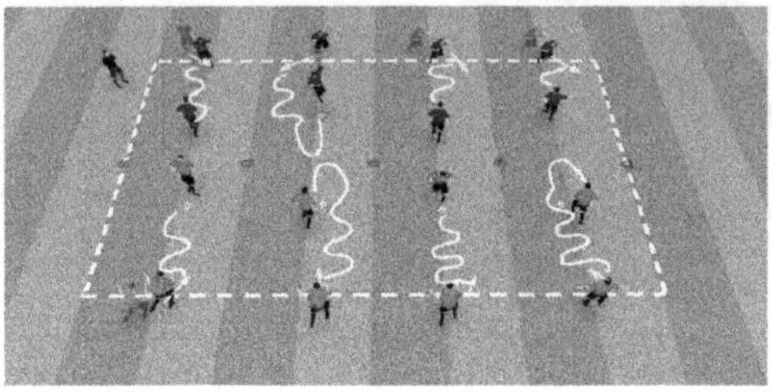</td><td>目标：
1. 掌握左右脚前拖、后拖技术；
2. 能够随机合理完成拖球转身技术。
要点：
1. 做好场地设计，利用抢“空”游戏提高集合和散开速度；
2. 多让学生示范并予表扬和鼓励；</td></tr>
</table>

续表

技术准备：脚背外侧运球前拖、后拖、内拨、外拨及拖转合理变向游戏（15 分钟）	
组织： 1. 分 4 组，2 人一球在两个标盘之间； 2. 老师示范讲解，练习中叫停指导、示范和纠错； 3. 示范讲解拖转合理变向游戏。 方法： 1. 二人交替脚背外侧运球前拖、后拖，折返练习，先右后左； 2. 交替脚背外侧运球前拖、后拖连续折返，组间评比优劣； 3. 进行合理拖转游戏，场下队员向一侧伸脚，运球人合理拖转	3. 提示学生合理变向和提前观察。 要求： 1. 认真看老师示范及听讲解； 2. 正确完成运球及前拖和后拖技术； 3. 运球和拖转时及时抬头观察； 4. 组内互相提示、指导和做假抢； 5. 要有小组互助和协作意识
战术准备：一对一利用空当运球、变向摆脱的双向运球穿越（25 分钟）	
场地（见下图）：两块 20 米×10 米场地，各设两个运球穿越目标。 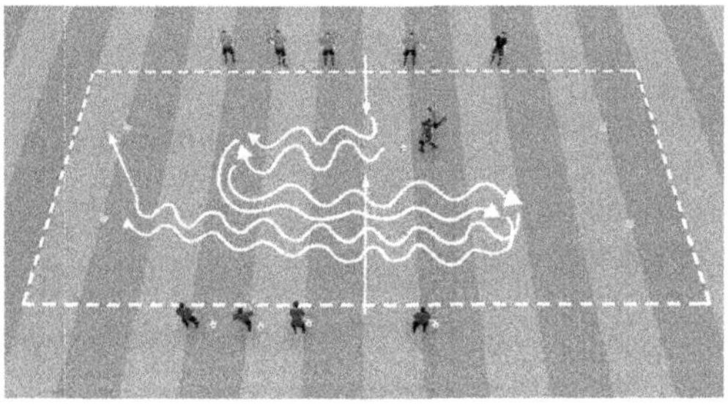 组织： 1. 每块场地 10 人一组，分为进攻组和防守组； 2. 老师示范讲解后学生试练，及时叫停、提示和纠错； 3. 示范多组同时练习。 方法： 1. 进攻逼近对手快运摆脱、拖转摆脱及运穿目标，防守抢球反攻； 2. 交换攻守位置，一块场地可多组同时练习，如两组或三组同时； 3. 每块场地两组之间进行积分赛（安排四人 10 分钟实习）	目标： 1. 提高一对一抬头观察向空当运球及变向摆脱的战术意识和能力； 2. 尝试摆脱运球穿越的成功体验； 3. 培养竞争意识和团队荣誉感。 要点： 1. 课前做好场地布置，注意有足够场地长度，可以让两组同时练习； 2. 示范讲解细致周到并强调观察； 3. 让多数学生获得成功和受到鼓励。 要求： 1. 认真看示范及了解规则； 2. 运控要有速度变化，不怕失败； 3. 积极练习，争取运穿得分； 4. 指导、鼓励队友及争取团队获胜

续表

<table>
<tr><td colspan="2">比赛实战：三人制比赛利用空当运球、变向摆脱进攻的班内比赛（20 分钟）</td></tr>
<tr><td>场地（见下图）：两块 20 米×16 米场地，各设置两个小球门。
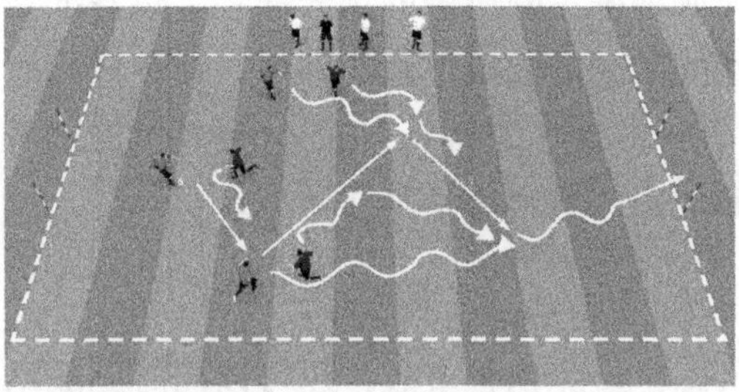
组织：
1. 每块场地各组成 3 个队；
2. 老师示范讲解比赛和得分方法及做指导和调度；
3. 比赛中提示要点和定时轮换。
方法：
1. 两块场地各打三场 5 分钟比赛，场下学生做教练和裁判；
2. 比赛为单循环，统一时间及定时轮换和换人；
3. 每块场地的每个队各打两场比赛，按照积分排名</td><td>目标：
1. 每个学生在比赛中完成运球、控球摆脱及射门；
2. 使队员体验成功和获得比赛快乐。
要点：
1. 安排好责任分工，使各组实力均衡；
2. 关注每个学生的表现及赞赏学生；
3. 注意整个过程的控制和比赛换组的顺序，使比赛过程不间断。
要求：
1. 积极投入比赛，争取得分和获胜；
2. 尝试空当运球、拖球摆脱和射门；
3. 队员相互鼓励及提醒运用技术；
4. 练习交换时退场和上场要迅速</td></tr>
<tr><td colspan="2">结尾部分：足球节拍操的协调和节奏即高抬腿落地垫步的练习及小结（5 分钟）</td></tr>
<tr><td>整理活动与小结：
1. 整理活动：全体集中呈扇形，一臂间隔围拢；原地做足球节拍操节奏练习，模仿老师做高抬腿落脚垫步动作，节奏与老师一致；
2. 小结：表扬优点，指出问题和不足，提出两点严格要求；安排值日轮换、教学分组和实习；介绍常规要求和考试方法</td><td>目标与要求：
1. 目标：缓解疲劳状态，掌握节拍操节奏；使学生受到鼓舞并认识其不足；
2. 要求：积极配合完成放松活动；领会教学核心理念及配合统一安排</td></tr>
</table>

教案牌头之后是教案的训练主题部分，是由热身准备、技术准备、战术准备和比赛实战五项内容构成。四项内容各有一个具体的训练主题，围绕每项具体主题的阐述均分为左右两个部分，左侧为“场地、组织与方法”，右侧为“目标、要点与要求”各三项具体内容（后文有说明）。热身准备部分是主题部分的重要铺垫，既要有技术准备的内容，又要充分反映主题的需要；热身准备之后可以安排一个比赛演练的内容，算在主题部分之内，比赛演练与比赛实战内容相同；最后的结尾部分是主题部分必要的缓冲和延续，既要完成必要的“放松整理”活

动内容，又要介绍一些体能和心理训练的内容。

（一）教案热身准备部分

热身准备部分是一次课内比赛或专项技能训练主题部分的开始部分，其内容安排围绕训练主题的需要，是为了完成训练主题所做的预先铺垫。热身准备的主要目的是让学生以饱满的热情和良好的状态进入接下来的训练，避免训练过程中发生无谓的伤害事故。一般一次 80 分钟的训练课需要有 15 分钟左右的热身准备过程，热身时间长短可以根据季节和气温而适当地延长或缩短。

1. 热身准备融入结合球练习

热身练习可以调动学生的身心状态，避免伤害事故，还可以同时完成结合球的技术练习及起到技术准备的作用。现在各级各类足球队的热身活动都提倡围绕训练主题的需要采用多种多样结合球的技术练习，很多时候是把热身活动当作技术准备的一部分。从热身活动的目的、内容和形式看，结合球的技术练习完全可以达到热身的效果，而结合球的热身方法不仅利于调动学生的积极性，还能吸引学生注意，而那种完全脱离球的热身活动无论是体育院校还是青少年训练都应当摒弃。热身活动采用速度较慢、难度较低和带有趣味性的结合球技术练习或游戏，在起到热身作用的同时，也起到复习技术和调动情绪的作用。

结合球的热身在产生热身效果之后可以逐渐增加技术练习的速度和强度，或穿插柔韧性、协调性和速度素质的练习。素质练习也可以结合球进行，比如，加大幅度的技术练习可以提高柔韧性；“有样学样”的模仿及其快速变化练习可以训练协调性；快速和复杂的脚下技术练习可以提高灵敏性；快速追球及快运游戏可以练习速度等。当然，热身活动中也可以有一定比例不结合球的内容。但是，很多足球发达国家的少儿训练的热身活动都是采用结合球的形式，因为这样符合孩子的心理需要，利于吸引队员兴趣和注意，能够调动练习的积极性和提高训练效率，这是长期足球训练实践总结出来的宝贵经验。现今青少年的课余活动呈现多元化和多样化，这使得青少年参加足球训练的次数和时间大大减少，训练过程的每分每秒都显得弥足珍贵，很多不结合球的热身活动无异于浪费时间。

2. 热身活动的内容、形式与注意事项

（1）热身活动内容

①速度缓慢的结合球的技术练习和技术准备练习内容；

②慢跑、跳跃、各种移动、节拍操等内容；

③安插在各种活动之间的动态拉伸、快节奏踢摆等预防伤害的内容；

④结合球和技术练习形式的游戏——用于增加兴奋性和乐趣的内容；

⑤对应主题的、有针对性的快速、力量训练内容，及某些身体部位的专门练习内容。

（2）热身活动的形式

①结合球形式：所有简单易行的结合球技术练习；

②不结合球的形式：慢跑、各种移动、跳跃、节拍操、绕跨、动态拉伸和踢摆、冲跑、模仿练习等；

③专门的器械练习形式：利用绳梯、塑料圈或格、跳绳、标志杆、标志盘、标志桶、栏架、皮筋等。

（3）热身活动注意事项

①从慢速的、移动性的活动开始；

②要更多地结合有球的技术练习；

③技术动作难度较低、简单而有效；

④简单易行的形式和组织安排；

⑤要有一定的侧重点和针对性；

⑥方法要多样多变并带有趣味性；

⑦营造适宜的环境和场景；

⑧不宜过多地干预和指导；

⑨安排游戏练习，调动学生的积极性；

⑩要与训练课主题相适应和相连接。

（二）训练课要素与要素重组

教案设计要围绕训练主题和训练目标而进行取材及安排训练内容，训练素材需要从比赛实战中截取，再把训练素材加工成教案设计所需的诸多训练课要素。教案从热身准备到结尾部分都围绕训练主题而制定，其中比赛实战是训练的核心内容，比赛实战训练的目标就是整个教案的目标。教案的内容设计及其训练方法安排是一个复杂的问题，其训练课的构成要素有很多，这里的教案设计不是具体某一次的设计，是把诸多的训练课要素做合理的搭配而构建出教案的模式，具体的教案设计就是完成模式中各要素的阐述和说明。以下分两个部分：其一是教案的训练课要素；其二是教案的训练课要素重组。

1. 教案的训练课要素

教案设计要考虑的要素分为非物化要素和物化要素两大类，这两个方面全部的要素内容即是教案的训练课要素构成（图 3-3）。教案的设计及其各项内容的训练组织与实施要考虑哪些要素，每一个要素对训练有着怎样的作用，这是任课教师必须清楚的问题。要保证课程高效运作并产生良好的效果，就一定要重视教案设计每个要素的作用。其中学生人数与分组、场地布置、装备、器材和用球等物化要素是不变的，教案设计要考虑的主要是非物化因素，这些非物化因素不仅包括从比赛实战中截取的主要素材，也包括从其他渠道获取的必要的辅助素材，教案设计只有把非物化要素与物化要素合理搭配和组合，才能在教案上形成优化的训练课要素构成。

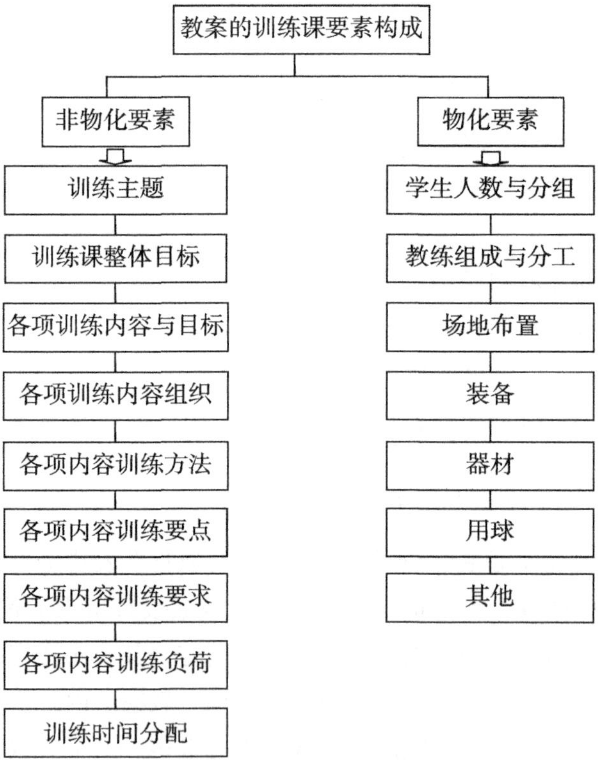

图 3-3　教案的训练课要素构成

2. 教案的训练课要素重组

教案的训练课要素重组与足球普修课教案的格式设计关系密切，训练课要素重组需要按照训练构思及设定的教案格式组成新的训练课要素构成，并且新的要素构成要符合教案结构的逻辑、主题及训练内容顺序编排等，教案格式就是把诸多的训练课要素合理和优化地组合起来。任何教案格式都是把训练课要素一组一组地排列，形成整体一致及直观清晰的表格形式。足球普修课的教案格式设计所呈现的训练课要素构成如图 3-4 所示。

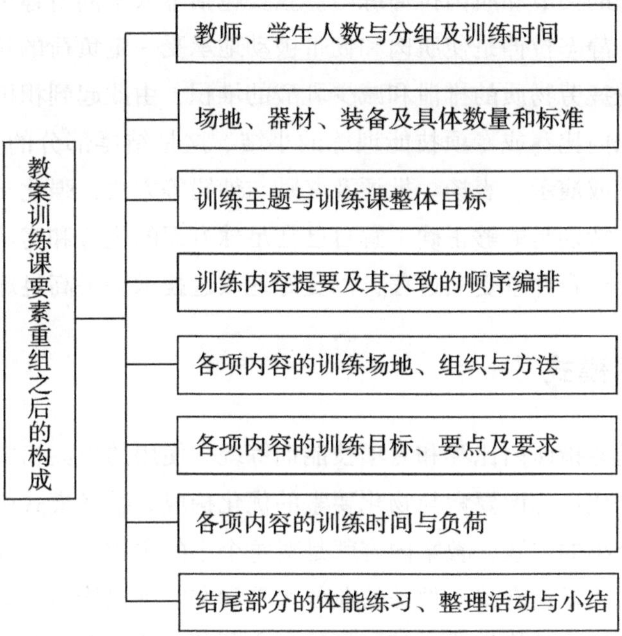

图 3-4　教案训练课要素重组之后的构成

（三）教案的结尾部分

结尾部分是一次课内比赛或专项技能训练课的最后部分，一般 80 分钟课程的结尾部分需要 5~6 分钟。结尾部分中很重要的一个环节是通过评价和信息反馈强化学生建立一系列正确的概念和理念。教案结尾部分主要包括以下四个方面的内容。

其一是足球体能和心理训练的内容与方法。这一部分要与每次课的热身准备部分相互配合，系统地介绍并使学生了解足球体能与心理素质方面的知识与训练方法，主要是教师示范讲解和演示，学生同步模仿和体会柔韧、协调、速度、力量和耐力的训练内容与方法，使学生了解足球体能训练与心理训练的重要性、特点与要点。此部分内容以简介和体验为主，没有训练量的要求，学生只做简单模仿，注意要节省时间、点到为止。

其二是各种中弱强度的动态整理活动练习。此部分可以安排协调性的足球节拍操、核心力量、平衡和灵敏性等练习内容，主要目的是使学生由较激烈的身体状态恢复到安静状态，起到放松及消除和缓冲疲劳的作用。

其三是静态的关节和肌肉拉伸练习。主要包括个人不同身体姿势、双人或多人互助的形式，静态拉伸是使肌肉和韧带被动地承受一定负荷的拉力而有一定的痛感，从而促进疲劳物质的排泄和减少乳酸的堆积，由此起到积极恢复的作用。

其四是对课内比赛或专项技能训练的小结。这是结尾部分的重要内容之一，通过提问、示范或演示、表扬、批评及奖励与惩罚等方法，强化学生对比赛和训练问题的认识，特别是能够正确了解自己在足球方面的优势和劣势，促进学生积极地投入训练和比赛并享受其过程，以更好地改进技术和提高足球素养。

三、教案模式

教案模式是专指课内比赛和专项技能训练统一使用的教案格式，教案模式体现的是各种非物化训练课要素与物化要素的优化构成。教案模式中的每一个训练课要素都是一个小的主题，教案内容就是对每个小的主题进行陈述或说明。但教案准备及完成的质量还有赖于教师的业务水平和文字阐述能力。以下说明两个部分内容：其一是教案整体架构；其二是教案主题部分的左右模块。

（一）教案整体架构

教案是指教师依据课内比赛和专项技能训练进度及主客观条件所设计的每次实践课的实施方案，是为了圆满完成教学任务所做的课前准备。教案体现的是教师对一次课内比赛或专项技能训练的基本构思，根据个人喜好和习惯的不同，教案可以采用不同的模式，不必追求形式的统一。但教案的结构和大体的内容架构是趋同的，把教案设计成统一和固定的整体架构可以减少低效的重复劳作，但不管采用何种教案模式，教案的整体架构应当是前后统一和优化的结构设计。

足球普修课教案的整体架构由三个部分构成，即教案的牌头部分、主题部分和结尾部分（见表3-5）。牌头部分是简要说明课内比赛或专项技能训练的基本背景情况，其中训练课物化要素包括教师、学生与分组和上课时间的情况，以及场地、器材、装备及用球的情况；非物化要素包括训练主题、训练课目标及训练内容的情况。主题部分包括热身准备、技术准备、战术准备和比赛实战四个内容，把热身准备也归入了主题部分，目的是强调热身准备与训练主题的一致性。本套教案的热身准备包括大量技术准备及体能和心理训练的内容。主题部分左右模块“场地、组织与方法”及“目标、要点与要求”后文有专门有介绍。结尾部分有着重要的教学意义和目的性，也包括四个方面的内容，即体能和心理训练介绍、动态整理恢复活动、静态拉伸及小结。

（二）教案主题部分的左右模块

教案主题部分包括热身准备、技术准备、战术准备和比赛实战四项内容，四项内容是完全统一的模式，每项内容均包括左右两个模块，左侧模块的训练课要素组合是“场地、组织与方法”，右侧模块的训练课要素组合是“目标、要点与要求”。

1. 左侧模块“场地、组织与方法”

教案主题部分的四项训练内容是围绕训练主题的需要而设定的，每项具体的训练内容都可以在教学进度表上找到对应的内容。教案主题部分四项内容的左侧模块都是“场地、组织与方法”，由三个训练课要素组合在一起，其中“场地”是结合制图的训练场地情况的描述，说明场地范围大小、各种标志摆放及学生的练习分布等情况；“组织”是阐述参加训练的学生人数与分组、初始站位、集队地点与次数、示范讲解的内容与时机、指导与纠错的方式方法等；“方法”是2~3个练习方法的顺序排列，以及各个练习方法的拓展与变化，练习方法的拓展与变化，包括技术方法、速度及动作细节等。

2. 右侧模块“目标、要点与要求”

教案主题部分四项训练内容的右侧模块都是“目标、要点与要求”，由三个训练课要素组合而成，其中“目标”阐述一项训练内容要达到的2~3个小目标，主要是技术或战术掌握与运用所要达到的程度，也包括体能和心理方面及不同基础、不同场上位置学生要达到的标准；“要点”主要从教师角度说明控制训练过程的关键点，也包括技术和战术练习的要点，还包括调动队员积极性和营造团队气氛的要点，一般罗列3~4条；“要求”主要阐述学生在技术和战术方面所要达到的标准，包括技术动作规格和速度、技术衔接连贯性及实战运用等方面，也包括训练的态度和纪律方面的要求等，一般罗列4~6条。可见“目标、要点与要求”的三个训练课要素是有层次的，大体上是从宏观到微观、从整体到具体，是一个逐渐细化的训练课要素体系。教案反映的是教师对训练的设计构思，训练的目标、要点与要求等有时候并没有严格的分界，训练中可能会出现可左可右的情况，但不管怎样，这种细致的层次划分是训练构思细化的需要。

四、训练课评价

目前国际上所有等级教练员培训的考核，都是把教练员的执教能力考核作为主导和主要内容。教练员执教能力考核的内容在国际上是一致的，足球普修课教案的设计及其实施效果的评价，可以根据国际足联等级教练员培训的考核方法而确定其相应的内容与标准。中英双方一致认为：足球普修课学生结业考核可以依照国际足联的考核方法，再根据学生的足球基础及课程目标与任务，对学生的执教能力进行考核，考核内容的占比为教案设计占30%，训练课的执教效果占70%。学生的执教能力评价要从以下四个方面进行判断和评分。

（一）外在气质

1. 仪表风范：包括服装、言行举止、外在表情、自信心、语言与口令、身体姿态等。

2. 职业态度：包括训练投入度、专注度，言语声调与手势的清晰度和效果，叫停时机与效果把握，跑动与跑位合理性等。

3. 激励与感染力：包括对队员的调动组织和协调、及时的表扬与鼓励、问题处理、交流、气氛营造等。

（二）组织设计

1. 场地、器材使用与队员安排：包括场地利用、标志物摆放、每个队员的任务布置及调整。

2. 符合比赛需要：包括取材于比赛实战、技术要求与改进效果、训练与比赛真实感。

3. 方法变换和重组：包括练习方法合理选用与编排、方法适合主题、训练效果及灵活的重组能力。

（三）观察指导

1. 问题与错误的发现：包括对问题与错误的判断、切入时机等。

2. 问题与错误的处理：包括对问题与错误的原因与要点诊断、关键点纠正及指导方法等。

3. 练习的变换与进展：包括训练内容变换的时机、前后衔接及依据队员的具体状态而灵活把握情况等。

（四）沟通互动

1. 训练主题：包括自己对训练主题的认识和理解程度及向队员陈述和表达的传递方式与效果。

2. 动作示范：包括动作示范的正确性、及时性、针对性及方法的合理性等。

3. 沟通交流效果：包括交流方式、语言表述是否简明和具有启发性，也要看队员的思考、投入与表达情况等。

第五节　教学主要措施

足球普修课教学实施方案是课程从整体设计到具体实施的全面构思，在宏观上要保持与课程教学理念、原则和目标的一致，在微观上也要做到教学进度编排的合理和教学实施的高效。但足球普修课实际的教学过程是复杂和无法预知的，往往教学实施方案的设计会存在不足，而且实施过程必然会出现各种各样的问题。足球普修课教学实施方案虽然经过了长期探索和总结，也在人力和物力及教学硬件和软件方面都做了充分的准备，但作为一项重要的课题研究和国际合作的课程方案，其教学实施还需要有更为周密细致的跟进措施。制定教学措施是完善课程设计方案的重要环节，也需要借鉴英国体育院校足球课程的改革经验，以下是结合足球普修课教学的具体实际而确定的十个方面的主要措施。

一、把课程作为教育形式和素质教育手段

英国及其他欧洲国家的足球理念倡导把足球作为对青少年教育的内容，日本足协提出把足球作为提高国民素质的手段，他们体育院校的足球课程早已融入了这样的教学理念。我们的足球教学需要突破传统的思维，更多地学习和借鉴先进的理念，就是教学要同步对学生实施思想品德教育和素质教育。日本和韩国很早就汲取和融合了这种理念，但我国无论是在体育院校还是青少年足球训练中，很少有具体手段和方法的跟进。本书中英双方足球课程共建提出“把足球作为教育形式和素质教育手段”，除了要通过足球教学加强对学生的思想品德、行为习惯、文化素质的教育之外，也要更多地通过具体的教学手段和方法，促进学生提高团队意识，端正学习态度。完成这些教学任务，需要教师突破传统足球教育观的束缚，需要推动教学内容和教学方法的改革，也需要更多地从具体和细微的教学环节对学生施加影响，如此才能通过足球教学促进学生综合素质的提高。

二、重视并加强教学软件和场地设施硬件的建设

教学软件方面包括教材、教学文件、理论课件和试题库等反映足球教育思想、理念与方法的文本资料，以及足球学科发展的成绩、史料和数据档案方面的资料。足球教学软件的内容和形式都在发生着巨大而深刻的变化，足球教学要反映和展示先进的思想和理念，需要不断把国际前沿的成果融入课程体系，也要把现代高科技手段运用于教学过程，过程中还要不断更新先进教育理念与高科技手段。在场地设施硬件方面，需要有超前意识及跟上现代物质文明的进步，要注意场地、器材、设施和装备等物质条件方面的更新。这些硬件方面的配套是英国体育院校非常重视的细节，我们应当明白这些细节对于提升课程品质和教学质量的意义。事实上，无论是教学软件还是硬件的建设，足球专业教育都必须有强烈的跟进意识，拥有先进性和实用性的硬件和软件是足球教育发展的需要，这方面我们要向英国体育院校看齐，重视足球基础设施建设的每一个细节，通过细节的把控而达到课程质量的整体提升。当然，软件和硬件建设都需要资金投入，资金的保障是教学环境及各种设施条件配套的必要前提。

三、加快并深化教学内容与方法的系统化改革

足球运动在飞速地发展和进步，体育院校每门足球课程的内容构成、教学方法和训练主题设定都在不断的变化之中，足球课程建设只有增强进取意识和锐意改革的精神，才能够跟上时代发展的需要。足球普修课教学不仅要遵循先进的足球理念和教育理念，还要树立以人为本和以学生发展为中心的观念，教学内容的选编要以了解学生基础和特点为基础，也要保持与前沿足球发展的一致。教学方法作为足球课程最活跃和最丰富的因素，具体教学方法的设计和安排在重视学生掌握专业知识和形成专项技能的同时，也要把兴趣、能力和健康心理培养及提高学生的综合素质落实到教学过程。教学以先进的理念和方法，调动学生积极和自主地学习，在教学过程中设计各种场景和环节开展研究性学习，以在掌握知识和技能的同时培养自主意识和实际工作能力。教学内容与教学方法的改革还要重视学生的愿望和需求，在完成系统化改革的基础上使学生得到更好的发展。

四、借鉴并运用先进的教学模式与方法

教育发达国家始终在探索教育与教学方法的创新，研究性学习、启发式教学、问题教学法及教学中的合作和团队意识培养等，已经成为英国及欧美高校常规性的教学方式。英国体育院校的足球教学、青少年训练及职业训练，都融合了各种先进和高效的教学方法。我国体育院校的足球教学较多在沿用传统和落后的教学方法，我们需要冲破传统的惯性和束缚，在认识上和行动上寻求突破和改变，更多地学习和借鉴欧美国家体育院校的教学模式与方法。随着经济社会发展和教育进步，教学更重视传授知识与发展能力并重，提倡由教给学生知识向教会学生学习方法转变，不仅要使学生掌握知识和技能，还要学会更新知识的方法。足球普修课教学完全可以采用自主和研究性的学习方法，运用启发式和引导性的教学，让学生自己当老师而担当实际的教学工作，这样能够在学生主动、积极的思考中促进自身能力的提高。这就是教学模式是由教师讲授为主转向以学生自学为主，让学生在一定准备的基础上完成演讲、讲解、讨论和课堂展示等。

五、利用和挖掘传统足球课程的优质资源

我国各体育院校的足球普修课教学经过了五十几年的发展，在师资队伍建设

及改革探索中形成了一定的优质资源和特色。不能因为我国足球落后就全盘否定我们的过往，我们的课程建设有很多符合足球规律和教学规律的内容与方法。例如，我们原有技术分类与战术分类方法的整体架构是合理的，很多内容细分是国外不具备的；再如，我们有的体育院校很早就开始了足球课程与青少年训练统一理念与方法的探讨，而且在理论上和实践上都积累了很多宝贵的经验。所以，与英国体育院校的国际合作，不是照搬国外的理论与方法，我们需要合理地保留、利用和挖掘自身的优势，把在长期实践和理论探索中形成的智慧和资源运用于足球课程共建的设计，这样才能构建起有中国特色的足球教育理论。我们要处理好优质课程资源保留与陈旧资源抛弃的问题，就是要利用好足球课程共建的机会，纠正以往的错误观念和做法而促使我们对足球教育产生认识上的突破。

六、按照高标准完成教学细节的设计和把控

足球普修课要达到国际标准精品课程的水准，关键在于教学细节设计和操作的把握。教学的诸多细节就是教学过程每项内容及其再细化的环节，是对主题部分每项内容的细致构思及实施控制的问题，包括场地布置、训练组织、目标设定、训练方法、训练要点和训练要求及其每项细化内容，比如 2~3 条训练目标的罗列、3~4 条训练方法列出、4~6 条训练要求的提出等，是分条细化地阐述与训练操作相对接的问题。这些细节问题不仅要有精心设计，更要重视在教学实施中的把控，要注意训练操作与每个学生的对应和跟踪。这样做到训练构思与训练实施的统一，就可以对学生的专项技能、比赛能力、裁判能力、教学组织能力、兴趣爱好和个人素养等产生全面的影响。当然，教学有很多细致的环节，例如学生学习的主动性和积极性的调动及学生参与意识和思维灵活性的培养，都需要具体和细致的方式方法。足球普修课的品质就是通过对诸多教学细节的设计和把控而得以提升的，足球教学的影响因素很多，而且很多细节是多样和互动的，只有重视教学过程诸多细节的设计和操作，才能使学生的专项技能和综合能力得到充分的发展。

七、加强足球师资队伍建设并建立激励机制

足球教学主要是通过足球教师完成的，优秀的师资队伍是形成优质课程的必要前提。足球教师是向学生传授足球知识和技能的传道者，是优秀足球文化和先

进足球理念的传播者，也是足球运动普及的推动者。足球教师的专业素养对学生认识足球、掌握足球知识和技能有深刻的影响，拥有优秀的师资队伍就必然会有优秀足球人才的产出。足球师资队伍建设，除了教师人才的选拔和多渠道培养之外，理论探索的引领、良好学术氛围的营造和优良传统的继承都非常重要，这些都是足球师资队伍建设的重要条件。教师团队的管理及建立竞争和激励机制是不容忽视的环节，通过评比、奖励和提供发展机会等机制，使年轻教师产生危机感和优患意识，进而产生发奋的动力，促使团队每一个人都有学习和进取的愿望，进而使团队对先进足球理念与训练方法具有统一认识，也要不断同步地更新专业知识和思想观念，使教师团队建立起爱国、敬业和追求卓越的整体意志。

八、表扬和激励学生要更多地采用创新的方法

足球普修课作为体育院校专业方向的基础课程，其课程本身的学分、技术考核、理论考试及教学中的鼓励、表扬和评价等，都会对学生有激励和鼓舞的作用，这些对学生学习潜能的挖掘和积极性调动都有良好的效果。现在足球青少年训练受到社会高度的重视，而训练过程更多在采用表扬和鼓励的方法。体育院校足球普修课的目的之一是培养胜任中小学足球教学与训练的人才，教师的教学方法会直接影响学生毕业后的工作去向。这里所说的表扬与激励方法的创新主要是方法的不断变化和有新意，例如，鼓励和表扬的用词、声音、语气和击掌或手势都可以不断变换，这样就会给学生以新异和良性的作用效果；再如，可以评比，或用幽默、夸张和设问等表达方式，总之，表扬和鼓励需要更多地从细节入手，从学生心理需要、学习状态和整体发展等情况出发会更有积极作用。教学改革并不只是宏观和大局的变化，很多微观和细节的变化也是改革的内容，足球普修课采用创新的方法鼓励和表扬学生也是教学方法改革的重要内容。

九、增加学生随堂实习的时间比例与次数

英国体育院校普遍重视组织学生随堂进行教学实习的环节，是学生以教师的角色完成教学的组织操作，很多体育院校的随堂实习超过三分之一的时间比例。我国体育院校的足球普修课教学仍然全盘地采用教师组织和指导学生操练的方式，时间都放在让学生练习掌握技术和技能上，基本没有随堂实习的环节。有的院校有过这方面的尝试，但占用时间比例很小。我们一般认为，学生随堂实习会

占用学习的时间，会影响学生更好地掌握技术和技能；学生没有掌握技术不应当过早地进入实习环节。实际上学生实习不一定是在掌握技术之后，有时候教师的技术示范和讲解也并不一定规范和合理；学生随堂实习也是所有学生技术复习的过程，教师完全可以把更多的时间安排成学生实习的内容。学生随堂实习是一种预先的社会实践环节，可以得到工作体验和提高组织能力，是培养和塑造学生领导力的重要环节。所以，足球普修课应当利用可供学生实习的环境，把随堂实习有目的和有计划地安排在教学过程中，本书的案例中是先行安排四分之一比例的训练课随堂实习。

十、加强与英方共建单位的研讨和信息沟通

与英方体育学院的足球课程共建是为了打开视野和瞭望世界，是要通过合作学习和了解更多国际先进的足球理念与方法，以使我们的课程建设更好地融入世界及与先进的教育理念和足球理念相对接，而避免闭关自守和闭门造车。双方足球课程共建追求的是更多的资源共享和互利互惠，其中重要的是建立紧密的信息互通渠道。足球课程共建的设计与实施虽然以中方为主导，但还是以双方广泛交流及深度的协商和研讨为前提，双方合作不仅体现在课程的广度和深度上，很多具体的内容和方法细节也都经过了共同的磋商，例如教学内容构成、教学方法设计、教学模式运用、教学实验控制和场地设施完善等很多方面。而且英方合作单位提供了很多有价值的信息和建议，伯明翰城市大学体育学院及后来参与合作的南威尔士大学体育学院的足球课程建设都具有开放性和包容性，他们也都与欧洲其他国家的体育院校建立合作和联系，所以，从某种意义上说与合作单位的信息交流也是在与世界沟通，这样大大拓宽了获取足球知识和信息的渠道。

足球普修课的教学措施会根据不同对象和不同环境条件而有所不同，而且教学措施是一个牵扯面广且多元而复杂的问题。教学措施与内容也是不断调整和变化的，每一轮教学实验诸多教学措施都有较多的差异。长期以来被列入教学措施的内容有很多，例如，组织管理方面、财政投入方面、师资素质方面、学生思想教育方面、实践课与理论课教学时数调整方面、教学模式引用、游戏方法采用、课内比赛安排等，不同时期各种教学措施对足球普修课教学产生作用的程度会有不同。以上十条教学主要措施是对第三轮教学实验具有重要影响和支撑作用的措施，其中有五条是以前没有采纳过的内容，有三条内容经过了大幅度的改动，只

有两条保持了上一轮教学的主要内容。双方足球课程共建的整体设计方案及足球普修课教学实施方案的内容虽然相对稳定，但也会根据足球和教育的发展而做调整。不管怎样，教学措施是丰富多样和灵活多变的，“主要措施”即在众多教学措施中选择的重要内容。

第四章 CHAPTER 04

研究结果与分析

中英两国体育学院的“足球课程共建整体设计方案”是关于课程建设基本思想和基础理论方面的探索；“足球普修课教学实施方案”是一门常规必修课从理论设计到教学应用的探索。两个部分的研究结果及其对实践的指导意义，需要通过多种方法加以检验及进行多角度和多层次的分析。

专家调查是课程与教学研究论证的常规方法，学生意见调查则是课程方案检验的重要路径。以上两种调查方法在保证信度和效度的前提下，就可以得出“足球课程共建整体方案”和“足球普修课教学实施方案”的有效审评得分，也就可以从理论高度和学生认可度两个方面检验双方足球课程共建的结果。

第一节　专家调查结果对比与分析

专家调查是论证“足球课程共建整体设计方案”和“足球普修课教学实施方案”的重要环节。双方共建方案与传统课程方案谁更优，可以通过专家对以上两种方案的审评和分数差异对比得出结果。所以，调查过程需要对每一个环节严格把关，其中主要是调查方法、专家资格和问卷内容的环节。以下分两个部分：其一是调查方法与问卷情况说明；其二是专家调查结果对比与分析。

一、调查方法与问卷情况说明

专家调查是“足球课程共建设计方案”得出论证结果的关键环节，先行说明专家调查过程的操作及受聘专家和问卷内容情况，是说明研究方法具有可信度的重要支撑，也是对前文研究方法部分的拓展解读。以下就研究所采用的特尔斐调查法及专家与问卷情况做细致的说明。

（一）特尔斐调查法说明

专家调查在三轮教学实验之后各进行一次，采用的是特尔斐调查法，每次聘请 12 位专家为调查对象。每次调查的受聘专家均对问卷进行三轮反复巡回的审评和打分，即每轮调查的每个专家都对实验组和对照组的课程方案进行审评及打出百分制分数。此外，专家还需要通过各方面的反馈信息对学生的综合表现做出评判，从中得出课程方案整体实施效果的量化评分。每轮实验后的专家调查都进行三轮，目的是使专家逐步对诸多问题形成统一的认识和达成一致的标准，避免因为对问题理解的不同而造成审评及打分的错漏和偏差。所以，三轮调查的每一轮之后都要把各种重要信息综合地反馈给专家，使专家统一对诸多问题的理解，每一次的下一轮调查都是专家对自己上一轮审评的甄别、修正与改善，以保证第三轮调查结果的客观和准确，如此每轮实验后专家调查的问卷评分才可能是准确无误的调查结果。

（二）专家和问卷情况说明

三轮教学实验专家调查所聘请的专家情况见表 4-1。受聘专家以在体育院校长期从事足球课程教学和拥有副教授以上职称的教师为主，其中包括两位兼而拥有讲师和国际级裁判员资格的教师。专家审评是课程方案评分是否准确和有效的关键环节，须保证受聘专家拥有社会认可度及对体育院校足球课程有较高熟悉度。为了确保问卷内容的有效和调查结果的可靠，每次及每轮的调查问卷均进行效度和信度检验。专家调查的问卷发放与回收情况：三次专家调查均进行三轮巡回的问卷审评与打分，其中每轮调查发放问卷 12 份，三轮合计发放问卷 36 份；三次专家调查共发放问卷 108 份，回收 108 份，有效回收 108 份。

表 4-1 三轮教学实验专家调查的受聘专家基本情况

轮次	教授（人）	副教授（人）	讲师*（人）	合计（人）
第一轮	2	8	2	12
第二轮	3	7	2	12

续表

轮次	教授（人）	副教授（人）	讲师＊（人）	合计（人）
第三轮	4	7	1	12

注：表中讲师＊代表拥有国际足球裁判员资格的讲师。

教学实验分别在广州体育学院体育教育专业的2018级男生、2019级女生和2020级男生的足球普修班进行三轮，研究对象均分为实验组和对照组。每一轮实验之前都要通过专家审评对实验组和对照组的课程设计方案做必要的修缮，每次调查都根据需要重新聘请专家，使专家构成更加合理。这样不仅可以多元地获取相关信息和技术资源，也可以使专家构成处于动态变化中且逐渐优化，利于两组的课程方案不断完善。每轮实验后的专家调查内容及其评分方法都要做增补和修缮处理，如此一方面利于更全面、深入地认识和分析问题，另一方面可以使专家调查收到更好的检验效果。实验组和对照组课程方案的问卷内容均包括整体课程方案和足球普修课教学实施方案两部分，整体课程方案的内容包括基本理念、基本原则、目标体系、内容构成、训练方法和教学模式等六个方面；足球普修课教学实施方案的内容包括教学理念与原则、教学目标体系、教学内容构成、教学结构模式、教案设计实施和教学主要措施等六个方面。实验组和对照组课程方案的调查问卷是完全相同的内容架构，但实验组的课程方案经过了中英两国体育学院共同的研讨和设计。

二、专家调查结果对比与分析

专家调查结果是在三轮教学实验的实验之后分别进行，通过各轮实验的实验组和对照组的课程方案做评分和数据处理而得出研究结果。各轮实验研究对象存在性别、足球基础和人数规模的不同，课程设计方案都要在上一轮实验基础上进行必要的修缮，所以三轮实验的问卷在保持整体稳定和主要内容不变的情况下，也有小部分合理的微调，以下是三轮实验所取得三次调查结果的对比与分析。

（一）第一轮实验调查结果对比与分析

第一轮实验在2018级体育教育专业一年级两个男生足球普修班实施，实验组22人，对照组23人。实验组采用“足球课程共建整体设计方案”及“足球普修课教学实施方案”，对照组采用以往的课程教学方案。专家调查是分别依据实验组和对照组的课程方案而各自设计调查问卷，通过对问卷的审评得出两个课程方案各自的分数结果。对实验组与对照组的问卷调查均分为整体课程方案和普修课教学实施方案两个部分，每部分的调查又各分为三个板块及各自的细分内容。问卷内容是课程方案的观点与方法的精要阐述，都是围绕诸多具体问题的陈述和说明，专家根据自己对问题阐述的认可度进行评分。专家的问卷审评满分为 100 分，90 分为优秀，80 分为良好，70 分为及格，70 分以下为不及格。实验组和对照组课程方案的优劣高下即依据专家评分加以判定，两组课程方案的分数差异对比情况即为检验的依据。

表 4-2 是第一轮实验的实验组与对照组课程方案及其实施效果审评结果的对比，表明实验组的课程设计方案及其实施效果评分均明显高于对照组。整体课程方案和具体足球普修课教学实施方案显然各有不同的功用和目标指向，评分结果说明：实验组的课程整体方案比对照组更具有科学性和合理性，足球普修课实施方案也更具有可行性和实效性，两者共同证明双方足球课程共建的设计方案较以往更具有先进性和实践应用意义。通过第一轮实验的专家调查及综合反馈意见的梳理，证明我们对足球课程建设的认知与国际先进的足球理念与方法有着很大的一致性，这进一步确认了双方课程构思的完整性、周密性和严谨性，也坚定了对合作共建足球课程的信心。

表 4-2　第一轮实验专家对课程方案与实施效果的审评结果对比

组别		实验组	对照组	p
整体课程方案	理念与原则	87. 6	80. 3	<0. 01
	目标与内容	90. 2	75. 9	<0. 01
	方法与模式	87. 9	72. 1	<0. 01
普修实施方案	理念与原则	89. 0	76. 5	<0. 01
	目标与内容	88. 6	70. 7	<0. 01
	实施与措施	87. 2	72. 0	<0. 01
实施效果		85. 1	76. 8	<0. 01

从专家调查结果的对比中我们可以确信双方足球课程共建的设计方案有着合理性和可信度。但我们必须承认，课程方案设计还存在问题和不足，无论是对整体课程方案的宏观把控与布局还是具体课程的教学设计与操作，都要更深入地领

悟足球本质及足球课程建设的规律、原理和要点，需要确立更加完整和科学的课程建设基本理念和基本方法，也需要对我们原有的足球课程进行全面和深入的改革。课内比赛和专项技能训练部分的优化设计和实施操作，是我们尤其值得注意的方面，我们在实践课训练效果的控制上存在着明显的不足，这需要我们打开眼界更多地向欧美国家学习。足球课程建设仅仅在形式和方法上盲目地照搬照套，而缺乏思想高度和探索的深入度，其结果只能是继续处于思想陈旧和理念落后的状态。专项技能训练不仅每一步都要遵循课程设计的基本理念和基本原则，都要依据训练的操行理念和要点，而且教学过程方方面面的细节都要汲取和融合先进的思想与方法，这样才能真正达到与先进足球理念和教育理念的统一。

（二）第二轮实验调查结果对比与分析

第二轮实验的研究对象是2019级体育教育专业一年级两个普修班的女生，实验组25人，对照组24人。根据第一轮实验发现的问题及各方面的意见反馈，也结合体育院校女生的足球基础、接受能力及身体特点等，实验组对原有的“双方足球课程共建整体方案”与“足球普修课教学实施方案”做了调整和优化处理，对照组教师也广泛汲取各方面经验对课程方案做了相应的改善。第二轮实验的专家调查问卷仍然采用百分制的计分方法，但对问卷内容做了更细致的划分及内容细化，这样既可以展现教学整体效果与平均分，也可以对诸多问题进行多角度和细致的对比分析，可以更加全面和多层次地对双方足球课程共建设计方案的优劣做出精准的判断。实验组和对照组对比内容的架构是相同的，即整体课程方案的理念与原则、目标与内容及方法与模式及其各自的细分内容，以及普修课教学实施方案的理念与原则、目标与内容及实施与措施及其各自的细分内容。具体对比内容是在第一轮的基础上做了各类内容的细分，是把课程方案的审评及打分按照两套方案各自分为五道大题及若干个小题，课程方案的总分为100分。

表4-3是第二轮实验实验组与对照组课程方案及其实施效果的审评结果对比，结果表明实验组的课程设计方案及其实施效果均明显优于对照组，实验组的课程方案得到专家的充分认可。第二轮实验实验组和对照组都对整体方案和普修课实施方案做了改进，方案的审评与打分也制定了更加的细化内容和标准，从全面及细化的对比情况可知，实验组的课程设计方案的总评分、实施效果分及两个方案每一项内容的得分均明显高于对照组，第二轮实验的专家评分结果说明，实验组的课程设计方案拥有明显的整体优势，整体优势是更多细节优势的累计，实

验方案重视整体的科学性和合理性，更重视细节的实效性和可操作性。

表 4-3 第二轮实验专家对课程方案与实施效果的审评结果对比

组别		实验组	对照组	p
整体课程方案	理念与原则	89.5	82.7	<0.01
	目标与内容	93.1	76.7	<0.01
	方法与模式	88.6	70.4	<0.01
普修实施方案	理念与原则	90.0	81.5	<0.01
	目标与内容	89.7	72.5	<0.01
	方法与模式	87.3	73.0	<0.01
实施效果		86.3	73.8	<0.01

第二轮实验以体育教育专业的女生为研究对象，是要在进一步论证足球课程共建设计方案具有优良实施效果的同时，也说明方案同样适用于女同学。体育院校男生和女生的人数比例一般是 3∶1，可见女生也是足球普修课授课群体的重要组成部分。由于男生与女生在身体素质、足球基础及对足球的兴趣爱好方面有着较大的差异，课程方案完全采用相同的内容、难度标准是有失妥当的。实验组的课程方案按照控制论“宏观控制和微观调整”的原理，在对男生和女生足球课程学习的同质性与差异性进行分析的基础上，确定原有的整体课程方案保持不变，普修课教学实施方案只是在内容难度和考核标准上做局部微调。经过第二轮实验及实验组与对照组的对比，说明足球普修课教学实施方案适用于女生，也说明足球课程共建的课程设计方案可以面向体育院校的全体学生。

（三）第三轮实验调查结果对比与分析

第三轮实验的研究对象是 2020 级体育教育专业一年级四个普修班的男生，两个实验组和两个对照组，实验组 1 为 22 人，对照组 1 为 21 人；实验组 2 为 22 人，对照组 2 为 22 人。实验把实验组和对照组的人数规模各自扩大一倍，如此可以证明课程方案在更大范围推行的可行性和有效性，也可以深度证明课程方案实验检验结果的客观性和可靠性。实验组采用的“足球课程共建整体方案”与“足球普修课教学实施方案”，同样根据前两轮实验的专家意见反馈及教学实施过程中发现的问题，进一步修缮和优化实验组的课程设计方案，对照组也同样做课程设计方案的修改和优化重组。第三轮实验专家调查的问卷采用同样的百分制计分方法，及对实验组和对照组的课程设计方案进行审评和打分。

表 4-4 是第三轮实验实验组与对照组的课程方案及其实施效果的审评结果对比，所得出的审评结果可以证明：实验组的课程设计方案仍然明显优于对照组，其对比结果还需要做更深一层的分析，就是几轮实验之间实验组和对照组都在不断完善各自的课程方案，而且两组的课程方案都呈明显的向好态势，这说明两组都是处在动态的进步之中，对比差异是组间在动态竞争中产生的结果。这样就出现各轮实验组和对照组课程方案都呈现明显的共同改进和向好的样态，而实验组比对照组有更大幅度的分数增加，说明实验组的设计方案是在竞争中不断完善。

表 4-4　第三轮实验专家对课程方案与实施效果的审评结果对比

组别		实验组	对照组	p
整体课程方案	理念与原则	92.9	84.5	<0.01
	目标与内容	93.2	75.6	<0.01
	方法与模式	92.8	73.3	<0.01
普修实施方案	理念与原则	94.1	80.9	<0.01
	目标与内容	94.6	81.0	<0.01
	方法与模式	94.3	82.5	<0.01
实施效果		95.0	76.7	<0.01

从英方专家对“足球课程共建整体设计方案”和“足球普修课教学实施方案”的审评结果看，他们不仅充分肯定了课程设计方案及给出了审评的高分，而且认为方案的很多观点和方法可以成为他们样板。这些反馈信息说明：我们与欧美国家体育院校的课程理念与方法有着很大的一致性，在方向上和原则上趋同于国际先进足球教育的发展潮流，而且我们课程建设的构思和做法有着某些特点和领先。英方专家也对我们的课程设计提出了意见和建议，包括在基本理念的提法、理论课比例、实践课结构、训练课实习及学生能力培养等方面，这些都需要我们深入思考和理解，这种信息和观念的交流对我们下一步工作的改进有着重要的启示和指导作用。

第二节 学生意见调查结果对比与分析

学生意见调查主要是论证“足球普修课教学实施方案”，同时也辅助论证“足球课程共建整体设计方案”。问卷调查的目的是了解学生对课程的喜爱程度和认可程度，但作为论证依据要保证调查结果具有可靠性和有效性。课程方案的论证是通过学生对课程的喜爱度和认可度的差异对比，从中判别实验组课程方案与传统课程方案谁者更优。以下分两个部分：其一是调查方法与问卷说明；其二是学生意见调查结果对比与分析。

一、调查方法与问卷的说明

三轮教学实验学生意见的调查对象就是各轮实验的研究对象，调查问卷用百分制的判断选择答卷形式，学生答卷分数的由高到低即对应他们对课程由优到劣的意见倾向。问卷包括反映对课程“喜爱程度”的上课愿望、学习趣味和教学方法三个方面内容，以及反映对课程“认可程度”的知识传授、技能训练和执教培养三个方面内容。

问卷调查共六个方面内容，每个方面都有十种反映学生意见的肯定度选择，每种意见的肯定度的由高到低用 10 分、9 分、8 分、7 分和 6 分评判，每个子项十种意见的分数相加即为该方面的得分，满分为 100 分，70 分为及格。为了确保问卷内容的有效和调查结果可靠，调查前均对问卷做了信度和效度检验，可以说明学生做出了真实和客观的肯定程度选择。问卷调查是要了解学生对课程方案及其教学的喜爱度和认可度，再以其组间差异对比判断实验组和对照组的课程方案及其实施效果的差异。调查在每轮实验结束前组织学生填写问卷，事先均做好对问题的说明和答疑工作，确保问卷的反馈信息能够反映学生真实的情感和认知。

三轮实验向学生发放问卷的情况：第一轮实验组 22 份，对照组 23 份；第二轮实验组 25 份，对照组 24 份；第三轮实验组 44 份，对照组 43 份。三轮实验合计实验组 91 份，对照组 90 份，合计 181 份，回收 181 份。三轮实验所有调查问卷均为有效回收，最后有效回收问卷 181 份。

二、调查结果对比与分析

三轮实验的调查数据对比结果由表 4-5 可知，实验组的平均分均明显高于对照组，说明学生对实验组课程方案的喜爱度和认可度更高，这样的调查反馈结果说明：学生普遍认可中英双方共建的课程设计方案。

表 4-5　学生对课程的喜爱程度和认可程度的对比

组别		第一轮			第二轮			第三轮		
		实验组 1	对照组 1	p	实验组 2	对照组 2	p	实验组 3	对照组 3	p
喜爱程度	上课愿望	86.33	74.83	<0.01	88.11	76.51	<0.01	91.46	77.62	<0.01
	学习趣味	87.31	80.30	<0.01	90.16	79.89	<0.01	92.10	78.08	<0.01
	教学方法	90.15	73.64	<0.01	90.66	76.49	<0.05	93.17	79.33	<0.01
认可程度	知识传授	91.36	77.44	<0.01	92.95	82.33	<0.01	94.11	81.88	<0.01
	技能训练	85.65	75.21	<0.01	90.14	81.03	<0.01	92.28	83.06	<0.01
	执教培养	84.77	71.15	<0.01	87.33	77.15	<0.01	90.34	74.15	<0.01

从各轮实验的实验组与对照组各自评分的整体态势看，在纵向时间顺序上，三轮实验实验组和对照组的平均得分均呈现第二轮高于第一轮，第三轮高于第二轮，第三轮又明显高于第一轮的情况，说明实验组和对照组的课程方案设计都在不断改善和趋势向好。还有，各轮实验意见调查的学生性别和人数规模都有不同，但问卷调查的内容是完全相同的，也就是说三轮调查使用的是相同的问卷，而喜爱度和认可度的结果说明不同时间和不同性别学生都更加肯定实验组的课程方案。从另外一个角度分析，对照组的课程方案虽然也得到了学生的普遍认可，但对课程方案的评分明显低于实验组，说明学生对传统课程方案及其教学效果的评价明显不如中英双方共建的课程方案。

三轮实验的学生意见调查是使用完全相同的问卷，学生实验组和对照组的反馈结果都呈现分数逐渐增高的态势，说明学校整体的足球课程设计与教学实施越来越得到学生的认可。而实验组与对照组各轮实验后意见反馈的评分对比，还可以从内容细分项目的分数对比中得到重要的信息，就是实验组学生对课程的喜爱度和认可度是从整体到每一个支撑整体的细节都明显高于对照组。学生的意见反馈包括反映喜爱程度的上课愿望、学习趣味和教学方法，及反映认可程度的知识传授、技能训练和执教培养，共六个方面内容，三轮实验及每一轮实验的每一个方面都呈现实验组分数的显著胜出，足见实验组的课程方案非常重视细节的设计和把控，而且也把细节的构思在教学中得到了落实，实验组学生每一个方面内容都给出高分，则说明实验组所贯彻的教学理念已经深得学生的领悟，更说明中英双方共建的课程设计及其实施更为成功。

第三节 实验结果对比与分析

比赛技术统计可以反映实验组与对照组技术运用和实战能力的情况，技术统计数据的组间差异对比，是论证实验组课程方案及教学效果是否更优的方法。比赛技术统计对比主要是通过综合地判别两组技术实力的差异，间接地判断实验组和对照组课程方案及其教学实施的谁优谁劣，如此不仅可以证明实验组的“足球普修课教学实施方案”优于传统课程方案，也可以说明“足球课程共建整体设计方案”更具有科学性和合理性。以下分两个部分：其一是比赛技术统计内容与方法的说明；其二是比赛技术统计对比与分析。

一、比赛技术统计内容与方法的说明

实验组和对照组之间的课内比赛技术统计数据对比，是判断两组课程方案优劣高下的重要依据。三轮实验均安排两次课内比赛随堂进行比赛技术统计，分别在课程中段采用四人制比赛和课程结束前采用六人制比赛。两种比赛均采用利于学生技术发挥的简化方法，比赛要求实验组和对照组全员参加。要保证比赛技术统计内容的有效和方法的可靠，统计指标要与课程内容和进度相统一，要与学生的足球基础和能力相适应，而且统计方法要统一标准和简单易行，这样才利于获取准确的技术数据和得出可靠的对比结果。

四人制比赛的技术统计内容包括接球、运控、假动作、突破、传球和射门共六项技术指标；六人制比赛技术统计的内容包括以上的六项技术指标，另外加上抢断技术共七项技术指标。统计记录双方每场比赛全队完成各项技术的总次数及每次的成败，再计算各项技术的平均每场使用次数和成功率。

四人制比赛的方法：同时设置两块 20 米×18 米的比赛场地，分别为一号场

地和二号场地，每块场地短端各设 6 米宽的球门；实验组和对照组各自随机组成四个每队 5 人或者 6 人的球队，分别为 1 队、2 队、3 队和 4 队；两块场地的比赛同时进行，每场比赛 5 分钟，比赛分为两轮及每块场地每轮 4 场比赛，全部共 16 场比赛；第一轮比赛每块场地每班出两个队，班际对阵轮流交替打 4 场比赛，第一轮两块场地同时共打 8 场比赛；第二轮比赛对照组原地不动，实验组四个队两两交换场地后再打 8 场比赛；实验组和对照组的每个队与对方每个队各打一场比赛，全班每个人在每轮比赛最少打两场整场的比赛。

六人制比赛的方法：同时设置两块 50 米×30 米的比赛场地，分别为一号场地和二号场地，每块场地短端各设 7. 32 米宽的球门；实验组和对照组各自随机组成三个每组 7 人或 8 人的球队，分别为 1 队、2 队和 3 队；两块场地同时比赛，每场比赛 10 分钟，三轮比赛共打 9 场；实验组和对照组每个队轮流与对方三个队各打一场比赛，全班学生全部参加比赛，每个人最少打两场整场的比赛。

二、比赛技术统计对比与分析

三轮实验分别在实验组和对照组之间组织四人制和六人制课内比赛各一次，四人制比赛是安排在课程中段，六人制比赛在课程结束前。两次比赛技术统计在保证信度和效度的前提下，组间的技术统计数据对比就是实验论证的依据；各轮实验的技术统计是采用相同的形式、内容与方法，由于研究对象性别、足球基础和人数规模各有不同，所以统计对比可以同时证明课程方案的广泛适用性。课程中段和课程结束前安排四人制和六人制两次复杂性和难度不同的比赛，其技术统计既是考证两组之间不同时段的技术水平差异，又可以起到反复检验的作用。比赛技术统计对比与分析相应地分为两个部分：其一是四人制比赛技术统计对比与分析；其二是六人制比赛技术统计对比与分析。

（一）四人制比赛技术统计对比与分析

三轮教学实验在课程中段的四人制比赛技术统计对比，反映的是实验组与对照组在课程前半段的技术掌握情况与教学效果，是论证课程阶段性教学成果的需要。四人制比赛的技术统计作为论证依据，可以从不同角度对比和分析其技术数据，以下分两个部分：其一是比赛胜负和进球对比与分析；其二是比赛全面技术统计对比与分析。

1. 比赛胜负和进球对比与分析

表 4-6 是三轮实验实验组和对照组四人制比赛的胜负与进球数据对比。数据是实验第一轮和第二轮 16 场比赛及第三轮 32 场比赛全部的统计处理结果，可以反映各轮实验实验组和对照组的整体射门表现和实力情况，数据主要是获胜场数、射门次数及进球总数和进球率的对比。结果表明，三轮实验中，实验组的各项统计数据均明显优于对照组，说明各轮实验的中段实验组学生的整体实力均明显强于对照组。而实验前实验组和对照组的足球基础和各项素质是处于相同的水平，以此即可说明实验组在课程前半段的教学收到了更好的效果，使得学生的比赛能力得到了大幅度的提高。很多国际权威足球组织的技术统计都是把比赛胜负、射门次数、进球数和进球率作为考证球队实力的基本标准，这些指标用于足球普修课教学的实验检验也是完全适合的。

表 4-6　三轮实验中四人制比赛的实验组与对照组的数据对比

统计	第一轮			第二轮			第三轮		
	实验组 1	对照组 1	p	实验组 2	对照组 2	p	实验组 3	对照组 3	p
比赛场数	16	16		16	16		32	32	
获胜场数	13	2	<0. 01	14	1	<0. 01	25	5	<0. 01
平局场数	1	1	>0. 05	1	1		2	2	>0. 05
射门次数	135	61	<0. 01	142	45	<0. 01	260	128	<0. 01
进球总数	62	13	<0. 01	67	10	<0. 01	107	38	<0. 01
射门进球率（%）	46	21	<0. 01	47	22	<0. 01	41	30	<0. 01

比赛胜负及进球总数和进球率的对比是判断球队实力的基本指标，课题设计的四人制比赛方法经过了多次专家讨论和修正，也预先反复对比赛统计做了有效性和可靠性的检验，确定如上的基本指标能够客观地反映实验组和对照组的实力差异。特别是这种简化的四人制比赛可以大大增加学生完成射门的次数和成功率，更利于反映两组学生的整体实力情况。各轮实验的比赛胜负和进球差异的对比，一方面证明了实验组的比赛实力更强，另一方面也说明“足球普修课教学实施方案”前半段的教学效果好于传统课程方案，也间接地证明了“足球课程共

建整体设计方案”的科学性和合理性。

2. 比赛全面技术统计对比与分析

表 4-7 是三轮实验中实验组和对照组四人制比赛全面的技术统计对比。统计指标包括接球、运控、假动作、突破、传球和射门 6 项进攻技术，每项指标分别计算完成技术次数和成功率，即由 6 项指标分出 12 组对比数据。数据显然从技术角度更加全面、细化和精准地反映实验组和对照组之间的差异情况，统计指标细分及数据细化处理本身是为了增加对比的有效性和可靠性，还可以对两组的技术表现及技术运用情况做出更加全面和细致的判断。对比结果表明，实验组 12 组数据的平均值均明显高于对照组，由多项指标的数据对比，说明实验组学生不仅整体实力优势明显，而且具体技术运用的熟练程度、合理性及场上意识等都明显更优。此外，还可以从每一项技术的运用情况进行细化分析，以一项数据为例，第一轮实验的突破次数上，实验组明显占优，但突破成功率的优势并不明显，好像对照组的数据接近于实验组，而从对照组完成突破技术的平均次数看，每场平均仅 2 次，其突破的高成功率的偶然性很大，但即便如此，统计对比仍然显示实验组有全面明显的优势。从四人制比赛多个方面分析，说明实验组课程前半段的教学效果优于对照组，证明足球课程共建的“足球普修课教学实施方案”达到了预期的效果。

表 4-7　三轮实验中四人制比赛的实验组与对照组全面技术统计对比

统计		第一轮			第二轮			第三轮		
		实验组 1	对照组 1	p	实验组 2	对照组 2	p	实验组 3	对照组 3	p
接球	次数	25.1	9.2	<0.01	26.6	11.7	<0.01	23.2	10.3	<0.01
	成功率（%）	63	46	<0.01	60	39	<0.01	56	33	<0.01
运控	次数	13.3	4.9	<0.01	15.1	6.4	<0.01	10.7	4.1	<0.01
	成功率（%）	61	36	>0.01	57	28	<0.01	55	31	<0.01
假动作	次数	8.2	2.8	<0.01	8.8	2.3	<0.01	11.3	2.2	<0.01
	成功率（%）	77	45	<0.01	72	49	<0.01	75	43	<0.01

续表

统计		第一轮			第二轮			第三轮		
		实验组 1	对照组 1	p	实验组 2	对照组 2	p	实验组 3	对照组 3	p
突破	次数	6.6	2.0	<0.01	8.5	1.7	<0.01	7.1	2.4	<0.01
	成功率（%）	58	50	<0.01	55	41	<0.01	61	36	<0.01
传球	次数	22.3	14.7	<0.01	24.2	16.3	<0.01	20.6	11.2	<0.01
	成功率（%）	66	39	<0.01	68	33	<0.01	58	30	<0.01
射门	次数	8.4	2.8	<0.01	8.9	3.1	<0.01	8.1	4.0	<0.01
	成功率（%）	46	21	<0.01	47	22	<0.01	41	30	<0.01

课程中段四人制比赛的6项进攻技术统计指标是通过专家筛选确定的，指标选择是以适应赛制及学生技术能力发挥为原则，同时要能够进一步反映学生的整体技术水平和比赛实力。技术统计是记录比赛各项技术运用的次数及每一次的成败，最后得出实验组和对照组平均每场各项技术完成的次数和成功率。这样把统计指标细分成六项，可以细致地分析两组学生各项具体技术的运用情况，同时各项指标的汇总也是两组各自整体实力的反映，再配合前文的两组获胜场数和射门次数的数据对比，可以进一步说明实验组学生的整体实力和足球素养的情况。实验组与对照组之间技术和实力的差异程度，还需要分析完成技术的细节及其成因，需要更加全面和深入地分析教学对于学生的作用和影响。课程方案并不是简单的宏观层面的设计和规划，其方案的优劣很多还需要从技术运用的细节及其统计数据对比中寻找答案。比赛技术统计表明，各轮实验中实验组学生比赛中接触球的次数都明显更多，运用各种技术控制球和处理球的次数也更多，而且有更高的成功率，这表明实验组的教师在专项技能训练中更好地驾驭了训练方法和要点，更好把握了教学中的细节，才能使学生在比赛中占有技术优势。

（二）六人制比赛技术统计对比与分析

三轮教学实验课程结束前六人制比赛的技术统计对比，反映的是实验组与对照组课程全过程的技术掌握情况与教学效果，是要通过统计对比完成对整个课程的检验和论证。六人制比赛技术统计增加了防守的抢断技术；比赛增设了守门员；场地规模接近标准十一人制比赛场地的四分之一；球门采用标准十一人制比赛的宽度。以上几点比赛场地和人员安排的变化，使比赛更接近于真实的比赛场景，保持十一人制的球门宽度可使比赛占据优势的一方有更多的射门和取胜机会，但总体上比赛方法仍然是简化的，技术统计也利于全面、细致和综合地反映实验组与对照组的比赛实力差异。以下对比与分析分为两个标题：其一是比赛胜负和进球对比与分析；其二是比赛全面技术统计对比与分析。

1. 比赛胜负和进球对比与分析

表 4-8 是三轮实验的实验组和对照组六人制比赛胜负与进球技术统计的对比。每轮实验均是实验组三个队与对照组三个队各打一场比赛，两组之间共打 9 场比赛。全部比赛统计数据对比表明：三轮实验课程结束前实验组六人制比赛的获胜场次、射门次数及进球数和进球率均明显优于对照组，说明实验组的整体实力仍然很强。课程最后阶段的比赛增加了参赛人数、场地范围及细化了位置分工，比赛的环境和条件都更复杂，这样六人制比赛更接近正式比赛的场景，比赛的技术统计数据也更具有整体性和综合性。比赛增设守门员虽然使射门得分的难度增加，但“小型场大球门”的设计，同样给实力强于对手的实验组学生以更多展示的机会。

表 4-8　三轮实验中六人制比赛的实验组与对照组的数据对比

统计	第一轮			第二轮			第三轮		
	实验组 1	对照组 1	p	实验组 2	对照组 2	p	实验组 3	对照组 3	p
比赛场数	9	9		9	9		18	18	
获胜场数	5	2	<0. 01	7	1	<0. 01	13	3	<0. 01
平局场数	2	2	>0. 05	1	1	>0. 05	2	2	>0. 05
射门次数	70	30	<0. 01	67	21	<0. 01	122	63	<0. 01
进球总数	17	5	<0. 01	15	3	<0. 01	31	12	<0. 01
射门进球比例（%）	24	17	<0. 01	22	14	<0. 01	25	19	<0. 01

六人制比赛的场地增大、人数增多及增设守门员，目的是为了更加全面和客观地考察实验组与对照组的比赛实力差异。一般而言，足球比赛越接近正式十一人制比赛两队实力差距的显著性会随之下降，显然，场地增大使学生比赛中接触

球次数减少，人数增多使比赛过程变得复杂，增设守门员使射门及进球的难度增大。而足球比赛本身是难度大及进球少的项目，所以比赛形式越接近正式比赛，相应地拥有优势一方的比赛发挥和射门得分难度都会增加。实验组的获胜场数和射门进球数虽然有明显的优势，但较之四人制比赛的优势有所降低，但数据对比还是说明实验组直到课程最后仍然保持着整体竞技实力的明显优势，也可以证明实验组收到了更好的教学效果。

2. 比赛全面技术统计对比与分析

表 4-9 是三轮实验中实验组和对照组六人制比赛全面的技术统计对比。统计在四人制比赛 6 项指标的基础上增加了一项防守抢断球技术，即 7 项指标细分成 14 组对比数据。表中的 12 组对比数据同样全面、细化和精准地反映了实验组和对照组之间的技术差异；另外的防守抢断平均数据和成功率为：第一轮的实验组 10.9 次，成功率 63%，对照组 6.1 次，成功率 37%；第二轮的实验组 12.7%，成功率 59%，对照组 5.6 次，成功率 42%；第三轮的实验组 10.3 次，成功率 71%，对照组 4.9 次，成功率 45%。结果表明，12 组代表进攻技术运用的数据平均值实验组均明显高于对照组，2 组代表防守技术运用情况的数据实验组同样明显高于对照组，说明实验组在技术运用次数和成功率上全面占据上风。由此从课程中段四人制比赛和课程结束前六人制比赛两次的技术统计数据对比可知，足球普修课的全过程中，实验组和对照组的技能水平都处于动态的变化之中，而且实验组始终是处于优于对照组的水平，由此证明实验组的课程方案及其教学实施都更加优秀。

表 4-9　三轮实验中六人制比赛的实验组与对照组的全面技术统计对比

统计		第一轮			第二轮			第三轮		
		实验组 1	对照组 1	p	实验组 2	对照组 2	p	实验组 3	对照组 3	p
运控	次数	16.8	9.7	<0.01	17.3	8.6	<0.01	19.1	7.8	<0.01
	成功率（%）	57	41	<0.01	65	47	<0.01	62	40	<0.01
假动作	次数	9.1	4.6	<0.01	11.4	5.8	<0.01	11.1	5.2	<0.01
	成功率（%）	77	50	>0.01	75	54	>0.01	69	54	>0.01

续表

统计		第一轮			第二轮			第三轮		
		实验组1	对照组1	p	实验组2	对照组2	p	实验组3	对照组3	p
突破	次数	9.3	4.0	<0.01	7.8	3.3	<0.01	7.2	3.7	<0.01
	成功率（%）	61	36	<0.01	57	40	<0.01	70	43	<0.01
传球	次数	29.5	18.6	<0.01	26.1	17.6	<0.01	24.3	16.7	<0.01
	成功率（%）	70	53	<0.01	63	41	<0.01	63	36	<0.01
接球	次数	32.8	19.3	<0.01	29.5	15.7	<0.01	30.2	17.9	<0.01
	成功率（%）	57	45	<0.01	60	39	<0.01	53	36	<0.01
射门	次数	7.8	3.3	<0.01	7.4	2.3	<0.01	6.8	3.5	<0.01
	成功率（%）	24	17	<0.01	22	14	<0.01	25	19	<0.01

六人制比赛的各项技术运用次数与成功率相比四人制比赛的数据，其显著度有一定的下降，出现这样的情况与场地增大和比赛人数增多直接相关。其原因是比赛环境和条件的变化使得学生技术发挥的难度增加，比如，场地增大使得学生技术运用的频次降低，比赛人数增多使比赛过程变得复杂，这样使足球普修课的学生对场地空间增大和场景变化感到不适应，防守人数增多也使技术运用的难度增加，使拥有优势的实验组技术运用频次减少和失误增多。但从比赛技术统计对比可知，实验组的运控、假动作、快运或突破、传球、接球、射门及抢断技术的技术运用次数和成功率都明显高于对照组，从进攻与防守两方面考察，说明实验组的课程方案在培养学生比赛能力方面明显优于以往的方案。

这种六人制比赛在英国是非常常见的比赛形式，规则和方法简易并利于技术发挥，在英国体育院校也大量地用于基础训练和校内比赛，而且六人制比赛利于客观和准确地判断学生的技术水平差异。比赛方法和七项技术统计指标及其统计方法，均经过专家认定和各种测试检验。统计数据可以代表实验组与对照组真实、客观的技术水平情况，通过数据对比能够准确反映实验组与对照组的比赛胜负、实力强弱及技术水平高低的差异程度，适合作为考证实验组“足球普修课教学实施方案”全程检验的方法，同时可以作为证明“足球课程共建整体设计方案”取得良好实施效果的依据。

第四节　专项技能测试对比与分析

专项技能测试是选取典型的能够反映学生技能水平的技术内容，在课程结束前对实验组和对照组学生做技术考核，以此作为课程方案检验的方法之一。专项技能测试主要是考察学生完成技术的规范性和效果，是按照一定的标准和要求对学生的技术表现进行打分。技术打分除了考察技术动作的规范和合理性之外，也包含完成技术动作的速度、协调和节奏等因素。考核分数对比反映实验组和对照组学生掌握技术的标准和熟练程度的差异，是考量两组课程方案优劣的重要依据。以下分两个问题：其一是专项技能测试内容与方法说明；其二是专项技能测试对比与分析。

一、专项技能测试内容与方法说明

专项技能测试是对实验组和对照组做相同技术内容与方法的测试，通过组间的分数差异对比判断哪一组的课程方案更为优秀。测试内容与标准的制定是以传统的课程结业考核方法为基础，再根据课程实际进行局部内容与方法的调整。三轮教学实验的测试均在课程结束之前，通过测试可以对实验组和对照组学生的技能水平做出评分和评价。

专项技能测试内容包括5米×8折返运控（定距计时），脚内侧左右脚交替传接（定时计次）和18米运球绕杆射门（定距计时）。三项测试分别考核学生运控球、脚内侧传接球和运球绕障射门的技术熟练性及完成技术的速度和质量，三项技术测试均按照100分为满分，90分以上为优秀、80分以上为良好、70分以上为及格、69分以下为不及格为标准。以实验组和对照组测试的平均分差异对比，作为两组课程方案与实施效果判别的依据之一。

5米×8折返运控（定距计时）：设置两条平行且相距5米的线段，一条线兼为起点线和终点线，受试学生持球以起点线为起点，运用运球和控球技术连续往返8次。每次运往必须球过线再控球折返，8次折返的控球技术使用右脚前拖、左脚前拖、右脚后拖、左脚后拖、右脚外扣、左脚外扣、右脚内扣和左脚内扣，八个控球技术不得重复。在起点线的起动即为计时开始，最后第8次折返过线后完成控球技术时计时停表。

脚内侧左右脚交替传接（定时计次）：在五人制场地一侧，设置两条高一米相互呈90度角的挡板，再以与两条挡板均相距5米的点为中心，设置一个4平方米的传球区域。受试学生在方块内以右脚脚内侧传球击右侧挡板，左脚脚内侧接弹回的球，再左脚脚内侧传球击左侧挡板，球弹回右脚脚内侧接，再右脚脚内侧传，依此循环往复。传球和接球的顺序必须是右传、左接、左传、右接地依次反复，或者反之左脚先传，顺序出现错误算测试失败。测试时限为20秒，第一脚传球触球为计时开始，第20秒计时停表，统计左右脚传球和接球的总次数。传球的击球点必须在方块内，击球点不在方块内不计算次数。

18米运球绕杆射门（定距计时）：在五人制场地一侧，从起点线中点到球门线中点相距18米的直线上，距离起点线2米处设置一支标志杆，之后每隔2米设置一支标志杆，共设置4支标志杆，第4支标志杆距离球门线10米。受试学生持球从起点线依次绕过4支标志杆后脚背正面射门，从起点线运球起动触球为计时开始，完成射门后球越过球门线计时停表。运球绕杆过程中球和人体可以触杆，但不允许漏过任何一支杆，球射进球门为有效。

二、专项技能测试对比与分析

三轮实验的专项技能测试都是在课程结束之前完成，之后得出各项技能测试分数的平均分对比结果。三轮实验的专项技能测试是完全相同的内容、方法和标准，但各轮实验的研究对象有着学生足球基础、性别和测试人数的不同，就是说三轮实验的专项技能测试是以相同的方式测试各类不同的研究对象。这样专项技能测试对研究结果论证有一举多得的效果：首先，每一轮实验的测试都可以作为那一轮及三轮实验共同的论证依据；其次，相同的测试方法既说明其方法具有广泛的适用面，也可以考证不同对象结业时专项技能水平的差别；最后，专项技能测试可以配合比赛统计检验、专家调查检验等进行综合分析。

由表4-10的专项技能测试对比可知：三轮实验所测得的三次专项技能成绩，实验组三项技术内容的平均分均明显高于对照组，这从传统专项技能测试的角度证明实验组课程方案更为优秀。从学生专项技能掌握的情况及两组技能情况的水平差异，还可以从因果逻辑关系反向推导得出实验组学生之所以能够很好地掌握专项技能，是因为教学过程的支撑，其出色的课程设计方案及其实施方法。这样的联系可以说明实验组所采用的课程方案及其教学实施方案一定优于对照组，由此也可以证明中英双方共建的课程设计方案是优秀的课程方案。

表 4-10 三轮实验中实验组和对照组三项专项技能测试的对比

统计	第一轮			第二轮			第三轮		
	实验组 1	对照组 1	p	实验组 2	对照组 2	p	实验组 3	对照组 3	p
5 米×8 折返运控（秒）	18.20	20.79	<0.01	20.93	23.76	<0.01	17.66	20.33	<0.01
18 米运球绕杆射门（秒）	6.78	8.53	<0.01	8.89	11.27	<0.01	6.44	8.11	<0.01
脚内侧左右脚交替传接（次）	18.81	15.60	<0.01	15.21	12.43	<0.01	19.46	16.03	<0.01

从各轮实验的实验组与对照组所达到专项技能水平的整体态势看，三轮实验的实验组和对照组的各项专项技能水平都呈现整体提升态势，这与前文的比赛技术统计数据和专家对课程方案设计的评分数据有一致性。实验组和对照组都呈现动态的逐渐向好的趋势，说明足球普修课的整体发展及每一个教学环节都是健康的，而三轮教学实验的专项技能测试对比结果都说明实验组明显优于对照组，证明了实验组的课程方案更为优秀。

综上所述，“足球课程共建整体设计方案”和“足球普修课教学实施方案”的论证，是从专家调查、学生意见反馈、比赛技术统计对比和专项技能测试对比等几个视角，通过几个方面的数据对比得到了肯定的答案。以下对几个方面的论证结果做综合归纳。第一，双方整体课程设计所形成的理论体系具有先进性和科学性。课程设计方案重视与国际先进足球理念和教育理念的统一，是在全面和深入的理论探索基础上精心策划和不断改进而形成的。第二，足球普修课教学实施方案的设计重视理念与实践的统一及先进方法的融入。理念与实践的统一更多是把整体课程方案的理念贯彻到底，而在教学与专项技能训练的方法上不仅要追求实用和高效，还要把游戏方法深度地融入教学过程并贯彻于教学全过程的始终。第三，足球普修课的实验教学是在探索中不断地总结经验。足球普修课的教学实施方案不仅要总结长期实践过程的经验和教训，还要不断在实践中尝试改变和创新，使课程设计从大格局构思到具体的教学方法运用始终处于一个不断完善的过程。第四，中英双方都高度重视足球课程共建的合作机会。双方都投入相当的人力和物力，中方课题组尤其珍惜和重视这次合作机会，在积极融入欧美国家体育院校课程建设的经验和智慧的同时，也敢于挑战传统提出解决诸多问题的方法，以促使整体的足球课程共建设计方案不断改进和完善。

第五章 CHAPTER 05
结 论

本章对中英体育学院足球课程共建研究做了概括性总结，把双方共同研究的主要内容及形成的基本观点做精要性的阐述。

足球运动的影响增大和内涵增多要求其专业人才培养的多元化与细化，这促使很多国家的体育院校增设了足球专业及加强其课程建设。相比之下，我国体育院校足球人才培养的课程方案处在理念、内容与方法的陈旧和落后状态，也造成学生知识结构、技能水平、认知基础和实践能力的不足。寻求与欧美国家体育院校开展足球课程共建的合作，是促进课程改革与发展的重要举措。学习和借鉴国外先进的足球课程理念与方法，需要我们突破狭隘的格局和固有的思维，这样才能扩大视野和更多地获取优质的课程资源。

“足球课程共建整体设计方案”是整个研究的重点，融入了国内外课程建设的优秀思想成果，也吸取了欧洲多所体育院校课程建设的成功经验，并与英方共建单位达成了理念的统一，是两国体育学院足球课程共建的主要内容。“足球普修课教学实施方案”是整体方案的组成部分，是整体研究的教学实施与效果检验环节，是整个课题研究主要的实践支撑部分，双方课程共建由理论设计到实践应用是由此得以进入实质性阶段。中英两国体育学院足球课程共建的研究，也是两国足球教育与文化及课程理念与方法的深度合作，这种合作可以促使我们的足球教育融入世界，以及建立与国际先进理念相一致的课程与教学体系。

研究综合地采用文献研究、专家调查、问卷调查和教学实验等方法，其中教学实验是整体研究的核心和主要依托，研究结果要通过教学实验加以论证，教学实验结果是整体研究假设得以证明的依据。课题研究及其教学实验是以足球普修课为整体课程共建的突破口，目标是建立起居于国际领先和双方资源共享的课程体系，促进双方体育学院足球人才培养的整体优化并符合社会需要。

二

足球课程共建的基本理念是关于课程建设基本方针和战略构思的问题，以下把基本理念分为三个层面并提炼其精要部分。

核心理念：课程从整体架构设计到具体内容编排与教学实施都要以比赛实战为核心和以比赛争胜为目标；课程布局要以课内比赛为龙头和以专项技能训练为主体；专项技能训练要以反映足球本质为根本和体现足球要素为要旨。

宏观理念：课程的所有教学实施都是教育形式和素质教育手段，与全面发展的教育相统一；课程要与学校教育、社会教育和家庭教育相配合及与德育和智育同步；要利用足球的教育元素促进学生身心的均衡发展和良好品质的形成；提倡在培养兴趣的基础上提高协作意识和团队精神，促进学生专项技能的发展。

操行层面理念：所有专项技能训练的内容设计与方法实施都必须遵循四条基本准则，即以保证快乐为前提、以游戏方法为主导、以培养兴趣为基点、以比赛争胜为目的，专项技能训练的每个环节都要遵循以上四条基本准则。

足球课程共建的基本原则是关于课程实施的方向指引与标准，是课程教学过程必须遵循的基本准则。以下把基本原则分四条并提炼其精要部分。

反映足球本质原则：足球课程共建核心理念的基本精神所在，关键在于教学要与“以比赛实战为核心和以比赛争胜为目标”的宗旨相统一，其根本是反映足球本质的四个基本特征。

体现足球要素原则：专项技能训练过程的时时处处都不可缺少足球六个要素的任一要素，六个要素是训练和比赛中每个学生每时每刻都要关注的因素，学生必须合理地分配注意并同时兼顾每个要素的变化而做出决策。

落实教育同步原则：足球教学中的方方面面都要渗透和施加对学生的教育影响，这是应当提倡的足球教育观。把教育同步原则落到实处，要在教学中按照社会要求和学生身心发展需要，有目的、有计划、有组织地实施对学生的塑造。

强化素质教育原则：足球教学包含很多利于素质教育的元素，把这些元素系统地融入课程设计，通过教学实施就可以促进学生素质的提高。强化素质教育需要在课程的诸多细节加以实施，更多是培养学生举止言行的规范和良好习惯。

足球课程共建的目标体系是关于课程建设整体及具体的目标指引，也是课程教学所要达到的诸多预期。以下从整体目标到具体目标各自提炼其精要部分。

整体目标：课程共建要搭建起基础扎实、实力雄厚、门类齐全及名师荟萃的足球课程根基与教学平台，构建国际高标准的课程体系。要与先进足球理念和教育理念达成一致以保证其正确方向；课程设置要追求科目齐全、特色突出及符合社会需要以保证学生的专业技能和认知符合社会需求；师资队伍要专业素质过硬和各有专长以保证教学高效及学生专项特长的培养；教学内外环境舒适、配套设施完备以保证硬件及教材和课件等配置的精良。

重点目标：把D级和C级教练员培养融入初级训练课程，把B级教练员培养融入中级训练课程，加强培养具有足球特长的体育师资；形成人才培养的多向发展模式，拓宽人才与社会需求的对接渠道；打造成具有国际知名度的精品课程，使各级教练员培训与国际接轨。

常规必修课目标：目标分为课内比赛、专项技能训练和专项基础理论三个方面，再各自细分为启蒙、初级、中级和高级四个等级。目标分别达到入门级、三级、二级和一级的等级运动员标准，分别制定比赛能力、技术技能、战术技能和专项基础理论的标准，使目标适应不同足球基础、专业和发展方向的学生。

综合拓展课目标

选修类课程目标：使学生掌握更宽泛的与足球行业密切相关的社会学方面知识，提高学生的综合素养；使学生专业特长和优势得到更充分的发展。

社会实践目标：使学生把学习的知识和技能转化成社会所需要的职业素养；使学生有更多样的社会实践机会而提高适应社会能力、完善自我意识。

足球课程共建的内容构成是学生所要学习的课程名称及其内容要目，是大体的课程知识与技能范畴。以下简要介绍课程分类、课程板块和课程内容构成。

课程分类：常规必修课分为课内比赛、专项技能训练和专项基础理论三个类别，综合拓展课分为选修课、社会实践和讲座或短训三个类别。以上课程类别的细分及各部分内容按照课程的难易度进行编排即为课程内容构成。

课程板块：课程两大板块是常规必修课占75%，综合拓展课占25%；常规必修课三个内容板块为课内比赛占20%，专项技能训练占60%，专项基础理论占20%；综合拓展课三个板块为选修课占25%、社会实践占60%和讲座或短训占

15%。以上是课程内容板块基本布局。常规必修课是完整和稳定的课程体系，是足球课程的主体内容；综合拓展课是以适应社会需要为导向，或根据常规必修课深入学习和拓展学习的需要而设定课程。

课程内容构成：每个课程板块的内容细分和再细分即构成共建足球课程的全部内容。

足球课程共建的训练方法是指专项技能训练所采用的方式方法。训练方法表现为两个特征：其一是比赛训练成为训练方法体系的组成部分；其二是游戏方法融入全部训练过程。训练方法分类：足球训练分为比赛形式训练方法、对抗形式训练方法和非对抗形式训练方法三个大类，依此分类再进行内容的细分即构成完整的训练方法体系。训练方法演绎：训练方法可以由一般向具体进行推导，这一推导是以比赛训练、对抗训练和非对抗训练的分类作为逻辑起点。比赛形式训练方法是按照三人制比赛、五人制比赛、八人制比赛和十一人制比赛进行阵型变化的演绎；对抗形式训练方法是按照增减和调整对抗双方人数、改变场地大小与形状、设定球门规格与摆放数量及制定不同规则限制的四种形式进行方法演绎；非对抗形式训练方法包括运球、控球与假动作技术训练方法演绎、突破技术训练方法演绎、传球与接球技术训练方法演绎、射门技术训练方法演绎、头顶球技术训练方法演绎及防守技术训练方法演绎。

足球课程共建的教学模式是指各类课程所稳定采用的各自不同的教学方式方法。各类课程的教学模式差异很大，以下分别做简要介绍。

课内比赛教学模式：课内比赛是常规必修课的核心和龙头，包括三人制、四人制、五人制、八人制和十一人制五种赛制，赛制依据学生技能水平而定。课内比赛统一采用的教学模式六个环节是：赛前训导动员→赛前热身准备→阵型和打法布置→比赛过程控制→赛后整理放松→赛后评价总结。

专项技能训练模式：训练课所采用“比赛导入模式”的五个训练环节是比赛演练→技术准备训练→战术准备训练→比赛场景训练→比赛实战训练。比赛导入模式的设计采用“降阶式”方法，设计构思是由后向前的相反顺序，是一种先进的训练设计方法，利于教练员正确训练思维的形成。

专项基础理论教学模式：专项基础理论是常规必修课的保障环节，是学生足球认知和素养形成的必要课程内容。教学采用的“实践结合理论”的“探究式教学模式”所包括六个环节是：训练中发现问题→理论课提出问题→探讨中分析问题→演讲中解答问题→引导中完善方案→实践中解决问题。

综合拓展课教学模式：选修课采用“理论课和实践课各占50%的教学模式”；社会实践是采用“课堂实习过渡到教育实习模式”；讲座或短训随机采用不同的教学模式，例如D、C级教练员培训是采用国际足联统一的教练员培养模式。

三

足球普修课的教学理念与原则：一个是关于这门具体课程设计的基本方针和构思的问题；一个是关于这门课程实施的指导方法与标准问题。以下分宏观层面理念、微观层面理念和教学原则分别做简要阐述。

宏观层面理念：坚定推行素质教育、以人为本和以学生发展为中心的方针；强调遵循“健康第一”“快乐足球”和“兴趣领先”的精神要旨；以系统传授足球专项技能和先进的基础理论知识为基本要求。

微观层面理念：课程布局是以专项技能训练为主导和主线，以培养学生的比赛实战能力为核心目标；教学以个人攻守技术技能和小组攻守战术技能为主要内容；专项技能训练以掌握相应的基础理论知识为保障；在实际工作技能培养方面以具备启蒙和初级足球训练及校园足球活动组织能力为基本要求。

教学原则：普修课教学存在先进思潮与原有教材教法陈旧、课程内容繁多与课时不足及课程受众面大和学生基础差异大等矛盾。教学设计需要把握如下六个方面的原则：教学理念的先进性与综合性；课程体系的科学性和先导性；课程内容的精要性和选择性；教学进度的有序性和重复性；教学实施的规律性与教育性；教学设计的精品性和典范性。

足球普修课的教学目标体系是课程教学所要达到的诸多预期。在整体目标之下，还包括六个方面的具体目标。

整体目标：初步具备基本的比赛能力，系统掌握基础的个人技术技能和小组战术技能，了解项目的体能和心理特点；初步掌握全面的专项技能训练的基础理论知识，包括基本概念、基本理念、基础技术与战术知识，规则裁判理论与方法等；初步具备教学与训练的组织能力，具备组织基层竞赛和比赛认知能力，形成对足球及足球教学训练工作的兴趣爱好。

比赛能力目标：初步具备小型比赛基本的技术和战术技能；具备一定的比赛体验和位置特长；初步具备观赏比赛及对比赛中本队和对手的分析能力。

专项技能目标：初步掌握全面的个人技术与小组战术技能及具备相应的体能和心理素质；具备技术、战术和比赛实战的示范能力。

理论认知目标：初步掌握启蒙和初级技术与战术训练的原理与方法；掌握校园足球、规则裁判、组队训练和组织竞赛，及足球训练基本概念与理念等知识。

教学能力目标：掌握中小学足球教学及校园足球活动的组织方法；掌握启蒙和初级技术与战术训练的组织能力；能够担任基层比赛的组织和裁判工作。

人文素养目标：同步培养学生人文素养和道德品质，利用足球的特点改善学生法纪观念、责任担当、勇敢顽强、团队协作、行为规范等意识和品行。

兴趣爱好目标：使学生在趣味性和娱乐性教学中获得快乐，结识朋友，促进身体和心理健康及形成对足球的兴趣和爱好，打下终生热爱足球的基础。

足球普修课的教学内容构成是在内容布局的基础上，把学生所要学习的课程内容纲目及其具体的专项技能和理论知识进行细分和排序。以下只介绍内容布局及课内比赛、专项技能训练和专项基础理论的内容构成纲目，教学进度简略。

内容布局：课程共 64 学时 32 次课，每次课均两个学时。课内比赛 12 学时为 6 个比赛主题；专项技能训练 36 学时为 18 个训练主题；专项基础理论 16 学时的 8 个理论主题与课内比赛和专项技能训练相匹配。课内比赛和专项技能训练共 48 学时 24 次课，分 6 个单元；每单元 8 学时 4 次课，均为 3 次专项技能训练和 1 次课内比赛。课内比赛是专项技能训练的核心和目标，三次专项技能训练围绕一次课内比赛安排训练内容。全面的专项技能训练包括比赛训练、实战训练、技术训练、战术训练、裁判训练、体能训练、心理训练和训练实习。

课内比赛构成：三人制比赛为班内循环赛和淘汰赛各一次；四人制比赛是班内循环赛和班际循环赛各一次；五人制比赛是班内循环赛和班际循环赛各一次；八人制比赛是班内循环赛和班际循环赛各一次。

专项技能训练构成：内容是启蒙训练和初级训练的范畴，包括实战、技术、战术、体能和心理五个方面的内容。实战、技术和战术是主体训练内容，体能和心理训练是安排在热身和结尾部分的介绍性内容，也融合在技术、战术和实战训练之中。专项技能训练是主要的课程内容，是学生比赛实战能力的基础，其内容构成有着多元、复杂和多变的特点。

专项基础理论构成：内容包括校园足球及其各项活动组织方法；小型足球比赛阵型与战术打法；启蒙与初级技术训练的原理与方法；启蒙与初级战术训练的原理与方法；足球训练的基本概念与基本理念；足球队组建及训练规划与执行；

足球竞赛规则与裁判法共七个方面。

足球普修课的教案设计与训练课评价是指在每次课内比赛和专项技能训练之前所做的准备方案，以及对训练课的实施效果的优劣判定。

教案设计原理："比赛导入模式"是依据"情景教学法"的原理，由一定的比赛情景转入训练，让学生在有趣的情景体验中过渡到训练之中。教案设计的"降阶式"原理是逆向地由后向前、由繁至简一步一步地完成构思，而实际教案的流程是按照正向的由易到难、由简到繁的顺序。

训练主题部分：训练主题是训练课要解决的主要问题，主题部分是专项技能训练的主要内容，准备部分和结尾部分是主体部分的铺垫和缓冲。训练课的设计是从比赛实战中截取训练素材，再把训练素材加工成训练课所需的要素，训练课的教案设计是围绕训练主题做好各个训练环节的训练课要素搭配。

训练课评价：主题部分是训练课评价的内容，由技术准备、战术准备和比赛实战三个部分构成，三个部分的操作是统一的模式，都是围绕场地布置、教学组织、方法安排、目标设定、要点把控和基本要求而实施的。训练课评价是从四个方面加以判断：其一，"外在气质"的仪表风范、职业态度及激励效果；其二，"组织设计"的场地器材使用与人员安排、实战真实性及方法变换和重组；其三，"观察指导"的问题与错误的发现、问题与错误的处理及练习的变换与进展；其四，"沟通互动"的训练主题表达、动作示范及沟通交流效果。

足球普修课制定教学措施是完善课程设计方案的重要补充环节，也对出色完成课程教学具有必要的补充和支撑作用。研究结合足球普修课教学的具体实际确定十个方面的主要措施如下：把课程作为教育内容和素质教育手段；加强教学软件和场地设施建设；加强教学内容与教学方法的系统化改革；按照高标准完成对教学细节的设计与把控；借鉴并运用先进的教学模式与方法；利用和挖掘传统足球课程的优质资源；加强师资队伍的培训和知识更新；更多地采用创新性方法表扬和激励学生；增加学生课堂实习的时间比例与次数；加强与英方共建单位的研讨和信息沟通。

四

专家调查结果对比与分析：专家调查是课程设计方案结果论证的关键环节，采用特尔斐调查法以确保专家调查评分的准确无误。实验组和对照组是相同问卷题目，但实验组的课程方案是经过中英双方共同讨论而设计的。整体课程方案问卷包括基本理念、基本原则、目标体系、内容构成、训练方法和教学模式，普修课实施方案包括教学理念与原则、教学目标体系、教学内容构成、教学结构模式、教案设计实施和教学主要措施的内容。专家评分结果说明：实验组整体课程设计方案和普修课实施方案的审评得分明显高于对照组。实验组的方案无论是宏观构思和布局，还是具体操作程序与方法，都更具有科学性和合理性及实效性和可操作性。

学生意见调查结果对比与分析：调查内容包括喜爱程度方面的上课愿望、学习趣味和教学方法，以及认可程度方面的知识传授、教学方法和技能培养。数据对比可知：三轮实验的问卷评分均为实验组明显高于对照组，说明实验组学生对足球普修课明显更加喜欢，实验组的课程设计与教学方法得到学生充分的认可，问卷反馈证明“足球课程共建整体设计方案”和“足球普修课教学实施方案”得到了学生的充分肯定。

比赛技术统计对比与分析：实验组与对照组比赛技术统计的数据对比，可以反映两组之间技术和实战的差异程度，可以作为“足球普修课教学实施方案”的论证依据，也可以证明“足球课程共建整体设计方案”是否具有科学性和合理性及实效性和可操作性。比赛技术统计一次是课程中段的四人制比赛，一次是课程结束前的六人制比赛。

四人制比赛技术统计包括接球、运控、假动作、突破、传球和射门 6 项指标的 12 组数据，反映的是实验组和对照组学生阶段性的技术水平。三轮实验的数据对比表明：实验组 12 组数据的平均值均明显高于对照组，通过多项指标的技术次数和成功率对比充分说明实验组学生在课程中段明显优于对照组，而且技术运用的熟练度、合理性及场上意识等都明显优于对照组。

六人制比赛技术统计增加一项防守抢断的指标，反映的是实验组与对照组课程全过程的技术实力和教学效果。三轮实验的技术统计数据对比表明：7 项指标的 14 组数据都是实验组明显高于对照组，说明实验组全面地在技术运用次数和成功率上占据明显的上风。由此从三轮实验各两次比赛的技术统计对比可鉴：以“足球课程共建整体设计方案”为基本指导方针，及以“足球普修课教学实施方案”为基础依据的教学实验，实验组从课程中段的技术统计对比到课程结束前的全过程对比，都是处于稳定的技术实力明显优于对照组的状态，由此可以充分说明实验组的课程方案更为优秀。

专项技能测试对比与分析：测试包括 5 米×8 折返运控，脚内侧左右脚交替传接和 18 米运球绕杆射门。三轮实验测试的数据对比可知：实验组各项技能的测试分数均明显高于对照组，说明实验组学生掌握专项技能的情况明显好于对照组。专项技能测试是考核学生的传统方法，可以说是从传统的视角和方法证明了实验组的课程方案更为优秀，也在一定程度上证明“足球课程共建整体设计方案”和“足球普修课教学实施方案”优于以往的课程方案。

REFERENCES

参考文献

[1] 苗东升 . 系统科学精要 [M]. 北京：中国人民大学出版社，1998.

[2] 周登嵩 . 体育科研概论 [M]. 北京：北京体育大学出版社，1995.

[3] 刘夫力 . 足球训练基本理念与基本方法概论 [M]. 北京：北京体育大学出版社，2019.

[4] 李秉德 . 教学论 [M]. 北京：人民教育出版社，2001.

[5] 谷明昌 . 现代足球理念 [M]. 北京：北京体育大学出版社，2005.

[6] Lingen B V. 足球训练 [M]. 北京：人民体育出版社，2003.

[7] 金林祥 . 教育学概论 [M]. 上海：华东师范大学出版社，2002.

[8] 刘夫力 . 足球 [M]. 北京：中国少年儿童出版社，2019.

[9] 全国体育院校通用教材 . 现代足球 [M]. 2014. 北京：人民体育出版社，2000.

[10] 维尔库柏 . 攻击型足球训练 [M]. 北京：人民体育出版社，1988.

[11] 麻雪田 . 跟我踢 [M]. 北京：人民体育出版社，1998.

[12] 刘夫力 . 小型足球运动手册 [M]. 北京：北京体育大学出版社，2004.

[13] 谭华俊 . 足球教学与训练 [M]. 广州：广东高等教育出版社，1993.

[14] 孙民治 . 足球 [M]. 北京：高等教育出版社，1990.

[15] 全国体育院校教材委员会 . 运动训练学 [M]. 北京：人民体育出版社，2006.

[16] 洛伦索 . 穆里尼奥传 [M]. 陈震，译 . 北京：新世界出版社，2014.

[17] 刘丹 . 足球体能训练 [M]. 北京：北京体育大学出版社，2006.

[18] 马启伟 . 体育心理学 [M]. 北京：高等教育出版社，2000.

[19] 刘夫力 . 特殊学校校园足球 [M]. 北京：高等教育出版社，2019.

[20] 托梅斯 . 德国足球训练全书 [M]. 北京：北京科学技术出版社，2016.

POSTSCRIPT

后 记

一

这部专著是我承担的教育部人文社科项目的结题报告，由于出版社对字数有限制，所以成稿后又删减了一些文字及进度表和教案的内容。对于我，这个项目的研究差不多是日常工作的积累，是把自己平日的工作笔记和教学实验数据加以提炼，再加以整理和归纳。这个课题的立项有偶然性，是我在英国做足球考察的时候，偶然接触到体育院校足球教育的素材，这样才把注意力转到了“中英体育学院足球课程共建”的研究上。2019年课题申请立项时，研究的准备并不十分充分，得到评审专家的认可也有偶然性。

偶然中的必然是寓于我多年的坚持和积累中。1993年9月我在广州体育学院开始了足球教师生涯，三十年时间，始终在努力修正自己的足球教育观，也在坚持不懈地探索足球课程的改革与创新。简评自己的过往：做事情不是一个计划性和功利性很强的人，思考和研究问题多是发自兴趣和热爱，但勤奋和扎实是我的本色。

今天的社会为我们提供了广阔的空间和无限的可能，各行各业出现了很多的奇迹和创造奇迹的人，也曾经以为自己的足球生涯会伴随着各种奇迹。我自评在事业发展上是志向远大的，一直坚信自己会前途光明和大有作为；心中的事业蓝图也是色彩斑斓的，从不怀疑自己可以飞得很高、很远。随着被岁月打磨，渐觉自己理想色彩的蓝图超越了理性，自己也缺少成就大业的智慧和韬略，更加上现实中的种种羁绊也着实让人无能为力。有时候会慨叹“时也、运也、命也！”

“人有冲天之志，非运不能自通”。但“天道酬勤”“有志者事竟成”的哲理在我的身上还是有许多的应验，比如承担教育部课题是我的理想之一，现在这个课题结题在即；再如成为足球理论家和教育家也是我的目标，虽然在思维高度和为人素养方面有差距，但余生可以努力前行并逐渐地接近成功。

二

我一直认为自己研究生毕业成为一名足球教师是幸运的，这个角色有一个很高的足球实践和理论研究的平台，也有可以施展拳脚的空间。这种幸运可以从几个方面概括：第一，从事的是自己热爱的足球训练和科研工作；第二，图书馆有大量可供学习和阅读的书籍和资料；第三，有机会参加各种专业培训及接触国内外专家；第四，有机会参与大型的理论研究和实践活动，比如参与中国足协和地方足协的春训管理、大赛调研、国家队科技服务和国内外考察等。

本职工作方面，可以按照自己的设想去进行各种足球课程的教学实验，而且有源源不断的实验机会和对象。我的职业不仅可以为国家培养人才，也和自己的理想追求有很大的一致性，所以我在这份工作中充满了快乐和满足。虽然现实工作中会有很多的羁绊和遗憾，但感觉得到自己一直在快速地成长和进步。我国现行的体育院校体制，给了年轻教师很大发挥才干的自由空间：我们可以向很多体育科研期刊投稿及参加各类课题申报和科学大会评奖；在专业技术职称评定和晋升方面，年轻教师基本拥有公平的机会和可能。

但客观地分析和看待我们足球教育所处的体制环境，特别是经过国际考察并与欧美国家做了全面的比较之后，可以清晰地发现诸多的问题：我们在对足球教育基本问题的认识上，在教师队伍管理和体制运作上，在人才培养的观念和方法上，尤其是在对足球本质和理念的认识高度上，我们不仅存在不足和偏差，还存在认识上的错误和疏漏。不是欧美国家的足球教育无可挑剔，也不否定我们在教育理念与方法上的进步，但从责任担当的角度去反思：我国多数的足球从业者是出自体育院校，中国足球落后不可能与体育院校的足球教育没有关联。

三

我国体育院校有很多锐意进取的优秀足球教师，他们历尽艰辛地奔赴欧美国家学习和取经，积极参加各种国际机构组织的技术培训，也有很多教师在担任国际足联和亚足联的专业讲师。这些教师的努力促进了国际足球思潮的融入，也推动了足球课程建设及其教育理念与方法的改革和改变。但我们现有的体育院校存在一种共性，就是保守思想和势力对进步思潮的抵触和排斥，这构成了我国现行体制下的一种积弊。这种保守现象不只在体育院校，还出现在中国足协教练员讲师队伍及更大的足球行业范围中。欧美国家和日本也有过足球行业思想保守的过往，但我们却形成了一种严重的积弊，这是一种安于现状和不求上进的“躺平心态”，是和“不求有功，但求无过”的保守思维捆绑在一起。

高校的学术氛围本应当是宽松和自由的，但我们人与人及单位与单位之间却存在着无形的壁垒，教师的理论研究往往是个体化的，理论成果是碎片化的，鲜活和先进的理念与方法传播是小范围的。一些领导者不重视教师的优化使用及如何推动足球教育的改革与发展，也根本不考虑足球学科与人才队伍的资源整合，使得优秀研究成果和先进理念无法大范围地传播和共享。更有甚者，一些取得科研业绩和形成创新设想的教师不但得不到重用，反而会受到排挤和压制，使得行政管理与科研之间不能很好地融合和统一，长期处于相互排斥或讳莫如深的并存状态，形成了足球教育在理念和方法上无法与先进对接的鸿沟。

体育院校足球教育的发展受到个人思想狭隘的制约并不是个案，我国业已建立的形式上的足球学院体制仍然是换汤不换药，新的体制没有改变固化的思维和管理方式，更没有带来足球教育的进步。一些领导者是官本位的唯权和唯上心态，开会讲话往往没有主题或喧宾夺主，头脑中没有韬略和蓝图设计，嘴里更多是言之无物的官腔；而且头脑里也容不下，或者就是没有能力接受先进的思想与方法。如此的体制环境，先进的学术思想和理念根本得不到认可与传播，教师也不可能有自由发表意见和发挥才能的空间。

一所足球学院如果不去追求卓越，是可悲的；而领导者没有卓越的概念和追求卓越的雄心，是更加可悲的。作为足球学院体制创立的见证者，多数的足球教师都怀有进取之心。但足球教育改革需要有敢于担当和德才兼备的领导者，需要有精通业务和能够引领思潮的学科带头人，而且这些人还要有勇气改变教育认知落后和思维方式陈腐的状态，及有决心改变以往得过且过和粉饰太平的做法。我们现实的足球教育是贻笑大方的，不去改变则还会贻笑后人及造成历史的悲哀。

四

我们需要对我国足球教育发展做深刻的反思，不可以继续自欺欺人和瞒天过海地做表面文章了。体育院校无论是校一级还是足球学院，都需要致力于深化改革及拿出推动足球教育发展的战略方案。我们的一些专家已经发表了很多足球教育改革的文章和发展建议，其中不乏优异的成果和颇具远见的观点，包括在足球教育本质、人才培养模式、足球理念、教育理念、学科和课程建设、教材建设和教学方法等，以及在足球学院发展战略、深化体制改革、师资队伍建设、社会服务和校园足球辐射等方方面面，而且确实具有高屋建瓴和思想引领作用的开拓性见解，还有成绩斐然的课程改革实验成果的案例，这些都为足球教育发展奠定了深厚的基础。

足球学院的发展更需要提高教师队伍的素养，需要用先进的理念和方法武装他们的头脑，需要更多的教师拥有远大的理想和情怀，以及调动更多的教师去脚踏实地地深耕细作。培养和引进人才是教师队伍建设的重要步骤，需要有长期的统筹及荟萃各类人才而组成优秀的团队，更要激发每一个教师的潜力而形成团队的合力；并且应当避免简单地照搬条条框框去拼合队伍，这样的组合方式不会使教师团队的实力和品质得到真正的提升。

足球学院是被大家寄予厚望的专业教育体制，在教育和人才培养方面应当具有胸怀世界和争创一流的眼界和格局，需要形成具有特色的办学理念和战略构思。我国一些有识之士已经在足球教育改革方面提出了真知灼见，已经为后续的改革与创新做了厚实的铺垫和准备，而且我们的改革还有大量可供借鉴的外国经验，作为足球学院的领导者，应当拿出热情和决心去大胆地构思和实践，我们应当深知：足球教育改革是关系国家足球事业发展的时不我待的重要基础工程。

五

足球教育改革有一个重要的环节是对人的教育问题。欧美足球发达国家早已普遍地把足球作为人文教育的形式，日本是由文部省提出“把足球作为中小学教育内容和素质教育手段”，日本足协更提出“把足球作为提高国民素质的手段”

“使足球成为民族主流文化的内容和民族精神的象征”。他们的做法和提法经过了深刻的思考和总结。被誉为“可以作为欧洲国家榜样”的日本，把足球内容编入了中小学教学大纲，足球与教育两位一体，既要借助教育发展足球，也要利用足球推进教育，其中足球教育侧重的是对学生的素质教育。日本的经验证明：足球教育可以与学校教育、足球启蒙训练及竞技人才培养达成统一，可以取得发展足球与发展教育的共赢。

我国中小学校素质教育的缺失给体育院校的足球人才培养造成了困难，这是国家基础教育需要反思的问题。我们接受大学教育的学生，包括硕士生和博士生，也包括任职的教师和领导者自身，都存在素质教育的不足及如何做好自身素质修炼的问题。但这里显然不是要评价我国的素质教育，而是要探讨如何面对学生素质教育不足的挑战，如何把足球专业教育与素质教育达成同步和统一，继而如何在中小学通过校园足球活动而落实素质教育。我们应当领会教育部倡导通过足球在中小学推行素质教育的真义，努力把足球学院办成素质教育的基地及传播素质教育的重要源头。

中国足协和教育部先后都提出“把足球作为中小学教育内容和素质教育手段”，但我们不一定真正领悟其中的涵义，所以“把足球内容编入中小学教学大纲”也更多是走形式而不能落到实处。我们可以把体育学院的足球教育作为宣传和落实素质教育的基地和平台，把更多的相关经验和成果整合成教育资源，把素质教育统筹地规划在人才培养的整体方案之中，把足球教育纳入重新启动和推行素质教育的过程中，让学生在接受足球教育的同时也获得系统的素质教育。而且在贯彻素质教育中也要完成理念与方法的传递，要让学生毕业后能够把素质教育的光芒传播和辐射到中小学乃至更大的范围，以致真正使足球变成中小学素质教育和提高国民素质的手段。

六

足球学院的人才培养肯定要以系统的足球教育为主线，同步实施的素质教育是现实条件下的教育补救举措。但无论是足球教育还是其中的素质教育，都是极其复杂的过程，都需要通过长期的努力去探明其过程的原理。我国的足球教育发展正深陷在泥淖之中，其改革更为复杂和艰难，改革中的矛盾和阻力也更多，一旦推行改革，矛盾会集中体现在体制性的权力与利益纠葛，以及进步力量与保守势力的对峙。说到底改革是要改变人的职业认知和从业状态，要取得团队上下思想与行动的统一。其中有三个要点问题：其一是领导团队的任用与监督及其团队的才识与能力问题；其二是中老年教师的使用与安抚及如何激励与适度放宽政策的问题；其三是对年轻教师的规范与强化及激发他们进取斗志的问题。

毫无疑问，足球教育改革的关键是足球学院领导团队的建设，关键之关键是要有一位能够担负起历史使命的领导者。无数的事例证明：出色的领导者可以带领团队由弱变强和不断创造辉煌。客观地分析，足球学院留用的人才从开始偏重技术到后来强调学历，教师队伍建设始终没有打开眼界和格局，但留用的人才还是经过了精挑细选，足球教师队伍的基本素质是足够的，关键问题还是要有卓越的领导者和优秀的学科带头人及其形成合力。卓越的领导者需要具备一定的必要条件，其本身必须是为人和行动的楷模，是广大学生和教师们学习和膜拜的榜样。虽然真正具备很高素质的领导者是可遇而不可求的，但现代教育的成功经验证明：任何级别的教育机构都可以首先建立高标准的办学理念、原则和制度，领导者要坚定信念及成为规章制度的执行者和守护者，只要领导者心存善念、淳朴踏实，并且具备优良素养和宽大胸怀，就可以逐渐把自己塑造成大家的楷模和榜样。

足球学院的人才培养是百年大计，领导者不仅要克己奉公，努力塑造自身的形象，思维和认识也要与时俱进，要能够为足球学院的发展而不断自我完善及调整航船的方向。柏拉图在《理想国》里对管理者自身修养和做事原则的境界问题有明确的阐述，我们领导者应当向往和追求那种崇高和美好。足球学院培养人才的系统工程是包含着诸多的环节和无数的细节，除了很多专家已有论述的教育理念、战略规划、人才培养模式和教师队伍建设等诸多框架上的问题之外，还有学风、管理规范建立、人才培养标准及诸多发展指标等微细的问题，从宏观到微观都需要我们付出努力、保持长期坚守教育的初心。

我们的足球学院需要设计崇高的理想蓝图并永久地坚守和不断完善，只要我们有坚定信念和坚持理想的初心，未来百年之间一定可以培养出大批扎根于一线深耕细作的各类优秀人才，也一定能够培养出具备精英潜质的杰出人才，进而良性循环地培养出越来越多的精英。我国足球事业发展及战略目标的实现，需要足球学院成为人才培养的基地，如果每所足球学院都进入良性的发展状态并形成百舸争流之势，那么我们就可以撑起国家足球事业发展的一片蓝天。